유아음악교육

김은심 · 문선영 · 이혜정 공저

학지사

'음악은 인간의 영혼을 교육하는 첫 단계이자,
조화로운 인격형성의 수단이다.'

– Plato, 『The Republic』 –

　인간 지성과 감성의 산물인 음악은 인류문화 발전사에서 아주 일찍부터 인간생활의 중요한 요소였습니다. 누가 가장 처음으로 만들었는지, 어떻게 만들었는지는 알 수 없지만 인간의 곁에는 늘 음악이 있어 왔지요. 목소리에서부터 동물의 뼈까지, '악기'로 추정되는 수많은 유산이 세계 도처에서 발견됩니다. 음악은 마치 농사나 목축처럼 인류의 근본을 이루는 일종의 문화유전자와 같다고 주장하는 연구자도 있습니다.

　유아음악교육 수업 첫 시간이면 학생들에게 묻습니다. "유아음악교육을 떠올리면 어떤 생각이 드나요?" 음악을 좋아해서 기대가 된다고 답하는 학생들도 있지만 대부분은 "너무 멀게만 느껴지는 과목이에요." "어렵겠지만 필요한 과목이니 활용할 수 있는 방법을 배우고 싶어요."라고 답합니다. 음악은 우리의 일상과 아주 가깝게 맞닿아 있고 아름다운 것이며 유아도 음악을 좋아하리라 생각하고 있지만, 막상 학생들에게 음악은 친숙하고 아름답기보다는 뭔가 좀 거리감이 있고 어렵게만 느껴지는 것이었습니다. 하루도 음악을 듣지 않고 지나는 날이 없음에도 우리는 음악을 전문가의 영역이고 영감의 산물이라고만 여깁니다. 음악을 전공하지 않은 일반

인들로서는 악보, 악기, 전문용어를 만날 때마다 움츠러들기 십상입니다.

늘 음악을 가까이하다 직접 연주해 보고 싶다는 마음으로 뒤늦게 피아노를 배우는 사람, 성악을 전공한 후 아이들에게 음악의 아름다움을 일찍 접하게 하고 싶어서 유아교육을 전공하기로 한 사람, 음악과 동작을 연계하는 방법을 고안하고 연구하는 사람 등, 이 책을 집필하기로 한 세 명의 저자는 모두 음악에 관심이 많다는 공통점이 있기에 모일 때마다 음악 이야기로 시간 가는 줄을 모릅니다. '예비유아교사가 음악의 아름다움과 즐거움을 알게 되면, 이를 유아에게 잘 전해 줄 수 있지 않을까?' '어떻게 하면 예비유아교사가 음악을 즐거워하도록 만들 수 있을까?'를 고민하면서부터 우리는 이 책의 집필을 시작하게 되었습니다. 아는 만큼 보인다지요. 음악교육 교재인 만큼 가르치는 방법을 고려하지 않을 수 없었습니다. 그러나 어떻게 하면 예비유아교사들에게 음악을 '알'게 하고 '가까이'하게 할 수 있을까를 좀 더 오래 고민했습니다.

여러 차례 만나 논의를 거듭한 끝에 다음의 몇 가지를 이 책의 중심으로 삼기로 합의했습니다. 첫째, 유아음악교육을 어려워하거나 낯설어할 예비유아교사들을 위해 보는 동시에 들리는 책을 만들고자 했습니다. 다양한 음악이 담긴 녹음이나 동영상과 함께할 수 있도록 QR코드를 삽입하여 이해를 도왔습니다. 또한 독자와 여러 아이디어를 공유하고자 유튜브 채널 'YeA 예술하는 아이'를 개설했습니다. 둘째, 모든 장의 시작은 '질문'으로 하여 각 장에서 다루게 될 내용을 먼저 생각해 보도록 했습니다. 셋째, '활동해보아요' '생각해보아요'와 같은 활동코너를 통해 예비유아교사가 수업 중 직접 활동에 참여함으로써 음악을 익히고 경험할 수 있도록 했습니다. 넷째, 꼭 알아야 할 중요한 내용은 말이나 글의 어떤 요소를 음의 고저, 장단 및 강세를 이용하여 강조하는 부호의 이름을 따 '악센트'라는 코너에, 알아 두면 좋을 음악정보는 음의 높이를 반음 올릴 것을 지시하는 기호의 이름을 따 '샵'이라는 코너에 기술하여, 보다 깊고 넓은 지식을 갖출 수 있도록 기획했습니다. 또한 그동안 강의를 하면서 예비유아교사들이 질문했던 내용은 '저요 저요!' 코너에 질의응답 형식으로 담아 고민을 나누어 보았습니다. 마지막으로, 0~5세까지 모든 연령대의 영유아를 대상으로 하는 놀이와 활동 사례들을 다양하게 제시했습니다. 이를 통해 예비유아교사들이 실제 유아교육현장에서 어떤 음악놀이와 활동을 하는지, 교사의 어떤 지원이 필요한지, 음악놀이와 활동을 즐기는 유아의 모습은 어떠한지 등을 살필 수 있도록 했습니다.

총 10개의 장으로 이루어진 이 책의 구성을 구체적으로 살펴보면 다음과 같습니다. 제1장에서는 유아음악교육의 중요성과 교수-학습방법을 다루었고, 제2장에서는 각 이론서에서 제시하는 음악요소들을 체계적으로 정리하여 그 예시와 함께 구체적으로 소개했습니다. 제3장에서는 우리나라 국가수준 유아음악교육과정과 더불어 주요 OECD 국가의 유아음악교육과정을 소개했으며, 제4장에서는 유아교육기관에서 갖추어야 할 음악환경과 그중 하나로서 중요한 의미를 가지는 교사의 역할에 대해 다루었습니다. 제5장에서는 유아음악교육 평가의 의미와 방법에 대해 알아보았고, 제6장에서는 유아음악교육의 통합적 운영 사례와 음악활동 지도방법을 다루었습니다. 제7장부터 제10장까지는 유아음악교육의 교육내용인 음악감상, 노래 부르기, 악기 연주하기, 신체표현을 제시했습니다. 부록에서는 음악 놀이와 활동에 활용 가능한 그림책과 영화, 애플리케이션을 소개하고, 여러 멀티미디어 매체를 활용한 가사판 만들기 방법과 유아관찰기록 프로그램을 활용한 음악 관찰기록 작성방법을 구체적으로 다루었습니다. 이 책의 모든 장에서는 글이 설명하고 있는 실제 사례들을 함께 제시해 독자들의 이해와 창의적 음악 아이디어 창출에 도움을 주고자 했습니다.

음악 능력은 인간이 가지고 태어나는 잠재력 중 하나로, 유아기의 음악 경험은 더없이 중요합니다. 특히 음악은 미처 언어로 나타내기 어려운 경지를 표현하는 행위로서의 의미를 더합니다. 전달하고자 하는 감정이 깊을수록 이를 적절히 나타낼 만한 언어의 범위는 좁아집니다. 그러므로 언어가 서툰 유아에게 음악은 도리어 자신을 표현하는 수단입니다. 유아는 허용적인 분위기에서 생래적으로 가지고 있는 음악의 즐거움에 대한 욕구를 충족할 수 있어야 합니다. 우리는 유아음악교육의 본질을 여기에서 찾을 수 있습니다. 유아교육현장에서 음악은 교과로 인식되며 주지교과에 다소 밀리기도 하지만 유아와 교사의 삶을 즐겁고 행복하게 만들고, 음악을 중심으로 하는 수많은 예술 활동을 통해 유아의 자율성과 창의성 신장을 돕습니다. 유아의 전인적 발달은 음악교육이 제공하는 최상의 결과이자 음악이 가지는 힘이라 볼 수 있겠습니다. 유치원과 어린이집에서 유아의 전인적 발달과 행복을 추구할 권리의 존중을 명확히 해야 한다는 것을 교육과정 구성·운영의 기준으로 제시하고 있다는 사실을 통해 음악교육의 가치와 국가수준 교육과정의 성격이 일맥상통함을 알 수 있습니다. 음악을 통한 경험들은 유아로 하여금 몸과 마음이 건강하고, 자주적이고 창의적이며, 감성이 풍부하고, 더불어 살아갈 줄 아는 사람으로 성장하도록 지원합니다. 유아는 음악을 중심으로 자유롭게 놀이함으로써 음악요소를 탐색하고, 자신을 표현하며, 또래와 교류하여 즐겁고 행복한 마음을 가진 개체로 자라납니다.

    이 책은 여러 계절에 걸쳐 진행되었고, 이렇게 독자들과 만나게 되었습니다. 우리는 수차례 모여 토론하고, 유치원과 어린이집 활동에 직접 적용해 보고, 예비유아교사들과의 대화를 통해 그들에게 꼭 필요할 것들을 수집했으며, 출판을 위해 담당자와 수차례 원고를 주고받았습니다. 2년이라는 다소 긴 시간을 원고와 씨름하면서 힘든 시간도 있었지만, 이 작업이 우리의 삶에 스민 음악처럼 아주 즐거웠다는 점은 분명합니다. 책을 읽을 미지의 독자들도 음악이 주는 즐거움과 행복감을 느낄 수 있기를 기대합니다. 그리하여 이토록 아름다운 것들이 마침내 유아에게 가 닿기를 희망합니다. 끝으로, 이 책이 나오기까지 크고 작은 마음을 주신 많은 분에게 감사의 말씀을 전합니다.

2023년 3월
김은심, 문선영, 이혜정

차례

음악은 우주에 영혼을 부여하고, 생각에 날개를 달아 주며,
상상력이 날 수 있게 하며, 모든 것에 생명을 부여한다.

—플라톤—

제**1**장

유아음악교육의 중요성과 교수-학습방법

#달크로즈 #코다이 #오르프 #고든

이 장에서는 유아음악교육의 중요성과 유아음악교육에 영향을 미친 음악교육자 달크로즈^{Émile Jaques-Dalcroze}, 코다이^{Zoltán Kodály}, 오르프^{Carl Orff}, 고든^{Edwin Grordon}의 교수-학습방법을 살펴볼 것입니다. '여러분에게 음악은 어떤 의미를 가지고 있나요?' '유아기 음악교육은 꼭 필요할까요?' '예비유아교사로서 어떤 음악교육자의 이론이 가장 마음에 와 닿나요?' 이 장을 모두 공부한 후 이야기해 봅시다.

■ **개요**

유아음악교육의 중요성을 알아보고, 유아음악 교수-학습방법에 영향을 미친 음악교육자의 철학을 이해한다.

■ **학습목표**

1. 유아음악교육의 중요성을 이해한다.
2. 달크로즈, 코다이, 오르프, 고든의 음악교육철학과 교수-학습방법에 대해 설명할 수 있다.
3. 달크로즈, 코다이, 오르프, 고든의 교수-학습방법 유아교육현장 적용 방안을 모색한다.

1. 유아음악교육의 중요성

음악은 리듬, 가락, 음성 따위를 갖가지 형식으로 조화하고 결합하여, 목소리나 악기를 통하여 사상 또는 감정을 나타내는 예술[1]이다. 음악은 기본적으로 소리를 재료로 하는 시간예술이나 그 보존 및 표기는 시각적인 매체인 악보를 사용한다. 인간의 지성적 · 감성적 활동의 산물인 음악은 인류의 문화 발전사에서 동서양을 막론하고 인간 생활의 중요한 요소로 일찍 자리를 잡았고 인류 문화 발전의 총체적 원동력이 되어 온 동시에 인류 역사에 지대한 영향을 끼쳐 왔다. 음악은 마치 농사나 목축처럼 인류의 근본을 이루는 일종의 문화유전자 역할을 하였다. 언제, 어떻게, 누가 음악을 만들었는지는 알 수 없지만 인류의 곁에는 늘 음악이 있어 왔다(민은기, 2018).

[그림 1-1] 초기 구석기 시대 악기인 네안데르탈 플루트

[그림 1-1]은 지금까지 발견된 악기 중 음의 구조를 확인할 수 있는 가장 오래된 악기인 네안데르탈 플루트로 3만 5,000년 전에 만들어진 것으로 추정된다. 독일 남부 슈베비셰 알프에서 발견된 초기 구석기 시대 악기로, 믿을 수 없을 만큼 형태가 완전하며 연주자가 공기를 불어넣는 입구 부분은 V자 형태로 잘 다듬어져 있다. 또한 20cm 길이의 피리에는 4개의 지공이 있어 이 시기에 이미 음계가 존재했음을 암시한다. 인간이 음악을 했다는 증거인 과거의 악기들은 독일 등 특정지역에 한해 발견되는 것이 아니라 전 세계에서 고르게 발견된다(민은기, 2018).

이처럼 음악 능력은 인간이 가지고 태어나는 잠재력 중의 하나로서, 유아기 음악 경험은 매우 중요하다. 유아가 다양한 음악 경험을 해야 하는 이유는 여러 가지가 있을 수 있다. 예컨대, 유아는 음악을 접함으로써 세상과 소통하게 되며, 자신이 속

---

1) 네이버 사전. 2022년 1월 16일 인출(https://dict.naver.com/search.nhn?dicQuery=%EC%9D%8C%EC%95%85&query=%EC%9D%8C%EC%95%85&target=dic&query_utf=&isOnlyViewEE=)

한 문화는 물론 다른 문화와 종교에 대해 알게 된다. 또한 음악은 유아의 언어발달에 중요한 역할을 한다. 음악과 언어는 둘 다 상징으로 이루어져 있으나, 이 두 가지 요소가 결합되어 쓰일 때 추상적인 개념을 좀 더 구체적으로 바꿀 수 있게 된다. '느린'이란 단어를 생각해 보자. 이 단어를 읽거나 철자를 말할 때 유아에게는 그만큼의 의미가 있다. 그러나 유아가 실제로 '느린' 음악을 들었을 때 그 의미는 확장된다. 음악을 통해 유아의 언어가 확장되는 것이다. 게다가 음악활동은 집중력과 기억력을 확장시키며, 어휘력을 증대시킨다는 연구 결과도 있다. 수많은 음악관련 연구들은 음악이 유아의 학습능력을 향상시킴을 보고한다(Edwards, Bayless, & Ramsey, 2008).

음악교육자들은 음악교육의 중요성을 강조하기 위해 관련 연구 결과를 인용하곤 한다. 그러나 음악이 학습관련 교과목을 향상시키기 위한 수단으로만 사용되어서는 안 된다. 음악은 음악을 위해 가르쳐져야 한다. 음악은 음악 그 자체를 위해서 가르치고 배울 가치가 있다. 만약 유아의 신체·운동, 인지·언어, 사회·정서 및 창의성 발달을 위한 전인교육을 원한다면 음악이 교육의 일부가 되어야 한다. 음악경험을 통해 유아가 다른 것을 깨닫게 된다면 그것은 멋진 일이다(Greta, 2006).

유아기 음악교육은 음악적 잠재력을 바탕으로 음악을 만들고, 노래 부르고, 음악을 들으며 움직이거나 연주해 봄으로써 무한한 기쁨을 얻도록 도와주는 것이어야 한다. 따라서 유아의 음악적 기능을 훈련하기보다는 노래 부르기, 악기 연주, 감상하기 등의 음악놀이가 자발적으로 이루어질 수 있도록 환경을 제공하고, 이를 체계적으로 지원해 줌으로써 음악을 이해하고 사랑하게 하는 것을 목적으로 하여야 한다. 음악교육 철학자 Reimer(2003)는 모든 인간은 정도의 차이가 있으나 각자 음악적 재능을 가지고 있고, 사회와 학교는 모든 사회구성원이 지니고 있는 개인의 음악적 재능을 일반교육과정을 통해 최대한 계발시켜 주어야 할 의무를 지닌다고 주장한 바 있다. 이에 따르면 음악교육은 다양한 음악활동을 통하여 학습자로 하여금 음악의 아름다움을 경험하고, 음악과 창의성, 음악의 역할과 가치에 대한 안목을 키움으로써 삶 속에서 음악을 즐길 수 있도록 돕는 교육이라고 정의할 수 있다.

"음악은 만인의 universal 언어이며, 모든 문화의 정체성과 의식 celebration 의 일부이다."(Lazdauskas, 1996, p. 22) 캐럴 없는 크리스마스와 축가 없는 생일 파티, 밴드 없는 퍼레이드를 상상해 보라. 축가가 없는 결혼식은 어떻겠는가? 구구단을 노래 없이 외운다면 어떨지 상상해 보라. 유아가 풍부하고 다양한 음악 경험을 하게 된다면 음악은 성인이 된 뒤에도 계속 도움을 줄 것이다. 유아가 성장해서 모두 전문 음악가가 될 수는 없어도 자신이 음악을 통해 평안과 즐거움과 활력을 얻는다는 사실을 알게 될 것이며, 삶 속에서 음악을 즐길 수 있을 것이다. 따라서 음악적 재능이 있는 소수의 아동을 선별하여 혹독한 훈련 위주의 스파르타식 교육을 시키는 것이 아니라 음악교육의 목적이 무엇인지 생각하고 이를 유아교육현장에 적용하는 것이 중요하다.

2. 유아음악교육 교수-학습방법

1) 달크로즈

음악 공부를 위해
가장 먼저 훈련해야 할 악기는
사람의 몸이다.
– Émile Jaques-Dalcroze

〈바이올린 협주곡 No.1 in C-minor, Op.50 (1901)〉

[그림 1-2] 달크로즈

출처: 위키피아

달크로즈Émile Jaques-Dalcroze(1865~1950)는 작곡가이자 피아니스트, 음악교육자이다. 오스트리아 빈에서 태어났으나 스위스 출신인 부모를 따라 9세에 제네바로 이주하여 스위스에서 성장하였다. 달크로즈는 페스탈로치Pestalozzi(1746~1827)[2]의 제자이면서 음악교사였던 어머니에게 음악교육을 받았고, 예술과 문화의 도시인 빈에 거주하며 다양한 장르의 예술을 접하였다. 또한 프랑스에서 유학생활을 하면

서 프랑스 문화의 영향을 받았다. 달크로즈는 음을 신체의 운동으로 환원하는 리듬교육법인 유리드믹스를 창안하고, '음악과 무용'을 통한 학습 이론을 제시하며 20세기 음악교육과 무용교육에 지대한 영향을 미쳤다. Nizinskii(1890~1950)와 Wigman(1886~1973)을 비롯한 많은 무용가에게도 영향을 끼쳤으며, 작곡가로서는 〈자니〉(1893) 〈산초 판자〉(1897) 등의 음악 희극 및 민요 · 합창곡 외에도 현악 4중주곡, 바이올린 협주곡과 몇 곡의 관현악곡을 남겼다.

달크로즈는 제네바의 한 음악학교에서 교수로서 학생을 지도하는 동안 다음과 같은 문제점을 발견하였다(유승지, 2001). 첫째, 테크닉적으로 훌륭한 연주를 하지만 악기를 통해 자신의 감정을 전달하는 음악적 표현이 미숙하다. 둘째, 화성학[3] 시간에 수학 공식을 외우듯 하며 소리를 듣지 못한다. 셋째, 음악을 전공하는 학생들이 간단한 멜로디조차 만들지 못한다. 넷째, 리듬감이 제대로 발달하지 않아 리듬표현이 서투르다. 이처럼 달크로즈는 많은 학생이 악기를 연주하는 기량은 상당한 수준에 이르고 있으나 음악을 느끼고 표현하는 능력은 매우 낮은 상태에 머물러 있다는 것을 발견하였다. 이에 학생들에게 근본적으로 결여되어 있는 것은 리듬에 대한 감각이라고 보고, 음악을 이해하고 음악표현을 확대하기 위해서는 귀, 마음 또는 소리 내는 방법을 훈련하는 것뿐 아니라 인간의 몸 전체를 훈련해야 한다고 하였다(이홍수, 1990). 달크로즈는 이러한 문제를 해결하기 위해 유리드믹스 리듬교육법을 창안하였다. 다음에서 달크로즈의 음악교육 철학과 음악교수법에 대해 살펴보기로

---

2) 스위스의 교육자이며 사회비평가이다. 피히테에게 영향을 준 바 있다. 루소의 교육론에 경도(傾倒)되어 '왕좌에 있으나 초가(草家)에 있으나 모두 같은 인간'이라는 신념으로 농민 대중의 교육에 진력하였다. 교육의 목적을 '머리와 마음과 손'의 조화로운 발달에 두고 노동을 통한 교육과 실물(實物)과 직관의 교육을 스스로 실천하였다. 그의 교육론은 많은 국가에서 받아들여졌으며 루소와 함께 신교육의 원천이 되었다(철학사전, 2009).

3) 화음에 기초를 두고 구성, 연결, 방법 및 음 조직을 연구하는 분야

하겠다.

(1) 달크로즈의 음악교육 철학

달크로즈는 음악의 원천은 인간의 감정이라고 보았다. 달크로즈에 따르면, 인간은 몸의 각 부분으로 감정을 감지하고, 여러 가지 몸짓 및 움직임으로 감정을 표현하는데, 이러한 신체적 표현은 근육의 수축과 이완 작용의 결과이다. 따라서 음악을 이해하고 표현을 극대화하기 위해서는 음악을 듣고, 느끼고, 소리 내는 방법만으로는 불충분하며 인간의 몸 전체를 훈련하는 것이 우선되어야 함을 강조하였다.

달크로즈의 음악교육관을 정리하면 다음과 같다(성경희, 1988; 안재신, 2004).

- 음악은 지적 이해 이전에 감각적 체험이 우선되어야 한다.
- 듣기 훈련이 모든 음악학습의 우선이 되어야 한다.
- 인간은 리듬감을 가지고 태어나므로 음악적 잠재력 발달을 위해서 신체 훈련을 발전시켜야 한다. 음악 감각은 신체 동작의 민감성에 달려 있으며, 이는 청감각과 어우러지면서 음악적 창의력이 상승된다.
- 음악적인 생각이나 느낌은 신체를 통해 표현되어야 한다. 따라서 리듬, 음의 고저, 셈여림 등 음악 본질에 대한 개념지도 및 신체를 통한 이들의 이해 표현의 경험이 중시되어야 한다.
- 음악교육은 청각이나 감정의 훈련만으로 완성되지 않으며, 무엇보다 신체 전체를 훈련해야 한다.
- 음악 경험은 단계적으로 이루어져야 하며, 음악교육은 리듬 경험과 청음 훈련이 충분히 이루어진 후에 악기 공부로 이어져야 한다.
- 음악교육에 있어 개개인의 개별성과 창의성을 중시한다.

달크로즈는 학생들에게 음악요소에 대한 경험을 충분히 제공하는 것이 음악학습의 주된 역할이어야 한다고 믿으며 유리드믹스, 솔페즈, 즉흥 연주하기의 세 가지 접근 방법을 개발하였다. 이 세 가지 접근 방법은 달크로즈의 음악교수법의 핵심을 이루는 것이다. 다음에서 이에 대해 간략히 살펴보겠다.

(2) 달크로즈 음악교수법

〈달크로즈 교수법 예시 영상〉

달크로즈 교수법은 리듬이 음악의 최우선 요소이며 모든 음악 리듬의 근본은 인간 신체의 자연스러운 리듬에서 찾을 수 있다는 전제를 기반으로 한다. 즉, 신체의 움직임을 통해 음악요소(리듬, 가락, 음의 고저, 셈여림 등)를 가르친다. 달크로즈는 신체 동작을 통해 리듬감을 체득하는 유리드믹스eurhythmics, 음을 예민하게 듣기 위해 계이름으로 부르는 솔페즈solfege, 자유로운 창작능력을 개발하기 위한 즉흥연주improvisation 등 세 가지 음악교수법을 개발하였다. 달크로즈는 이 세 가지 접근방법을 구분하여 설명하고 있으나, 필요에 따라 유기적으로 결합하여 사용할 수 있음을 강조하였다.

① 유리드믹스

유리드믹스eurhythmics는 음악요소(리듬, 가락, 화음, 형식, 셈여림 등)를 지도하기 전에 신체 움직임을 통해 음악요소를 경험하도록 하는 것이다. 유리드믹스라는 용어는 '아름답다, 좋다good'라는 뜻의 'eu'와 리듬rhythm이 합쳐진 것으로, '아름다운 리듬' '좋은 리듬'을 의미한다. 달크로즈는 음악 공부를 위해 가장 먼저 훈련해야 할 악기는 사람의 몸이며, 음악요소 중 리듬이 가장 중요하다고 보았기 때문에 그는 들리는 소리를 보이는 소리로 만드는 '유리드믹스' 방법을 개발하였다. 즉, 학습자가 들은 소리의 리듬에 신체를 이용하여 반응하도록 한 것이다.

교사는 학습자의 발달 특성과 유리드믹스에 대한 정확한 이해가 있을 때 올바르게 지도할 수 있다. 유리드믹스의 목표-기본원리는 다음과 같다(Findlay, 1971).

- 손뼉을 치거나 발을 구르는 단순한 경험보다 대근육을 포함하여 몸 전체를 사용하는 경험이 리듬을 더 명료하게 인식할 수 있다.
- 리듬훈련으로 신체의 조화로움이 개발되며, 자신의 움직임을 조절하는 능력이

향상된다.

- 다양한 리듬활동을 통해 리듬에 함축된 상징을 신체로 표현하는 것을 배울 수 있다.
- 자신이 들은 것을 신체로 표현하는 과정을 통해 청음 능력이 발달된다.
- 리듬감 있는 표현은 몸과 마음, 감정이 통합되어 나타난다.
- 유리드믹스의 자유로운 표현은 창의성을 발달시킨다.
- 학습은 인간의 욕구에 의해 발전할 때 즐겁고 의미 있는 것이다. 음악에 맞추어 자신이 원하는 방식으로 리듬에 몸을 맡긴 아이는 모든 예술에 귀 기울일 것이다.

유리드믹스는 비이동동작Movement in Place과 이동동작Movement in Space을 음악요소와 결합하여 표현하게 된다(Choksy et al., 1986). 유아는 음악의 리듬에 맞추어 음 높이에 따라 몸의 위치를(높게, 중간, 낮게) 이용하거나 혹은 신체의 각 부위를 조절함으로써 다양한 조합으로 리듬을 표현할 수 있다. 또한 리듬의 빠르기에 따라 점프를 4박자마다 뛰거나 2박자마다 뛸 수도 있다. 유리드믹스에 적용하는 동작의 유형은 〈표 1-1〉과 같다.

〈표 1-1〉 **유리드믹스에 적용하는 동작 유형**

비이동동작	이동동작
손뼉 치기(Clapping)	걷기(Walking)
흔들거리기(Swinging)	뛰기(Running)
돌기(Turning)	기기(Crawling)
지휘하기(Conducting)	뛰어넘기(Leaping)
구부리기(Bending)	미끄러지기(Sliding)
흔들기(Swaying)	말뛰기(Galloping)
이야기하기(Speaking)	스키핑(Skipping)
노래하기(Singing)	

출처: Choksy et al. (1986), p. 37.

달크로즈는 학습자의 신체 움직임을 통해 음악을 표현해 보는 경험이 음악개념을 형성할 수 있다고 보았다. 즉, 음악을 듣고, 그 음악개념(음악요소)을 지각하는 것과 동시에 신체로 반응하는 것이 음악적 아이디어를 이해하는 데 필수적이며 이를 도와주는 것이 유리드믹스이다.

② 솔페즈

솔페즈Solfege는 '악보를 보며 계이름으로 노래 부르기' 활동으로, 솔페즈를 통해 청음 능력을 계발할 수 있다. 달크로즈는 계이름으로 노래 부름으로써 음의 높이를 분별하고 음과 음과의 관계를 파악하는 능력이 생긴다고 믿었다. 또한 그는 솔페즈를 몸의 움직임과 결합하게 함으로써(유리드믹스), 유아가 악보에 기재된 리듬과 가락, 음정, 프레이즈(악구), 셈여림표 등을 보았을 때 자연스럽게 마음속에 그 음향을 떠올릴 수 있게 된다고 믿었다. 솔페즈에서 학습자는 음의 높낮이 관계를 여러 가지 방법으로 탐색함으로써 음의 높이를 정확하게 파악할 수 있다. 달크로즈는 특히 마음속에 음을 상상하는 능력인 '내청'을 강조하였다. 예를 들어, 몇 마디의 가락을 소리 내어 노래 부르고, 다음의 몇 마디는 가락을 소리 없이 마음속으로 떠올리는 연습을 통해 내청을 향상시킬 수 있다.

달크로즈는 고정 도fixed-do법에 의한 계이름 익히는 방법을 권하였는데, 이를 통해 절대음감을 습득하게 하려는 의도였다. 고정 도법에 의한 계이름 부르기는 조[4]에 상관없이 악보를 다장조로 읽는 방법으로 '도'의 위치를 다장조로 고정하여 음을 익힌다.

달크로즈에게 있어 악보는 음악적 아이디어를 기록하고 전달하는 수단일 뿐이므로, 악보 읽기의 시작은 단지 음을 듣고 그것에 적극적으로 신체 반응을 하고 소리를 내는 등의 활동을 하는 것이 중요하다. 이 과정을 거친 후에야 악보 읽기와 쓰기가 이루어진다. 달크로즈는 악보 읽기의 단계적인 방법을 제안하였는데 유아의 경우 손동작을 통하여 계이름을 익히거나 한 줄 또는 두 줄 악보 읽기까지의 단계가 적절하다 (심성경 외, 2019). 유아 수준에서는 한 줄 악보 읽기를 충분히 진행한 후 두 줄 악보 읽기를 진행할 수 있을 것이다. 한 줄 악보에서 '솔sol'을 기준하여 다양한 방법으로 악보 읽기를 진행한 후 두 줄 악보에서 '미mi'를 추가하여 진행할 수 있다. 예를 들어, 손신호, 팔 젓기, 몸짓 등을 악보 읽기에서 활용할 수 있는데 가슴 높이를 '솔'이라 정하고 악보 읽기에 따라 팔을 올리면 '라', 팔을 내리면 '파'로 계이름을 부를 수 있다.

---

4) 바장조는 으뜸음 '파', 사장조의 경우 '솔'을 으뜸음으로 여기나 고정 도법은 도의 자리가 고정되어 있다.

한 줄 악보   솔

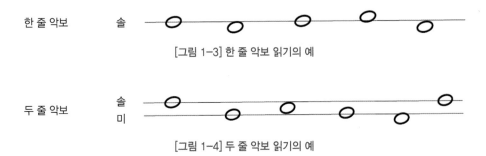

[그림 1-3] 한 줄 악보 읽기의 예

두 줄 악보   솔
             미

[그림 1-4] 두 줄 악보 읽기의 예

오선은 왜 다섯 줄인가요?

중세시대 9세기경 교회에서는 노래를 부르기 위해 악보를 고안했지요. 처음부터 악보는 줄이 있었던 것은 아니랍니다. 글씨 위에 다양한 표시를 하다가 1~2선이 생기더니, 6선에서 20선까지 있었답니다. 이후 이탈리아 수도사이자 가창학교 교사인 귀도 다레초Guido d'Arezzo(991~1050)에 의해 4선이었다가 그 후 여러 번의 시행착오를 거치며 현재의 오선 악보가 완성되었습니다. 우리가 사용하는 오선이 되기까지 약 1,200년가량의 시간이 걸린 것이랍니다.

* 우리나라에는 세종대왕이 창안한 '정간보'라는 유량악보(有量樂譜)[5]가 있으며 제작연도는 약 1,400년대입니다.

③ 즉흥연주

일반적으로 즉흥연주improvisation는 악곡 또는 그 일부를 창작하여 그것을 악보에 적지 않고 즉석에서 연주하는 것을 의미한다. 이때 즉흥(卽興)은 형식에 얽매이지 않고 계획 없이 자유롭게 생각하는 대로 만들어 내는 것이다. 달크로즈는 '즉흥'의 의미에 연주, 동작, 표징 등을 모두 포함시켰으며, 즉흥연주를 통해 소리관련 요소(음높이, 음계, 화음)와 동작관련 요소(리듬, 박자, 강세, 길이, 빠르기)를 독창적으로 결

---

5) 음의 높이와 길이를 나타낼 수 있는 악보

합시킴으로써 음악표현 능력을 기를 수 있다(이에스더, 2003)고 보았다.

즉흥연주에는 움직임, 말(언어), 이야기, 노래, 타악기, 현악기, 관악기, 피아노 등이 사용되나, 달크로즈 즉흥연주에서 가장 선호되는 악기는 피아노인데 즉흥적으로 자신의 음악적 의도를 자유롭게 표현하기에 가장 쉽고 적절하다고 보기 때문이다. 테니스공을 사용하여 클러스터^{Cluster 6)} 주법으로 연주하는 방법은 피아노에서 즉흥연주의 예로 알려져 있다. 이것은 피아노를 타악기화 하는 것으로 테니스공으로 피아노를 누르며 자유롭게 연주하는 것이다. 학습자는 테니스공으로 피아노를 즉흥연주함으로써 부담 없이 피아노에 다가갈 수 있으며, 박자와 리듬을 기초로 하여 음의 높낮이, 길이, 속도, 분위기 등을 익히게 된다.

> 저요! 저요!
> 질문 있어요!

Q: 즉흥연주를 지도하기 위해서 교사는 가장 먼저 무엇을 해야 하나요?

A: 교사는 무엇보다 유아가 음악을 자연스럽고 편안하게 느끼도록 개방적인 분위기를 제공합니다. 개방적인 분위기에서 유아는 즉흥적으로 자신의 음악적 의도를 자유롭게 표현할 수 있을 것입니다.

Q: 즉흥연주는 어떻게 시작하나요?

A: 즉흥연주는 짧은 시나 이야기를 움직임이나 소리로 변형시켜 보거나 반대로 움직임과 소리를 시나 이야기로 변형시켜 보는 것으로부터 시작될 수 있습니다. 예를 들어, 그림책에서 떡방아 찧는 모습을 보고 말리듬으로 변형시킬 수 있죠.

쿵-덕 | 쿵-덕 | 떡방아 | 찧어요 | (♩ ♪ | | ♩ ♪ | | ♪ ♪ | ♪ ♪ | | ♪ ♪ |)

또 말리듬을 손벽 치기나 노래, 타악기를 사용하여 연주할 수 있으며, 자신들이 들은 것을 즉흥적인 동작으로 표현할 수도 있어요.

Q: 즉흥연주를 지도하기 위한 원리가 있나요?

A: 다양한 방법으로 즉흥연주를 할 수 있습니다. 음역을 바꾸거나, 음을 더할 수 있습니다(원래의 멜로디에 2도, 3도 또는 옥타브 등으로 음을 더함). 또 음의 길이, 셈여림, 박자, 빠르

---

6) 여러 음을 한번에 소리 내는 연주 방법으로 유아는 주먹, 손바닥, 신체 일부 등을 이용하여 연주할 수 있다.

기 등에 변화를 주어 즉흥연주를 할 수도 있습니다. 아티큘레이션^{articulation7)}을 바꾸거나, 음을 첨가(멜로디 음 사이에 음을 첨가)할 수도 있지요. 그리고 전통적인 화성 구조를 무시하고 클러스터, 글리산도^{glissando8)}를 이용한 효과음 중심의 즉흥연주도 가능합니다.

오은혜(2012)는 즉흥연주를 이용한 수업의 형태를 즉흥 표현, 즉흥 동작, 즉흥 목소리, 즉흥 악기 연주로 나누어 〈표 1–2〉와 같이 제시하였다.

〈표 1–2〉 **즉흥연주 수업의 형태**

구분	내용	유의점
즉흥 표현	• 음악을 들으며 음악의 느낌에 따라 사람이나 동물의 특징을 신체나 악기를 통해 표현한다. • 음악에 따라 다양한 신체부위를 표현하는 과정을 통해 창의성과 음악적 순발력을 키운다.	• 이야기를 읽으며 한 장면을 즉흥연주한다. 신체나 다양한 악기를 가지고 교사의 이야기에 따라 소리를 내어 장면을 표현해 보도록 한다.
즉흥 동작	• 손, 발, 악기 등을 이용하여 즉흥적으로 표현한다. • 주어진 리듬 동작들의 중요한 박과 박자를 분석하여 연주한다. • 집중력, 기억력이 향상되고, 리듬감이 발달된다.	• 교사가 먼저 시범을 보인 후, 그것을 학생이 기억한 뒤 다른 리듬으로 표현하는 과정을 가진다.
즉흥 목소리	• 특정 단어나 의미 없는 말에 간단한 리듬이나 선율을 붙여서 부른다.	• 처음에는 간단한 리듬이나 노래에서 시작하고, 학생의 발전 정도에 따라 점점 복잡한 리듬, 음계를 사용한다.
즉흥 악기 연주	• 주변 사물이나 소리의 특징을 흉내 내어 악기로 표현한다. • 실로폰, 멜로디언, 피아노, 다양한 타악기를 통해 자신의 느낌을 표현한다.	• 제시된 리듬꼴을 조합하여 리듬 치기를 해 보다가 자신의 리듬꼴로 변형시킬 수 있도록 한다. • 몇 개의 한정적인 음으로 간단한 선율을 만들고 점점 화음에 어울리는 복잡한 수준으로 훈련한다.

출처: 오은혜(2012), p. 8.

---

7) 각 음을 분명하고 명확하게 연주하는 것을 뜻하는 것으로, 음절을 소리 내고 표현하는 방법이다. 보통 멜로디나 프레이즈의 세세한 부분에서 셈여림이나 끊기 또는 음의 장단 등을 붙여서 표현한다(대부분 악보에 '기호'로 표기한다).

8) 높이가 다른 두 음 사이를 급속한 음계에 의해 스케이트를 타듯 미끄러지듯이 연주하는 방법이다. 피아노에서는 손톱으로 건반 위를 미끄러지게 하여 연주한다.

(3) 달크로즈 교수법 활용의 예

유아기는 활발한 신체 움직임을 통해 자신의 생각을 나타내는 시기(김은심, 2021)이므로 달크로즈의 유리드믹스 방법은 리듬학습에 매우 적절하다. 다음에서 유아와 함께 할 수 있는 유리드믹스 활동 방법을 살펴보기로 하겠다. 유리드믹스 활동 방법은 음악요소와 관련이 있다. 음악요소에 대한 구체적인 내용은 제2장을 참고하길 바란다.

① 유리드믹스 활동 방법

가. 음의 빠르기 이해

음의 빠르기(속도)^{tempo}에 대한 이해를 돕기 위해서 유아에게 친숙한 동물의 동작을 연상하면서 점점 빠르게 또는 점점 느리게 모방해 보거나, 보통 걸음걸이를 '보통 빠르게(Moderato)'로, 느린 걸음을 '조금 느리게(Adagio)', 빠른 걸음이나 뛰기를 '빠르게(Allegro)'로 하여 빠르기 변화에 따라 걷기 활동을 할 수 있다.

> 교사의 즉흥연주에 따라 걸음걸이를 속도에 맞추어 걸어 봅시다.
> (이때 교사는 상황을 제시하고 상황에 맞게 음악의 빠르기를 변화시켜 연주한다.)
>
> 코끼리 걸음 – 밥을 많이 먹은 코끼리 걸음(느리게 – 아주 느리게)
> 얼룩말 걸음 – 사자가 쫓아올 때 얼룩말 걸음(빠르게 – 아주 빠르게)

나. 음의 셈여림 이해

음의 셈여림^{dynamics}에 대한 이해를 돕기 위해서 유아는 셈여림 부호를 개별 또는 또래와 함께 몸으로 표현해 보거나 태풍이 다가왔다가 지나가는 과정의 예시를 몸으로 활동해 볼 수 있다. 또한 유아가 일정하게 북을 치다가 갑자기 크게 또는 작게 연주해 보도록 할 수 있다.

[그림 1-5] 음의 셈여림 부호(점진적 세기 변화)

[그림 1-6] 개별 혹은 또래와 함께 음의 셈여림을 몸으로 표현해 보는 유아

다. 음의 고저 이해

음의 고저pitch에 대한 이해를 돕기 위해 머리, 어깨, 가슴, 허리, 무릎, 발 등의 신체부위에 손을 올리거나 몸을 세우고 허리를 낮춘 동작으로도 표현할 수 있다. 음의 상행(올라가는 진행)과 하행(내려가는 진행)은 팔을 위로 올리거나 내리는 동작으로 표현할 수 있으며, 몸을 점차 낮추거나, 점차 세우는 방법으로 표현할 수 있다.

[그림 1–7] 두 팔을 이용해 음의 고저를 표현하는 유아

라. 음의 장단 이해

음의 장단(길이)^{duration}에 대한 지도는 4분 음표(♩)를 기본 단위로 시작한다. 어린 유아의 경우 처음부터 기호를 보여 주는 것보다, 귀 기울여 리듬을 듣고, 신체로 박수를 치거나 걸으며 반응해 본다. 익숙해지면 기호를 사용할 수 있다.

다음은 동요 〈개구리〉 악보의 일부이다. 악보 아래 표에 제시되어 있는 박의 길이에 따라 걷는 활동을 해보자. 음악을 피아노로 연주하거나 혹은 교사의 목소리나 녹음으로 들려주며 걸어 본다. 필요하면 북을 쳐 줄 수도 있다.

아빠 개구리는 2분 음표(♩)로 천천히 걷고, 엄마 개구리는 4분 음표(♩)로 걷고, 아기 개구리는 8분 음표(♪)로 빠르게 걷는다.

마. 악센트 이해

악센트^{accent}는 악곡의 특정한 음을 강조하여, 강조된 음을 다른 음보다 크고 힘 있게 내는 것을 뜻한다. 손뼉을 치다가 지시가 있을 때 강하게 박수를 치게 하는 방법이 있다. 또 걷는 상태에서 지시가 있을 때 강하게 발을 구르거나 강하게 손뼉을 쳐 보게 함으로써 악센트의 이해를 도울 수 있다.

다음은 동요 〈빙고〉 가사 중 일부이다.

옆집에 사는 개이름 | 빙고라지요 | B I N G O | B I N G O |

'B I N G O'에서 알파벳 하나씩 악센트를 주어 노래를 부를 수 있다. 첫 번째 부를 때 'B'에 박수를 치며 'B'를 강조하여 노래를 부른다.

옆집에 사는 개이름 | 빙고리지요 | B́ I N G O | B́ I N G O |

두 번째 부를 경우 유아들과 협의하여 악센트를 표시할 알파벳을 정할 수 있으며, 손뼉 치기 대신 다른 신체부위나 악기를 치며 부를 수 있다.

바. 리듬패턴 이해

리듬패턴rythm pattern의 이해를 돕기 위해서는 팔로 박자를 저으면서 리듬에 맞추어 걸어 보게 하거나, 리듬패턴에 맞추어 손뼉 한 번 치고(♩) 무릎을 두 번 치는(♪ ♪) 식으로 표현해 본다. 또는 순서를 바꾸거나 다른 박을 대체하여 패턴을 만들 수 있다.

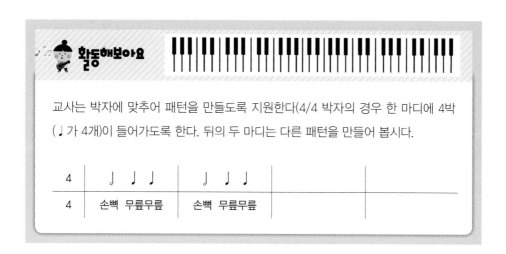

교사는 박자에 맞추어 패턴을 만들도록 지원한다(4/4 박자의 경우 한 마디에 4박 (♩ 가 4개)이 들어가도록 한다. 뒤의 두 마디는 다른 패턴을 만들어 봅시다.

사. 악구 이해

악구phrase는 악절을 이루는 한 부분으로, 기본 네 마디는 한 악구이다. 한 악구가 진행되는 동안 걸어가다가 다음 악구에서는 멈추어 서서 자유롭게 움직이는 활동을 한다. 이러한 활동은 악구의 이해는 물론 청음연습도 되며 집중력을 높여 준다. 또한 새로운 악구가 시작될 때마다 새로운 동작 표현을 찾아내 보는 창의적 활동으로 발전시킬 수도 있다.

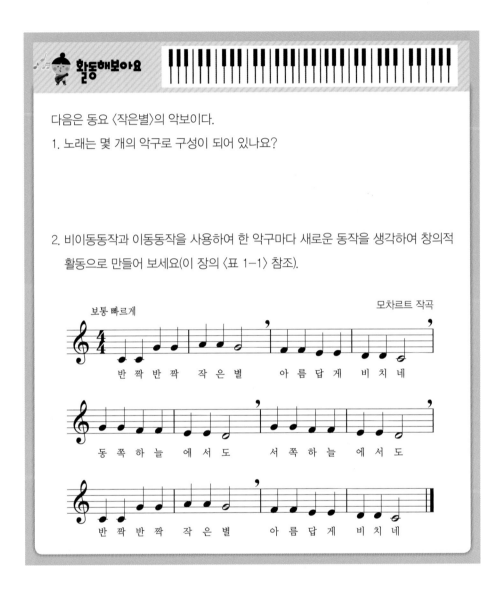

아. 리듬캐논 이해

　리듬캐논rhythm canon은 '규칙'을 뜻하는 그리스어 'kanon'에서 유래된 말로 규칙에 따라 반복적인 패턴을 모방하는 것을 뜻한다. 예를 들어, 앞의 두 마디 정도에 대해 교사가 선행 동작을 보여 주면 후속 동작을 유아가 따라 활동하는 것이다. 돌림노래 는 가장 단순한 형식의 캐논이라고 할 수 있다.

1. 따라 해 보세요.

손뼉–무릎–발구르기	손뼉–무릎–발구르기	손뼉–무릎–발구르기	손뼉–무릎–발구르기
교사	교사	유아	유아

2. 친숙한 동물이나 과일 이름 등으로 동작이나 말리듬을 만들어 따라 할 수도 있다. 유아가 익숙해지면 유아–교사 순으로 순서를 바꾸어 부르도록 한다.

자. 리듬 적기

리듬 적기rhythm writing는 리듬을 표기하는 것이다. 예를 들어, 빠르기에 대해 기준이 되는 선의 모양을 정하고, 느려지는 경우에는 선을 길게, 빨라지는 경우에는 선을 짧게 그려 보게 할 수 있다.

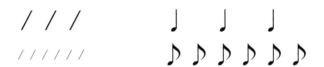

[그림 1–7] 선을 이용하여 리듬 적기

다음은 동요 〈허수아비 아저씨〉 악보의 일부분입니다. 음표를 생각하여 리듬 적기를 해 보세요. 쉼표는 자유롭게 만들어 보세요.

② 달크로즈 활동 방법

지금까지 달크로즈가 제안한 음악교수법에 대해 알아보았다. 앞서 설명한 것처럼 달크로즈는 유리드믹스, 솔페즈, 즉흥연주의 세 가지 방법을 필요에 따라 유기적으로 결합하여 사용할 수 있음을 제안하였다. 예를 들어, 유아에게 4분 쉼표(𝄽)를 알려 주기 위해 유리드믹스를 활동한 후, 즉흥연주로 표현할 수 있을 것이다. 오은혜(2012)는 달크로즈 교수법을 유기적으로 결합하여 다음과 같은 음악요소 지도방안을 개발하여 제시하였다(〈표 1–3〉). 교육현장에서 많은 도움이 될 수 있을 것이다.

〈표 1–3〉 달크로즈 음악요소 학습활동

지도요소	활동영역	수업형태	학습활동	준비물
리듬: 쉼표의 길이	유리드믹스	빠르게 반응하기	• 음악을 들으면서 음표 부분과 쉼표 부분 달리 표현하기 –음표: 손뼉 치기 –쉼표: 고개를 끄덕이기, 손가락으로 쉿! 하기	
		메아리 모방	• 교사가 일정박을 치며 사물의 이름에 쉼표를 넣어 말하면 유아가 따라 말하기(코끼리, 토마토) –코 𝄽 리, 코 𝄽 리 / 토 𝄽 토, 토 𝄽 토 –이어 말하기 게임 형식으로 진행한다.	리듬스틱
	즉흥연주	즉흥목소리	• 제시된 쉼표에 알맞게 즉흥적으로 음표 부분은 말로, 쉼표 부분은 입모양으로 표현하기(짜장면, 파인애플) –짜 𝄽 면 / 파 ▬ 플 / –모둠에서는 어떤 쉼표인지 맞히기	쉼표 카드
가락: 올라가는, 내려가는 가락	솔페즈	계이름 부르	• 다장조 음계의 상행과 하행 부르기 –교사가 선창하고 학생이 따라 부르기	
		내청	• 올라가는 가락과 내려가는 가락을 표시한 후, 올라가는 가락은 큰 소리로, 내려가는 가락은 마음속으로 노래를 부르기	
		신체동작	• 올라가는 가락: 몸을 길게 뻗어 올리기 • 내려가는 가락: 바닥으로 움츠리기	
	즉흥연주	즉흥목소리	• 가락을 동물의 울음소리로 표현하기 –어흥: 올라가는 가락, 뻐꾹: 내려가는 가락	
		즉흥악기연주	• 몇 개의 음을 정해 주고 가락에 맞게 피아노나 실로폰으로 즉흥연주하기	피아노, 실로폰

2) 코다이

음악은 소수 상류계층
사람들만의 것이 아니라 모든 사람의 것이다.
– Zoltan Kodaly

〈코다이 무반주 첼로 소나타 op.8 | Kodaly–
Sonata for Solo Cello op.8 | 피에르 푸르니에–
첼로〉

[그림 1–8] 코다이

1882	1905	1914	1937	1967
출생	바르톡과 헝가리 민요와 민속춤 수집	제1차 세계대전	헝가리 민속음악 출판	사망

1902	1907	1923	1939
부다페스트 음악원 입학	부다페스트 Liszt 음악원 강의	부다페스트 50주년 기념곡 헝가리 시편 완성	제2차 세계대전

　코다이$^{Zoltan\ Kodaly}$(1882~1967)는 헝가리의 작곡가이자 민족음악학자이며 음악교육자이다. 코다이는 철도원이자 바이올린 연주자였던 아버지 그리고 피아노와 성악에 재능이 있던 어머니 사이에서 장남으로 태어났다. 그는 소년 시절부터 가톨릭계 학교에서 음악을 배우고 성가대에 참여하였으며, 17세에 부다페스트 음악원에 입학하여 작곡을 배웠다. 이후 코다이는 바르톡$^{Bela\ Bartok,}$ $_{Bela\ Viktor\ Janos\ Barto}$(1881~1945)과 헝가리 전역을 여행하며 민요와 민속춤을 수집하고 녹음하였다. 코다이는 바르톡과 함께 헝가리를 대표하는 국민음악의 건설자로 불린다.

[그림 1–9] 민요를 수집 중인 코다이

농민인 노파가 마이크를 들고 노래하고, 코다이는 그것을 녹음하면서 메모를 적고, 채보(採譜)를 해서 카드를 작성한다.
출처: 네이버

코다이는 철도원이었던 아버지로 인해 잦은 이사를 했으나, 어릴 적 여러 곳에서 들은 민속음악이 코다이의 민속음악에 대한 열정의 기반이 되었다. 코다이가 음악교육에 관심을 기울인 것은 오랜 게르만 지배하에 자국의 음악·문화 성향이 지나치게 게르만적으로 변하였고, 헝가리 민족음악에 좋지 않은 영향을 끼치고 있다는 것을(이선채, 2013) 인식하였기 때문이다. 뿐만 아니라 학교의 음악 교사 수준 또한 매우 낮으며 이루어지고 있는 음악지도 수준이 매우 낮은 상태에 있다는 것을 인식하여 코다이 교수법을 만들어 냈다. 다음에서 코다이의 음악교육 철학과 음악교수법에 대해 살펴보기로 하겠다.

(1) 코다이의 음악교육철학

코다이 교수법은 모든 사람이 모국어를 습득하듯이 자연스러운 방법으로 음악을 듣고, 쓰고, 느끼도록 지도하여 음악적 모국어를 구사할 수 있는 사람으로 양성한다는 목표를 가진다. 코다이의 음악교육에 대한 철학을 정리하면 다음과 같다(이선채, 2013; 임은혜, 2006; Stone, 1971).

- 음악은 모든 어린이의 것이다. 코다이의 음악철학은 '음악은 모든 사람의 것이다.'에서 출발한다. 이 철학의 바탕은 페스탈로치의 교육 원리인 음악이 모든 사람의 인격 형성에 대단히 중요하며 모든 어린이들이 음악 훈련을 받아야 한다는 교육 원리에 기초하고 있다. 이렇듯 음악은 소수 상류 계층 사람들의 전유물이 아니라, 모든 사람의 것이어야 한다.
- 음악은 적극적인 참여를 통해 경험되어야 한다. 음악은 듣는 것만으로는 충분치 않기 때문에 라디오나 축음기는 장식품으로밖에 가치가 없으며 음악에 직접 참여하는 것이 음악을 알 수 있는 가장 좋은 방법이다.
- 음악지도는 어릴 때 시작되어야 한다. 코다이는 몇 세에 음악교육을 시작해야 하는가라는 질문에, "태어나기 아홉 달 전부터"라고 말한 바 있다. 코다이는 유아기 때 음악을 가르치는 것을 강조하였고, 어머니의 역할이 중요하다고 믿었다. 특히 감수성이 예민한 시기인 3세부터 7세까지가 음악교육이 시작되어야 하는 시기로, 음악적 청력과 감상력이 최대한 향상되는 음악교육의 중요한 시기로 보았다.

- 음악은 모국어를 배우듯 익혀야 한다. 코다이의 음악언어(musical language)는 민요를 지칭하는 표현이다. 모든 어린이가 모국어를 가지고 있듯이, 어머니의 민요를 따라 익힘으로써 자연스럽게 음악을 익혀 나간다.

- 목소리는 모든 사람에게 주어진 자연적인 악기이며, 조기 음악지도에 있어 '함께 노래 부르기'는 독창이나 악기 연주(기악)보다 효과적이다. 코다이 교수법의 핵심 방법은 '노래 부르기'라 할 수 있다. 목소리는 하늘이 모든 사람에게 준 가장 간편한 악기며, 음악을 이해하며, 적용하고, 창작하는 모든 과정에 쓰인다. 코다이는 노래를 음악지도에 최대한 활용하도록 이끌었고, 악보를 읽고 쓰는 기능을 습득하기 위해 노래 부르기를 적극 활용하였다. 또한 혼자 노래 부르기가 아니라 협동심과 사회성을 기를 수 있는 합창이 노래 부르기의 궁극적 목표이다.

- 민족 음악 문화의 유산인 민요와 민족 예술가곡을 음악교육의 주된 교재로 사용하여야 한다. 음악 교재로 민요의 가치성을 높게 평가한 이유는, 민요는 가장 쉬운 그 나라의 말로 되어 있으며, 국민적 정서를 내용으로 담고 있는 음악이기 때문이다.

- 음악은 어린이의 매일의 일과에서 자연스럽게 경험되어야 한다. 코다이는 음악이 언어와 마찬가지로 일상적인 경험(daily experience)을 통하여 모국어와 비슷한 방법으로 학습되어야 한다고 보았다. 어린이는 매일 음악을 경험함으로 음악을 더 잘 수용할 수 있게 된다.

- 예술적으로 가장 가치 있는 악곡만이 음악학습의 교재가 되어야 한다. 음악지도에서 다루는 교재곡과 감상곡은 예술적으로 가치가 있어야 하며, 교육적으로 적합한 곡이어야 한다. 어린이나 초보자의 귀를 훈련시키기 위해서는 좋은 음악을 사용하여야 한다.

- 음악교육은 어릴 때부터 바르게 교육받은 교사에 의해 지도되어야 한다. 코다이는 능력과 자질을 갖추지 못한 교사가 수많은 어린이들에게 일생 동안 돌이킬 수 없는 음악 장애를 일으킨다고 경고하였다. 따라서 음악교사의 질적 향상을 위해 엄격한 교사연수를 시행하였다.

- 어린이를 존중하고 관심을 가지고 대하며, 그들의 음악 능력을 최대한 발전시켜 전인적 성장에 도움을 주어야 한다. 코다이는 음악교육이 모든 사람을 전인

적이고 조화로운 인간으로 육성하는 데 기여한다고 보았다.

코다이는 이와 같이 음악은 모든 사람의 것이어야 하며, 모국어를 자연스럽게 배우는 원리와 과정 및 교사의 역량 강화를 중요시하였다. 다음에서 코다이의 음악교수법에 대해 살펴보겠다.

(2) 코다이 음악교수법

코다이의 음악교수법은 유럽의 여러 음악교육 방법을 체계적으로 조직하여 방향 제시를 하였으며, 그의 동료와 제자들이 그의 뜻을 받들어 이룬 것이다. 코다이는 오르프 교수법, 달크로즈 교수법, 유럽에서 사용되고 있는 영국의 커웬[John Curwen]의 손기호, 프랑스의 슈베[Emile Joseph Cheve]의 막대기호, 숫자 기보법을 응용하여 교수법을 고안하였다. 코다이의 음악교수법인 리듬 지도법, 계명창, 손기호의 내용을 구체적으로 알아보고자 한다.

① 리듬 지도법

코다이 교수법은 음악요소 중 리듬을 가장 먼저 지도한다. 코다이는 리듬을 지

〈표 1-4〉 **코다이 리듬 지도**

전통적 기보	코다이식 기보	코다이 리듬이름	전통적 기보	코다이식 기보	코다이 리듬이름
		타 ta			리팀 ritim
		티 티 ti ti			티타 티 ti ta ti
		트리올라 triola			리티 리 riti ri
		티리리리 ti ri ri ri			타 아 ta a
		티 티리 ti ti ri			타 아 아 아 ta a a a
		티리티 tiri ti			쉼 shym
		팀 리 tim ri			쉬 she

도하기 위해 리듬 이름을 사용하였다. 리듬 이름은 슈베에 의해 고안된 막대기호를 적용한 방법이다. 코다이는 음정에도 이름이 있듯이 리듬에 이름을 붙여 박과 리듬을 말하고, 듣고, 느끼고, 이해하도록 하였다(〈표 1-4〉). 또한 리듬 이름을 말하면서 걷기, 뛰기, 손뼉 치기, 발 구르기, 무릎 치기, 허리 굽히기 및 율동, 노래게임 등 신체 동작을 통해 박자에 대한 감각을 몸 전체로 느끼도록 함으로써 리듬을 지도하였다.

② **계명창**

코다이의 계명창(계이름으로 노래 부르기)은 '이동도법으로 선율을 지도하는 것'이 특징이다. 이동도법Movable Do System은 움직이는 '도'를 사용하는 것으로, 조가 이동할 때 '도'의 위치를 바꿔서 계이름을 읽는 것이다. 예를 들어, 다장조의 으뜸음은 '도'이며, 바장조의 으뜸음은 '파', 사장조의 으뜸음은 '솔'이 된다. 유아에게 지도할 때 다장조(C), 바장조(F), 사장조(G)의 세 위치의 계명창이 가장 적합하다(강문진, 2008). C, F, G 세 위치의 계이름 읽기의 예는 다음 [그림 1-10]과 같다.

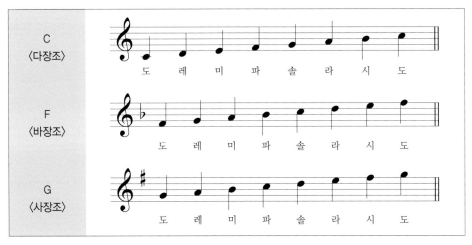

[그림 1-10] C, F, G의 계이름 읽기의 예

코다이는 초보자들도 쉽게 계이름을 읽고 쓰도록 계이름의 알파벳을 이용하여 코다이 두문자를 만들었다. 오선에 음표를 그리지 않고도 쉽게 읽을 수 있도록 창안한 것이다. 또한 1음인 do(도) 아래의 음일 경우는 콤마(,)를 붙이고 제7음 ti(시) 이상의 음일 경우 어퍼스트로피(')를 붙인다. 따라서 앞의 도인 경우 d'로 표시한다. 코다이 계이름과 두문법의 표기는 〈표 1–5〉와 같다.

〈표 1–5〉 **코다이 계이름과 두문자 표기**

계이름	do(도)	re(레)	mi(미)	fa(파)	sol(솔)	la(라)	si(시)	do'(도)
코다이 계이름	do(도)	re(레)	mi(미)	fa(파)	so(소)	la(라)	ti(티)	do'
코다이 두문자	d	r	m	f	s	l	t	d'

③ 손기호

손기호는 음의 높이를 시각적 높이와 모양을 통해 구체적으로 보여 줄 수 있기 때문에 음악을 잘 모르는 유아나 초보자들도 음 높이를 지각할 수 있다(강문진, 2008). 코다이는 이를 통해 음정에 대한 감각을 기르고 계이름으로 노래를 부르는 능력과 내청 능력을 동시에 기르고자 하였다.

손기호는 유아에게 지도할 경우 한번에 하나의 손기호를 학습시키는 것이 효과적이며, 신체를 활용하는 손기호는 주입식으로 단순히 암기시키는 것보다 교육적 효과가 크다. 특히 손을 위, 아래로 움직이기 때문에 유아에게 정확한 음정 감각을 계발시키고, 적극적으로 학습에 참여하도록 함으로써 흥미를 불러일으킨다. 코다이 손기호는 [그림 1-11]과 같다.

〈코다이 손기호〉

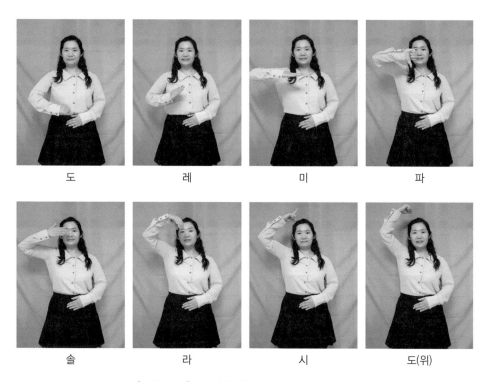

[그림 1-11] 코다이 손기호: 손의 위치를 중심으로

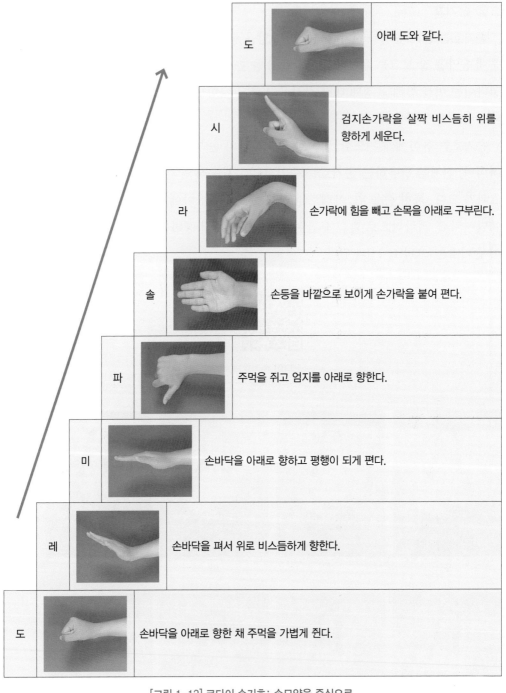

도		아래 도와 같다.
시		검지손가락을 살짝 비스듬히 위를 향하게 세운다.
라		손가락에 힘을 빼고 손목을 아래로 구부린다.
솔		손등을 바깥으로 보이게 손가락을 붙여 편다.
파		주먹을 쥐고 엄지를 아래로 향한다.
미		손바닥을 아래로 향하고 평행이 되게 편다.
레		손바닥을 펴서 위로 비스듬하게 향한다.
도		손바닥을 아래로 향한 채 주먹을 가볍게 쥔다.

[그림 1-12] 코다이 손기호: 손모양을 중심으로

손기호를 사용한 노래 부르기의 장점은 음정(음과 음 사이의 거리)에 대한 감각을 기르며, 음의 흐름과 음높이를 이해하도록 돕는다. 또한 계이름으로 부르는 능력이 발달하며, 마음속으로 노래하고 음악을 상상하는 내청 능력을 향상시킨다(이홍수, 1990). 코다이 손기호는 손모양의 위치에 따라 음높이가 달라지므로 교사는 손모양의 위치를 유의하여 지도할 필요가 있다.

〈코다이 손기호 (도레미송)〉

코다이 손기호 이해를 돕기 위한 노래 부르기
〈도레미 송〉 음에 맞추어 노래를 부른다.

도는 두 주먹 쥐고
레는 지붕 만들고
미는 다리 만들고
파는 손가락 아래
솔은 두 눈 가리고
라는 귀신 손가락
시는 도깨비의 뿔
도는 다시 두 주먹

Tip 손은 양손을 사용하여 가슴 높이에서 시작합니다.
음이 올라가면서 손의 높이는 같이 올라가며 노래를 부릅니다.

시에서는 머리에서 도깨비 뿔을 만듭니다. 높은 **도**에서는 머리 위에서 두 주먹을 쥡니다.

3) 오르프

음악학습은 놀이와 대화, 노래, 신체 동작,
악기 연주 등이 통합되어 이뤄지는
총체적 체험이어야 한다.

– Carl Orff

〈Fortuna (카르미나 부라나 중에서)〉

[그림 1-13] 오르프

출처: 그랜드발레닷컴

오르프Carl Orff(1895~1982)는 독일의 음악교육자로 "음악은 모든 어린이를 위한 것
이어야 한다."고 주장했다. 오르프는 작곡가로도 많은 곡을 발표하였는데, 그의 대
표곡인 칸타타 〈카르미나 부라나Carmina Burana〉는 누구나 들어 봤을 유명한 곡이다.
나치는 선전용으로 그의 곡을 이용하였으며, 오르프 또한 나치 정권의 요구에 응하
며 높은 자리에 올랐다는 논쟁이 그의 이름 뒤에 따라 다닌다. 음과 양이 공존하는
인물이다.

오르프는 할아버지와 아버지가 군인이어서 어린 시절 군부대 근처 자연으로 둘
러싸인 곳에서 군악대의 음악을 들으며 자라났다. 오르프는 5세부터 피아노 레슨을
받았으며, 어린 시절 음악을 아주 좋아하였다. 가족 또한 모두 음악을 좋아하여 매
주 가족 오페라와 가족 음악회를 하는 등 어려서부터 음악에 흥미를 가지고 음악활
동에 참여하며 많은 곡을 작곡하였다. 이후 오르프는 집안의 반대에도 불구하고 음
악아카데미에 입학하지만 학교생활에는 흥미를 느끼지 못했다. 이론과 실기가 분

[그림 1-14] 〈카르미나 부라나〉 공연을 보러 온 히틀러(1937년)

출처: 네이버 지식백과

리되어 음악 기술만을 강조하는 교육방법 때문이었으며, 특히 주입식의 음악사 시간을 아주 싫어하였다(윤영배, 2005).

음악에 대한 오르프의 인식이 변화된 계기는 무용가 비그만Mary Wigman(1886~1973)을 만나게 되면서이다. 비그만의 음악이 배제된 상태의 무용공연에서 무용가 한 사람의 행위로부터 음악의 근원성을 발견하게 되었다. 이후 음악과 동작(무용) 및 언어의 행위가 통합된 형태의 음악 접근법을 발전시켜 '기초음악'으로 지칭되는 오르프의 교육 개념의 토대가 되었다(함성규, 이연경, 2019). 1924년 오르프는 독일의 무용가 도로시 귄터Dorothee Günther와 함께 체조와 춤, 음악을 위한 귄터학교Günther School를 설립하고, 음악을 가르치면서 음악교육자로 변한다. 귄터학교는 '동작으로 음악을, 음악으로 춤을'이라는 교육이념을 바탕으로 무용과 체조 교사를 양성하였다. 이 시기의 오르프는 음악지도의 새로운 방법 및 자료, 악곡, 합주악기들을 개발하기 시작하였으며, 달크로즈의 유리드믹스에서 많은 영향을 받은 것으로 알려진다(심성경 외, 2019). 제2차 세계대전 중 귄터학교가 파괴되고, 오르프는 전쟁 후 라디오 방송을 통해 어린이를 위한 어린이와 함께하는 방송을 하게 된다. 그는 이를 음악교육 재건 기회로 삼아 케트만과 어린이와 함께한 그들의 작업에서 얻어낸 교육적 개념들을 정리하여 '오르프 슐베르크Orff-Schulwerk'라 불리는 『어린이를 위한 음악Music for children』전 5권을 출판한다.

오르프의 음악교육은 '원시음악element music'에 근원을 두고 있는데, 보다 쉬운 음악으로 모든 어린이들이 쉽고 즐겁게 음악활동에 참여할 수 있도록 하는 것이다. 오르프 음악교육의 핵심 가치는 자연의 법칙에 따른 교육으로 인간 본성에 근거하여 발달에 적합한 교육을 실시해야 한다는 자연주의 철학이 내재되어 있다. 다음에서 오르프의 음악교육철학과 음악교수법에 대해 살펴보기로 하겠다.

(1) 오르프의 음악교육철학

오르프는 어린 시절 아이들이 창조적이고 즉흥적인 활동을 통해 음악을 느낄 수 있고 음악의 본질을 경험하는 것이 음악이론이나 음악기술을 습득하는 것보다 중요함을 강조하였다. 오르프의 음악교육철학은 다음과 같다(김유라, 2013; 안재신, 2004; Flohr, 1981).

- 음악은 즐거운 것으로 모든 사람의 것이다. 음악의 재능 여부와 상관없이 음악 활동 중심으로 음악시간을 즐길 수 있어야 한다. 특히 음악은 능력에 상관없이 모든 어린이를 위한 것이어야 한다. 일부 재능 있는 어린이가 중심이 되는 음악교육은 지양되고 모든 어린이들이 리더가 되어 음악을 이끄는 즐거운 음악시간이 되어야 하는 것이다.
- 음악은 직접적인 경험이어야 한다. 어린이는 자연스러운 상황에서 보고, 듣고, 느끼는 경험을 통해 소리를 지각하며 가락과 리듬에 대한 기초를 형성할 수 있다.
- 음악 경험은 어릴 때 시작해야 하며, 놀이를 통한 음악으로 시작하여 발달단계에 적합하게 이루어져야 한다. 음악은 쉬운 단계에서부터 시작하여 발달단계에 따라 점차 어렵고 복잡한 것으로 이루어져야 한다.
- 음악 경험은 적극적인 참여를 통해 이루어진다. 오르프는 그의 저서 『오르프 슐베르크^{Orff Schulwerk}』에서 학습자가 감상자에 머무르는 것이 아니라 적극적인 참여자로 역할하게 해야 함을 강조한다.
- 음악은 기초적이어야 한다. 원시음악은 다듬어지지 않고 자연스러우며 신체 활동에 가까운 음악이다. 오르프는 음악을 접하고, 느끼고, 표현해 가는 과정을 중요시하여 신체활동, 신체표현, 신체악기를 음악활동에서 활용하였다.
- 음악은 놀이와 대화, 노래와 악기 연주, 신체와 동작 등이 통합되어 이루어지는 하나의 총체적 경험이어야 한다. 유아들의 세계에서 말하기와 노래 부르기, 시와 음악, 음악과 신체 동작, 놀이와 춤 등은 분리되지 않는 것이기 때문에 하나

일 수밖에 없으며, 이러한 활동은 놀이 본능에 의해 조절된다.

- 리듬과 가락(멜로디)은 음악의 출발점이다. 오르프는 리듬은 말의 형태로부터 나온 것이고, 가락은 그 리듬의 형태로부터 발전된 것이다. 특히 리듬과 가락은 음악을 이루는 기본적인 힘이다. 리듬은 가락보다 더 강력한 음악요소이며 가락은 화음보다 강력한 요소이다.
- 비음악적인 어린이는 없다. 누구나 음악에 접근할 수 있으며 음악을 배울 수 있다.

(2) 오르프 음악교수법

오르프의 음악교육은 『오르프 슐베르크』라는 다섯 권의 음악교육 서적에 잘 설명되어 있다. 이 책은 모든 어린이를 대상으로 하며, 재능의 많고 적음에 상관없이 누구나 음악에 기여하고 참여할 수 있는 공간과 역할이 있음을 강조한다. 『오르프 슐베르크』의 내용은 노래, 낭송, 손뼉 치기, 무용, 손쉽게 구할 수 있는 것으로 두드리기 등 어린이가 즐겨 하는 활동으로 구성되어 있다. 오르프의 교수법은 말하기로부터 출발하여 노래 부르기, 신체표현, 악기 연주로 전환된다. 오르프 교수법의 유형은 이를 하나씩 사용하기도 하지만 두 가지 이상을 통합하여 이루어지기도 한다. 말하기, 노래 부르기, 신체표현, 악기 연주를 살펴보면 다음과 같다.

① 말하기

오르프에 따르면 음악의 기초는 리듬이다. 오르프는 리듬이 언어와 깊은 관련이 있으며, 유아는 언어 능력이 음악 능력보다 먼저 발달하므로 언어를 이용한 음악교육이 효과적이라 생각하였다(고연주, 2003). 오르프 교수법에서의 말하기Speech는 음악을 가르치는 가장 기본적인 활동으로 유아는 이를 통해 음악을 쉽게 배울 수 있다. 유아는 말로 시작하여 말에 리듬을 붙이고, 노래하기로 점차 발전해 나가며 자연스럽게 음악을 습득한다. 유아가 일상에서 쓰는 말리듬Speech Rhythm이나 놀이, 짧은 시나 이야기, 속담 등에 리듬을 붙이는 것이 음악 수업의 재료가 되어 사용되기도 한다. 말하기는 박자와 빠르기, 강약, 곡의 악절, 레가토와 스타카토, 형식, 음색 등의 다양한 음악요소를 교육하는 데 기초가 됨과 동시에 효과적인 수단이 되기도 한다(김혜영, 2015).

교사는 유아와 함께 유아가 흥미를 느끼는 친숙한 단어를 사용하여 말리듬에 맞춰 노래를 부르고 충분히 익힌 말리듬을 이용하여, 신체악기로 연주하고, 이 리듬을 다양한 악기로 연주한다. 다음 [그림 1–15]의 음악활동 예처럼 유아가 친구의 이름이나 과일, 동물들의 이름을 부르며 말리듬을 만들어 표현할 수 있다. 이때 말리듬을 통해 리듬을 느낄 수 있으며(예 1), 첫 박에 강세를 주어 셈여림을 느낄 수 있도록 한다(예 2). 또 말리듬에 맞추어 손뼉을 치거나 발을 구를 수 있으며, 악기를 연주할 수도 있다.

◆ 말리듬으로 표현하기		
예 1	♩ ♪ ♪ ♩ ♩	♩ ♪ ♪ ♩ ♩
	강–아지 멍–멍–	강–아지 멍–멍–
예 2	**강**–아지 멍–멍–	**강**–아지 멍–멍–

[그림 1–15] 말리듬을 이용한 음악활동

② 노래 부르기

오르프는 솔^{G}과 미^E 두 음정으로 간단한 선율을 만들어 친숙한 과일 이름이나 동물 이름을 응답형식으로 부르거나 교사–유아 또는 유아–유아가 서로 응답하며 노래 부르거나 교사의 노래를 모방하여 부르도록 한다. 말하기와 노래 부르기를 하나의 활동으로 통합할 경우 두 가지 활동이 서로를 보완하고 강화하는 효과가 있다.

예를 들어, 말리듬에 음을 붙여 노래를 부르면 유아는 리듬에서 선율이 발생하는 것을 직접 경험할 수 있다('강–아지 멍–멍–' 리듬에 '솔–미미 솔–미–'의 선율을 더한다). 이렇게 말리듬에 노래를 부르면서 신체로 표현하거나 악기로 연주할 수도 있다.

③ 신체표현

신체표현은 유아가 가장 즐겁게 참여하는 활동으로, 음악을 몸으로 이해하고, 자신의 생각과 느낌을 표현하는 창의적인 교육방법이다. 오르프는 음악과 움직임을 하나로 교육하는 것이 음악을 가장 자연스럽게 체득하는 방법이라 하였다. 음악을 몸으로 표현하는 것은 유아에게 가장 본능적이고도 자연스러운 음악 학습방법이다.

유아는 걷기, 기기, 달리기, 멈추기, 껑충 뛰기, 돌기 등의 자연스럽고 일상적인 움직임을 통해 특별히 연습하지 않고도 자신의 느낌을 창의적으로 표현할 수 있고, 즐거움을 느낄 수 있다. 오르프의 신체표현 방법은 유아가 리듬, 빠르기, 음색, 선율의 흐름과 셈여림 등 다양한 음악요소를 경험하도록 하는 효과적 방법이다. 유아는 스스로 내면의 소리와 감정을 표현하기 위해 초기에는 신체표현을 사용하며 조금더 나아가 극이나 춤 등의 발전된 형태로 표현할 수 있다.

곡: 동요 〈시계〉

노래를 들으며 박자에 맞추어 소리의 크기, 빠르기 등을 표현해 봅시다. 신체를 활용하여 다양한 시계를 음악요소에 따라 표현해 봅시다.

– 어떤 다양한 시계가 있을까요?
– (다양한 크기의 시계를 보여 주며) 시계 소리가 가장 큰(또는 작은) 시계는 어떤 시계일까요?
– 가장 소리가 큰(또는 작은) 시계가 되어 노래를 불러 볼까요?
– 시계 바늘 중 가장 느리게(혹은 빠르게) 움직이는 바늘은 어떤 바늘인가요?

④ 악기 연주

오르프는 청각을 자극하는 개성 있는 소리와 다양한 음색 등을 경험하는 기회를 유아에게 제공해야 한다고 보았다. 『오르프 슐베르크』에서는 유아가 신체로 리듬의 강약을 익힌 후 리듬 타악기를 지도한다. 그는 어린이의 음악교육을 위해 누구나 연주할 수 있도록 고안된 특별한 악기를 창안하였으며 이를 오르프 악기라 부른다.

오르프 악기는 주로 타악기로 되어 있으며, 그중에서 오르프 선율 타악기는 탈착이 가능하여 연주에 불필요한 음들을 빼거나 뒤집고, 필요한 음들만 가지고 연주할 수 있는 특성을 가진다. 이러한 악기는 신체 협응력이 떨어지는 유아도 보다 쉽게 연주가 가능하며, 악기 연주를 통해 유아에게 시청각적으로 음들과의 관계를 경험할 수 있는 기회를 제공한다. 오르프 악기를 활용한 수업은 다양한 음색과 소리의 표현방법을 시도해 볼 수 있으며, 합주의 즐거움과 음악의 원리를 이해하도록 한다. 이는 오르프 악기의 크기, 재질, 탈착 가능성에서 살펴볼 수 있다. 다음에서 오르프 음악지도에 사용되는 악기들에 대해 구체적으로 살펴보겠다.

오르프 음악지도에 사용되는 악기

오르프는 악기 제조업자들의 도움으로 자신의 교육 목적에 적합한 특수 악기들을 제작하였다. 오르프 악기는 연주하기 쉽고 '원시적인 매력'을 지닌 타악기이다. 오르프는 음악의 요소들 중에서 리듬이 가장 원초적이며, 교육용 악기는 연주하기 쉬워야 한다는 믿음을 가지고 있었기 때문에, 이처럼 특별히 고안된 타악기와 타악기식의 가락악기를 제작하였다. 오르프 악기는 선율 타악기와 무선율 타악기로 나눌 수 있다.

선율 타악기	글로켄슈필(종금) • 깨끗하고 순수하며, 귀여운 소리가 난다. • 빠른 리듬과 장식적인 리듬, 화려함을 더해 주는 파트에 적합하다. • 소재: 니켈 • 파트: 소프라노/알토	
	실로폰(목금) • 힘차고 추진력이 있는 소리가 나며, 빠른 리듬과 느린 리듬 모두에 적합하다. • 나무 채를 사용했을 때 훨씬 소리가 또렷하다. • 소재: 나무 • 파트: 소프라노/알토/베이스	
	메탈로폰(철금) • 감미롭고 풍부하며, 화려한 느낌의 소리가 나며, 길게 울려 퍼지면서 부드럽고 신비한 느낌에 어울린다. • 길게 울리며 지속되는 음을 연주하거나 느린 리듬에 적합하다. • 소재: 알루미늄 • 파트: 소프라노/알토/베이스	
출처: https://blog.naver.com/eumpa19th/222545140430		

무선율 타악기		공명실로폰	붐웨커	핸드터치벨
	나무울림 타악기			
		비브라슬랩	리쳇	톤블럭
		개구리귀로	멀티톤 블럭	손잡이캐스터네츠
		물고기우드블럭	에그쉐이커	코끼리코
	가죽울림 타악기			
		롤리팝 드럼	핸드 드럼	오션 드럼
		패들 드럼	사운드 쉐이프	젬베

[그림 1–16] 오르프 악기

4) 고든

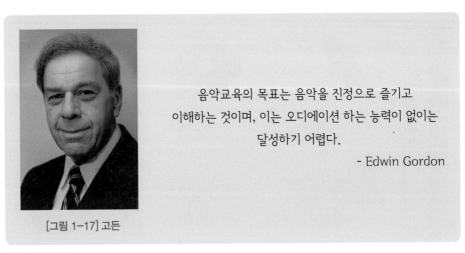

[그림 1–17] 고든

음악교육의 목표는 음악을 진정으로 즐기고
이해하는 것이며, 이는 오디에이션 하는 능력이 없이는
달성하기 어렵다.

– Edwin Gordon

출처: 템플대학교

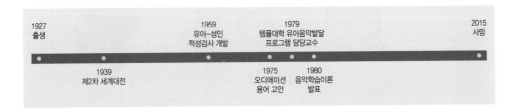

고든^{Edwin Gordon}(1927~2015)은 미국의 음악교육자이자 음악심리학자로서 20세기 최고의 음악교육자 중 한 명으로 불린다. 고든은 교육학 학위를 가졌으며 베이스를 연주하는 재즈 음악가였다. 고든의 음악교육이론은 다른 음악교육자에 비해 상대적으로 최근의 이론이므로 조직의 크기나 양적 성장 등에서 미약한 면이 있다. 그러나 고든은 음악 소질과 성취를 판단하는 검사도구를 발전시키는 데 커다란 업적을 쌓았으며, 세계 최초로 신생아를 대상으로 음악교육을 시작하여 음악교육 프로그램의 교육대상 연령을 낮추는 데 영향을 주었다(정현주 외, 2006). 다음에서 고든의 음악교육철학과 주요 음악 교수법에 대해 살펴보도록 하겠다.

(1) 고든의 음악교육철학

고든의 음악교육철학은 다음과 같다(안미숙, 신원애, 2016; 이숙희, 김미정, 2020).

- 음악교육은 음악을 이해하고 즐기는 능력을 기르는 것으로 이를 위해서는 반드시 음악을 오디에이션 할 수 있어야 한다.
- 음악을 배우는 과정은 언어를 배우는 과정과 동일하므로 음악교육을 위해서는 순차적으로 계열화된 학습과정이 중요하다.
- 음악교육의 시기는 어릴 때 시작하는 것이 좋으며 빠를수록 좋다.
- 음악교육의 기본목표는 영유아가 음악을 이해하고 즐기는 것이다. 이를 위해 음악을 이해하고 감상하는 능력을 기르는 것이 중요하다.

고든은 특히 음악을 배우는 과정이 모국어를 배우는 과정과 유사하기 때문에 모국어를 습득하는 언어 환경과 동일한 교육환경을 음악학습에서도 제공하여야 한다고 주장하였다. 즉, 듣기–말하기–읽기–쓰기로 자연스럽게 확장하는 전통적인 언어학습 접근법과 같이 음악학습 또한 듣기–노래하기–(악보)읽기–(악보)쓰기로 위계적인 음악학습 모델을 제시하였으며(Gordon, 1997), 이를 음악학습이론^{Music Learning Theory}이라고 칭하였다.

고든은 누구에게나 지능이 있는 것처럼 음악소질^{Music Aptitude9)}을 가지고 있다고 하였다. 고든에 따르면 음악소질은 음악을 배울 수 있는 잠재능력으로, 선천적으로 누구나 어느 정도의 음악소질을 가지고 태어나지만 환경에 의해 달라진다고 보았다. 즉, 음악소질을 많이 가진 사람이라 할지라도 음악환경을 많이 제공하지 못한다면 음악소질은 제대로 발전되지 못한다는 것이다(Gordon, 1987). 음악소질은 타고난 선천적 요인과 후천적 음악환경 요인 모두에 의해 형성된다. 특히 음악소질은 만 9세를 기준으로 달라지는데 출생부터 9세경까지의 음악소질은 '유동 음악소질^{Developmental Music Aptitude}'로 환경에서 음악 경험이 풍부하게 제공되면 영유아의 음악소질이 향상되는 반면, 환경이 제대로 제공되지 못할 경우 부정적 영향을 받는다. 9세 이상의 연령의 아동은 '고정 음악 소질^{Stabilized Music Aptitude}'로 환경에 영향을 덜 받고 안정되지만 음악소질이 더 이상 향상되지 않고 고정된다(노주희, 2004; Cernohorsky, 1991; Gordon, 1987).

고든은 영유아부터 성인을 대상으로 음악소질검사^{The Primary Measures of Music Audiation:} PMMA를 개발하였으며, 현재까지 많은 음악 연구에서 검사도구로 쓰이고 있다. 음악소질검사는 유아가 글 읽기, 악보 보기 등 글이나 숫자를 아는 능력이 없어도 검사를 받을 수 있게 제작되어 있다. 음악소질검사는 음악적성검사 또는 음악성향검사라고도 불리며, 제5장 유아음악교육의 평가에서 안내하고 있으니 참고하길 바란다.

(2) 고든의 음악학습이론

〈고든 음악수업의 예〉

고든의 음악학습이론인 오디에이션을 구체적으로 알아보겠다. 오디에이션 ^{Audiation}은 음악을 듣고, 이해하며, 물리적으로 소리가 존재하지 않는 경우에도 음악을 마음속으로 듣고 이해하는 능력 또는 그러한 상태를 의미하는 것(Gordon, 1986)이다. 다시 말해, '음높이와 리듬을 인식할 수 있는 귀' '음악의 내재적 질서를 파악하는 귀' '음악에 대해 반응할 수 있는 귀' '음악을 상상할 수 있는 귀' '음악을 생각할 수 있는 귀' '창의적인 귀' 등의 내적 능력을 키우는 일이 오디에이션이며 음악교육

---

9) 음악소질을 '음악적성' 또는 '음악 감수성'이라고도 한다.

에서 아이들이 품을 수 있는 최고의 목표인 것이다.

Q: 달크로즈 교수법에 나왔던 내청(inner hearing)과 오디에이션은 같은 것인가요?

A: 기본적으로 두 가지 모두 음악이 들리지 않는 상태에서 음악을 이해하는 것입니다. 다만, '내청'은 들리지 않는 상태에서 모방처럼 들은 것을 다시 흉내 낼 수 있는 능력에 가깝다고 한다면 오디에이션은 음악 구조에 대한 이해가 포함되어 있는 과정이라 할 수 있습니다. 예를 들어, 베토벤이 청력을 상실한 후 음을 떠올리며 새로운 곡을 창작하던 모습이라 할 수 있지요. 미술작품에서는 눈을 잃어 가던 모네의 작품을 떠올릴 수도 있겠네요.

고든의 음악학습이론에서 음악교육 목적은 오디에이션 능력의 신장을 위한 준비이다(노주희, 2005). 〈표 1–6〉은 고든이 제시한 오디에이션이 발생하는 여덟 가지 유형과 여섯 가지 단계이다.

〈표 1–6〉 오디에이션이 발생하는 여덟 가지 유형

유형	현상
1	친숙한 음악, 친숙하지 않은 **음악을 들을 때**
2	친숙한 음악, 친숙하지 않은 곡의 악보를 보면서 노래하거나 연주할 때 혹은 마음속으로 **악보를 읽을 때**
3	친숙한 음악, 친숙하지 않은 **음악을 들으면서 적을 때**
4	익숙한 음악을 마음속으로 노래 부르거나 연주하며 **외운 것을 기억할 때**
5	익숙한 음악을 **기억하며 기보할 때**
6	친숙하지 않은 음악을 마음속으로 **창작하거나 즉흥연주할 때**, 친숙하지 않은 음악을 노래나 악기로 연주할 때
7	친숙하지 않은 음악의 악보를 읽으며 **즉흥연주할 때**
8	친숙하지 않은 음악을 기보하면서 **즉흥연주할 때**

출처: Gordon (2007), p.15.

오디에이션이 나타나는 여덟 가지 유형은 비연속적인 유형이며, 〈표 1–7〉의 여섯 가지 단계는 순차적이며, 순환적이다.

〈표 1-7〉 **오디에이션의 여섯 가지 단계**

단계	현상
1단계	소리를 듣고 기억한다.
2단계	중심음과 강박을 인식하고 들은 소리를 음고 패턴과 리듬패턴으로 구분한다.
3단계	음고 패턴과 리듬패턴의 기초인 음악 구문[10], 조성, 박자를 파악한다.
4단계	이미 구분된 음고 패턴과 리듬패턴을 이해하고, 기억한다.
5단계	다른 음악을 통해서 기억하는 음고 패턴과 리듬패턴 중에서 방금 들은 음악과 같고 다름을 기억하고 이를 비교한다.
6단계	다른 음악을 통해서 기억하는 음고 패턴과 리듬패턴을 익숙한 음악에서 예측할 수 있으며 익숙하지 음악에서도 예견감을 가진다.

출처: Gordon (2007), p. 20.

오디에이션의 단계 중 1단계에서 단순히 소리를 듣고 기억하는 것에 그쳤다면, 2단계는 음과 박을 인식하고 구분하게 된다. 3단계는 음악의 구조 등을 파악하게 되며, 4단계는 음고와 리듬 패턴을 이해하고 기억한다. 5단계는 기존에 들었던 음악을 기억하여 지금 듣는 음악 간의 같고 다름을 비교할 수 있다. 6단계는 다양한 음악 경험을 통해 익숙하지 않은 음악에서 예견감을 가지게 되는 것이다. 이처럼 음악을 이해하는 능력이 발달되면서 오디에이션의 능력 또한 정교해지는 것이다. 고든은 오디에이션을 준비하는 단계로 유아를 위한 예비 오디에이션 단계를 제시하였다.

예비 오디에이션^{Preparatory Audiation}은 유아가 오디에이션 능력을 갖추기 위해 준비하는 과정(조희진, 2013)으로 유아는 점차 음악활동에 자연스럽게 참여하게 된다. 예비 오디에이션 단계는 유아 음악 감수성 발달단계라고 불리며 세 가지 유형, 일곱 단계로 나뉜다. 다음은 예비 오디에이션 단계의 내용이다.

---

10) 음악의 구조나 이를 구성하는 소리, 화성 따위와 같은 형식 요소들이 상호 유기적인 관계를 맺으며 결합하여 있는 실체

〈표 1-8〉 예비 오디에이션 유형

단계	유형
가. 받아들이기(Absorption) 환경의 음악적 소리를 청각적으로 받아들인다. **나. 무의식적 반응(Random Response)** 환경의 음악적 소리에 반응하여 옹알이하고 움직이지만, 음악적 소리와 관련되지 않는다. **다. 의식적 반응(Purposeful Response)** 환경의 음악적 소리와 관련된 동작, 옹알이를 시도한다.	노출 (출생 ~ 만 2~4세)
라. 자기중심성의 탈피(Shedding Egocentricity) 동작과 옹알이가 환경의 음악적 소리와 일치하지 않는다는 것을 인식한다. **마. 음악 문법의 해독(Breaking The Code)** 환경의 음악적 소리, 특히 음고 패턴과 리듬패턴을 어느 정도 정확하게 모방한다.	모방 (만 2~4세 ~ 만 3~5세)
바. 자기 깨닫기(Introspection) 선율노래(song), 리듬노래(chant), 호흡, 동작이 협응되지 않음을 인식한다. **사. 동작과 노래(Coordination)** 선율노래, 리듬노래와 호흡, 동작을 조화시킨다.	동화 (만 3~5세 ~ 만 4~6세)

출처: 정현주 외(2006), p. 128.

• 노출(Acculturation)

첫 번째 유형으로 출생 후 영아들은 노출기에 놓인다. 환경을 의식하지 못하고 환경에 절대적으로 영향을 받는 민감한 시기로, 무조건적으로 받아들이고 다소 음악적이지 않은 반응을 보이지만 점차 의도적인 음악 반응을 시도할 수 있다.

• 모방(Imitation)

두 번째 유형으로 음악을 이해하기 위해 따라 하기에 마음을 쏟는다. 같음과 다름을 구별할 수 있는 능력을 바탕으로 자신과 타인의 연주의 차이를 구별하고, 정교한 모방으로 나아가는 중요한 발전이 이루어진다.

• 동화(Assimilation)

세 번째 유형으로 자신 안에 조화로움을 추구하는 유형이다. 호흡과 노래, 동작 사이의 협응이 있는지에 대한 자기 성찰이 이루어지는 시기이다.

고든은 출생부터 만 5세~6세까지의 기간을 오디에이션이 계발될 수 있는 예비 오디에이션 기간으로 생각하여 중요하게 여겼다.

(3) 고든의 음악학습의 원리

고든은 음악도 언어처럼 일상생활 중에 반복적으로 제공되어야 한다고 하였다. 언어를 습득하기 위해 풍부한 언어 환경에 노출되어야 하는 것과 마찬가지로 음악교육도 환경으로부터 영향을 받게 되므로 어렸을 때부터 풍부한 음악환경에 노출되어야 음악을 가장 잘 배우게 된다는 것이다. 좋은 소리로서의 음악 경험, 그에 따른 자유스럽고 유연한 움직임 활동, 유아의 반응에 대해 음악적으로 반응해 주는 음악놀이들은 음악을 언어처럼 학습할 수 있는 방법이 된다(윤은미, 2006). 윤은미 (2006)는 고든의 음악학습의 원리로 안내하기, 동작으로 표현하기, 놀이로 제시하기, 가사 없는 노래 육성으로 불러 주기, 다양한 음악내용 제시하기 등 다섯 가지를 제시하였다. 다음에서 간단하게 살펴보겠다.

① 안내하기(Guidance)

안내하기는 어렸을 때부터 음악을 자연스럽게 배우도록 이끌어 주는 것을 의미하는 것으로, 유아는 다른 사람이 연주하는 것을 들으며 음조[11], 리듬 형태를 조합할 수 있게 된다. 교사는 유아를 위해 노래 불러 주고, 노래를 듣고 자유롭게 따라 하도록 이끌어 주며, 유아를 위한 청취환경을 조성해 주는 등의 비형식적 안내를 통해 유아들이 음악을 인지할 수 있도록 도와주어야 한다.

② 동작(Movement)으로 표현하기

유아의 음악 능력은 기존의 음악을 듣고, 따라 부르고, 율동을 따라 하면서 호흡하는 과정을 거쳐 모방하고 변형하면서 발달된다. 이 과정에서 움직임이 매우 중요한 역할을 하는데, 음악에 따른 움직임의 경험은 느낌을 자유롭게 표현하며 음악에 귀를 기울이게 하는 중요한 요인이 된다.

③ 놀이로 제시하기

고든은 음악학습방법으로 음악놀이가 중요한 역할을 한다고 보았다. 유아는 놀이를 통해 주변 세계에 대한 이해를 능동적으로 넓혀 나가고 음악놀이에 참여함으

---

11) 소리의 높낮이와 강약, 빠르기 등

로써 음악을 오디에이션 하는 방법과 다른 사람과 음악을 만들고 연주하는 방법을 배우게 된다.

④ 가사 없는 노래 육성으로 불러 주기

교사의 육성 노래는 유아와의 상호작용을 이끌어 낼 수 있는 중요한 수단이다. 즉, 교사가 유아와 눈을 마주치며 육성으로 노래를 들려주고 유아는 무엇이든 따라서 소리를 낸다. 교사는 다시 유아가 내는 소리를 모방해 줌으로써 유아의 음악 반응을 격려하고 인정해 주는 상호작용을 할 수 있다. 언어가 발달하는 시기에 가사 없이 노래를 들려주면 어린 유아는 음악 특징에 관심을 가지게 되며 음악 자체에 반응하며 몸을 움직일 수 있다. 예를 들어, '밤' '바'와 같은 자연스러운 음절을 사용해서 불러 주는 가사 없는 노래는 언어적 의미는 없지만, 어린 유아에게 부담 없이 음악을 공유할 수 있게 해 준다.

⑤ 다양한 음악내용

고든은 유아기의 바람직한 음악환경 조건으로 '다양성'을 제시하였다. 다양성이란 음악내용의 다양성을 의미하는 것으로, 다양한 조성과 박자를 지닌 가사 없는 선율노래와 리듬노래, 그리고 음고 패턴과 리듬패턴을 듣는 유아는 음악 어휘를 발달시키게 된다. 특히 조성과 리듬을 음악의 기본 요소로 보았기 때문에, 다양한 장르 또는 다양한 조성과 리듬을 들을 수 있도록 환경을 조성해야 한다.

〈고든 음악학습 영상〉

1. 다음은 고든의 음악학습 원리를 살펴볼 수 있는 영상입니다. 영상을 본 후, 고든이 제시한 음악학습의 원리 다섯 가지 중 관찰된 내용을 적어 봅시다.

2. 네 명의 음악교육자 중에서 어떤 이론이 유아음악교육과 가장 적합하다고 생각
   하는지 자신의 생각을 이야기 나누어 봅시다.

3. 모둠활동
   다음의 그림악보를 참고하여 유아가 보고 부를 수 있는 악보를 발명해 봅시다.

참고하세요!

다양한 악보 만들기 – 예비유아교사

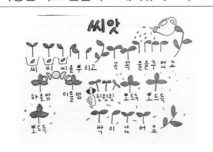	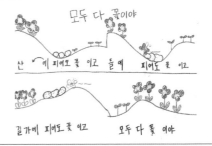
새싹의 잎으로 음길이를 표현하였으며, 가사 내용을 그림으로 표현하였다.	선율의 높이를 표현하였으며, 그림으로 음길이를 표현하였다.
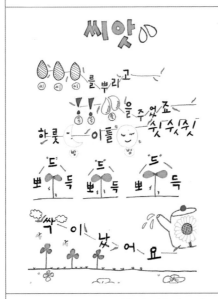	
그림을 이용하여 가사 내용과 선율의 높이를 표현하였다.	그림을 이용하여 가사 이해를 도왔으며, 막대 길이로 음길이를 표현하였다.

음악은 인간 감정의 진지한 표현이다.
음표와 음악의 구조는 마음의 언어를 전달한다.

– 요한 포르겔

제 **2** 장

음악요소

#음색 # 리듬 #빠르기 #가락 #셈여림 #화음 #형식

이 장에서는 음악을 구성하고 있는 음악요소 일곱 가지에 대해 알아보겠습니다.
일곱 가지 중 절대로 빠져서는 안 될 음악요소 한 가지는 무엇인지 생각해 보세요.

■ 개요

이 장에서는 음악을 구성하고 있는 음악요소를 중심으로 개념을 이해하고 음악요소를 활용한 활동을 살펴본다.

■ 학습목표

1. 음악을 구성하고 있는 음악요소에 대해 설명한다.
2. 일상생활 속의 소리 또는 음악을 탐색, 표현, 감상하며 음악요소를 발견한다.
3. 음악요소를 통해 심미적 감각과 심미적 태도를 기른다.

음악요소의 이해는 음악개념을 이해하도록 돕는 것으로 음악학습의 기본이 되는 것이다. 음악개념을 이해한다는 것은 사람들로 하여금 음악에 관해 음악적 사고를 하게 하는 것이고(이홍수, 1990), 음악적 행위를 할 수 있게 하는 것이다. 또한 창의적이며 능동적인 음악활동을 위한 밑바탕이 되며, 음악표현을 정확하고 원활하게 할 뿐 아니라 다양성과 창의성을 돕는다(김현, 2016).

이렇듯, 음악요소는 유아음악교육에 있어 중요한 내용으로서 가치가 있으나 유아교사들은 음악요소 등의 음악내용에 대한 지식 부족은 물론 이해와 활용에 어려움을 겪고 있다. 유아교사들은 음악요소의 중요성을 인식하고 어떻게 가르쳐야 하는가를 고민해야 하며, 음악요소를 정확히 이해하고 음악활동을 지도해야 한다. 다음에서 음악요소에 대해 자세히 살펴보도록 하겠다.

음악요소는 유아음악교육에서 다루어야 할 내용으로 '음악구성요소' '음악개념' 등으로 혼용하고 있으며, 분류하는 방식도 학자나 교육과정에 따라 조금씩 다르다. 다음 〈표 2-1〉은 교육과정에 따른 음악요소를 정리한 것이다.

〈표 2-1〉 **교육과정에 따른 음악요소**

맨해튼빌 음악교육과정 (Thomas, 1971)	음색(timbre), 셈여림(dynamics), 형식(form), 리듬(rhythm), 음고(pitch)
하와이 음악교육과정 (Burton, 1974)	음(tone), 리듬(rhythm), 선율(melody), 화음(harmony), 조직(texture), 조성(tonality), 형식(form)
초등학교 2015 개정 음악과 교육과정(교육부, 2015)	리듬, 가락, 화음, 형식, 셈여림, 빠르기, 음색
3~5세 연령별 누리과정(2013)	셈여림, 빠르기, 리듬, 가락
2019 개정 누리과정(2019)	다양한 소리(음색), 리듬

표에서 살펴본 바와 같이 교육과정에 따라 음악요소를 다양하게 구분하여 나눈다. 예를 들어, '음'이라는 분류 안에 '음색'과 '음고'를 포함하여 하나로 분류하거나 각각 따로 분류할 수도 있으며, 리듬에 빠르기를 포함하기도 한다. 3~5세 연령별 누리과정에서는 유아음악교육에서 다루어야 할 음악요소를 셈여림, 빠르기, 리듬, 가락으로 언급하였으며, 2019 개정 누리과정에서는 다양한 소리와 리듬 등이라고 설명하고 있다. 개정 누리과정에서 다양한 소리를 '음색'이라 언급하고 있지 않지만 음

색의 개념이 다양한 소리를 말하고 있기 때문에, 이 장에서는 유아교사가 알아야 할 음악요소의 내용을 음색, 리듬, 빠르기, 가락(멜로디), 셈여림과 초등 연계를 고려하여 화음, 형식을 포함한 총 일곱 가지를 음악요소의 개념과 활동으로 살펴보고자 한다.

1. 음색

음색Timbre, Tone color은 하나의 소리가 가지고 있는 고유한 음의 색깔로 물체의 재료나 구조, 크기에 따라 구별되는 소리의 차이를 말한다. 사람의 목소리는 저마다 다르며, 악기는 크고 길수록 낮은 소리를 내고 작고 짧을수록 높은 소리를 낸다. 다음의 예는 악기의 크기순이며, 뒤로 갈수록 크기가 커지면서 음색이 낮아진다.

- 현악기: 바이올린, 비올라, 첼로, 더블베이스
- 금관악기: 트럼펫, 트럼본, 호른, 튜바
- 목관악기: 플루트, 클라리넷, 오보에, 바순
- 우리나라 목관악기: 소금, 중금, 대금

생후 2개월의 신생아는 엄마의 목소리를 구별할 수 있으며, 3~4개월의 영아는 두 개의 음질(tone qualities)을 구별하며, 6개월경의 영아는 주 양육자의 목소리를 구별한다(박명숙, 2001; Briggs, 1991; Standley & Madsen, 1990). 또한 18개월이 지나면 목소리의 음악 특성(음색, 강도, 억양 등)을 인식하는 능력이 발달된다(Davis, Gfeller, & Thaut, 2008). 2세는 음악적 소리와 비음악적 소리를 구별하며, 4세는 음색 구별 능력이 현저히 발달하고, 다양한 소리의 음질에 기초하여 악기를 범주화할 수 있다(김현, 2016; Scott-Kassner, 1992). 5세는 다양한 목소리, 각종 타악기, 음조[1] 악기를 다양하게 경험하게 될 경우 음색 차이를 포함한 음색 개념을 확장시켜 간다(Shuter-Dyson & Gabriel 1981). 다음은 유아의 음색 개념 발달을 도울 수 있는 활동의 예이다.

---

1) 소리의 높낮이와 강약, 빠르고 느린 것 따위의 정도

- 친구의 목소리 맞히기
  (예: 친구 목소리를 들려준 뒤 누구의 목소리인지 맞히기)
- 신체의 다양한 소리 탐색하기
- 〈곰 세 마리〉 동요를 다양한 목소리로 부르기
  (예: 아빠 목소리, 엄마 목소리, 아기 목소리)
- 같은 곡을 다른 악기로 연주한 곡을 들어 보기
  (예: 엘가 〈사랑의 인사〉 바이올린 버전 / 첼로 버전)
- 생활 주변의 소리 탐색하기
  (예: 문 여닫는 소리, 노크 소리, 시계 초침 소리, 발자국 소리)

2. 리듬

리듬^{Rhythm}은 음악을 이루는 가장 중요한 요소 중 하나로 음의 길이와 관련된다. 음악이 진행될 때 시간적 질서를 말하며, 박, 박자, 장단, 리듬패턴을 포함한다.

1) 박(Beat)

박은 사람의 맥박이나 시계 소리처럼 규칙적으로 음이 표현되는 것으로, 즉 일정한 간격으로 되풀이 되는 소리 단위이다. 리듬의 기본 단위이자 리듬의 최소 단위이

〈표 2-2〉 **음표와 쉼표**

모양	음표 이름	길이	모양	쉼표 이름
𝅝	온음표	4박	▬	온쉼표
𝅗𝅥.	점2분음표	3박	▬·	점2분쉼표
𝅗𝅥	2분음표	2박	▬	2분쉼표
♩.	점4분음표	1박 반	𝄽·	점4분쉼표
♩	4분음표	1박	𝄽	4분쉼표
♪	8분음표	1/2박	𝄾	8분쉼표
𝅘𝅥𝅯	16분음표	1/4박	𝄿	16분쉼표

다. 〈표 2-2〉는 박을 나타내는 표현 단위인 음표와 쉼표이다.

2) 박자(time)

박자는 일정한 수의 박이 모여 음악적 시간을 구성하는 기본 단위로, 즉, 센박과 여린박이 규칙적으로 되풀이되면서 형성되는 리듬의 기본 단위이다. 똑같이 일정하게 흐르는 박들이 몇 개씩 일정하게 묶이면 2박자, 3박자, 4박자 등의 박자가 된다. 예를 들어, $\frac{2}{4}$박자는 4분음표가 한 마디에 2개씩 묶여서 만들어진 박자로서 강-약(◎ ㅇ)이 되며, $\frac{3}{4}$박자는 4분음표가 한 마디 안에 3개씩 묶여서 만들어진 박자로 강-약-약(◎ ㅇ ㅇ)이 된다. $\frac{4}{4}$박자는 4분음표가 한 마디 안에 4개씩 묶여서 강-약-중강-약(◎ ㅇ ◯ ㅇ)으로 구성되어 있으며, $\frac{6}{8}$박자는 8분음표가 6개씩 강-

〈표 2-3〉 **박자표 내용 및 박자 젓기**

박자표	박자 젓기
$\dfrac{2}{4}$ 한 마디 안에 4분음표(♩)가 2개 들어 있다. 4분음표(♩)를 1박으로 한다. (4분의 2박자)	
$\dfrac{3}{4}$ 한 마디 안에 4분음표(♩)가 3개 들어 있다. 4분음표(♩)를 1박으로 한다. (4분의 3박자)	
$\dfrac{4}{4}$ 한 마디 안에 4분음표(♩)가 4개 들어 있다. 4분음표(♩)를 1박으로 한다. (4분의 4박자)	
$\dfrac{6}{8}$ 한 마디 안에 8분음표(♪)가 6개 들어 있다. 8분음표(♪)를 1박으로 한다. (8분의 6박자)	

- 못갖춘마디의 노래를 지휘할 경우 예비박에서 시작한다.
  (예: $\frac{3}{4}$ 박자 〈생일축하노래〉의 경우 ①이 아닌 예비박 ③에서 시작한다.
- $\frac{6}{8}$박자를 빠르게 연주할 경우 2박자의 박자 젓기를 사용하기도 한다.

약–약–중강–약–약(◎ ○ ○ ○ ○ ○)으로 묶여서 만들어진 박자이다. 〈표 2–3〉은 박자표의 내용과 박자에 따른 박자 젓기(지휘)이다.

다음에서 박과 박자를 질의응답 형태로 정리해서 알아보았다.

Q: 박과 박자의 차이 구분이 어려워요.
A: 박은 규칙적인 음들이 표현되는 것이고, 일정한 간격으로 되풀이되는 단위이며, 박자는 센박과 여린박이 규칙적으로 되풀이되면서 형성되는 리듬의 기본 단위입니다. 똑같이 일정하게 흐르는 박들을 몇 개씩 일정하게 묶어 2박자, 3박자, 4박자 등의 박자가 되는 것입니다.

3) 장단(duration)

장단은 음이 지속되는 시간으로, 음의 길고 짧음을 말한다. 유아는 어떤 음이 다른 음에 비해 길거나 짧다는 것을 안다. 다음은 장단의 예이다.

- 동물의 긴 소리와 짧은 소리: 소(음메~~)/ 새(짹짹)
- '북'을 이용하여 긴 소리와 짧은 소리 탐색하기

4) 리듬 패턴(rhythmic pattern)

리듬 패턴이란 길고 짧은 음들이 묶여 있는 것이다. 리듬 패턴은 규칙적으로 조직되기도 하고 불규칙적으로 조직되기도 한다. 곡에는 대체로 규칙적인 패턴과 불규칙적인 패턴이 함께 나타난다. 다음은 리듬 패턴 이해를 위한 노래의 예이다.

●사용된 리듬 패턴●

다음은 리듬의 하위 요소를 동요 〈곰 세 마리〉의 악보를 활용하여 정리한 것이다.

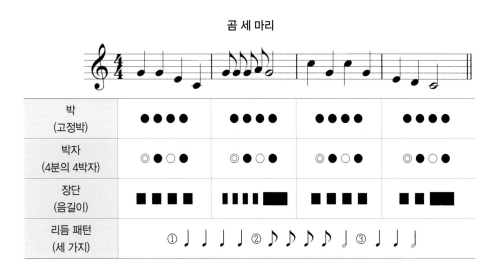

유아의 리듬 발달을 살펴보면, 유아는 놀이를 하면서 동작이나 언어로 리듬에 대한 반응을 자연스럽게 보이기 시작한다(Nye, 1983). 1세 이전에 리듬에 따라 좌우로 몸을 흔들고, 1~2세에 불규칙한 리듬 패턴을 흥얼거리며, 2세는 춤추는 것같이 온

몸을 움직여 리듬에 반응한다. 3세는 리듬 패턴에 맞추어 손뼉을 치면서 짧은 리듬 패턴을 모방할 수 있으며, 반복되는 리듬 패턴에 맞추어 노래를 부를 수 있다. 4세가 되면 리듬을 이해하는 능력이 향상되어 리드미컬하게 손뼉을 치거나 두드릴 수 있고, 짧은 리듬 패턴을 악기로 연주할 수 있다. 5세 유아는 규칙적인 박에 맞추어 움직이면서 박자를 구별할 수 있으며, 짧고 긴 리듬을 혼합하여 리듬 패턴을 만들 수 있고 리듬의 빠르고 느림을 구별할 수 있다(김현, 2016; Campbell, & Scott-Kassner, 1995; Miche, 2002; Shuter-Dyson & Gabriel, 1981).

리듬에 관련된 다양한 경험을 통해 유아는 점차 어떤 음은 길고, 어떤 음은 짧게 연주된다는 것(장단)에 대해 인식하게 된다. 또한 다양한 음의 길이들을 묶어 리듬 패턴을 형성할 수 있으며, 리듬의 강박과 약박을 표현하면서 박자에 맞추어 악기를 연주할 수 있게 된다. 다음은 유아의 리듬 발달을 도울 수 있는 활동의 예이다.

- 박자에 맞추어 걷기/ 손뼉 치기
  (예: 모차르트 〈터키행진곡〉, 요한 슈트라우스 〈라데츠키 행진곡〉 등)
- 주변에서 긴 소리와 짧은 소리 찾기
- 강박 표현하기
  (예: $\frac{3}{4}$박자의 노래를 들으며 강(무릎)-약(손뼉)-약(손뼉) 치기)
  (예: 동요를 부르며 강박에만 박수 치기)
- 리듬 패턴 만들기
  (예: 2박자 리듬 패턴-과일 이름으로 리듬 패턴 느끼기)

♩ ♩	♪ ♪ ♪ ♪
배 배	딸 기 딸 기

  (예: 4박자 리듬 패턴- 이름 소개하기)

♩ ♩	♩ ♩ ♩
나 - 는-	○ ○ ○-

3. 빠르기

빠르기^{Tempo}는 음악의 속도로, 빠르고 느린 것을 말한다. 어떤 곡은 빠르고 어떤 곡은 느리며, 어떤 곡은 점점 빨라지고, 또 어떤 곡은 점점 느려진다. 대체로 활기차고 힘찬 곡은 빠르고, 조용하고 부드러운 곡은 느리다. 즉, 곡의 빠르기는 분위기를 예측할 수 있는 척도가 되며 같은 곡이라도 빠르기에 따라 느낌이 달라질 수 있다.

다음 〈표 2-4〉와 〈표 2-5〉는 빠르기말과 속도의 변화를 나타내는 기호이다.

〈표 2-4〉 **빠르기말**

빠르기말	읽기	뜻	1분당 1박의 속도
Largo	라르고	매우 느리게	40~60
Adagio	아다지오	느리게	66~76
Andante	안단테	걸음걸이 빠르기로 천천히	76~108
Moderato	모데라토	보통 빠르기로	108~120
Allegro	알레그로	빠르고 경쾌하게	120~168
Presto	프레스토	매우 빠르게	168~200

출처: 두산백과(2021).

감상: 빠르기를 느껴 보세요

1. 라르고	헨델의 오페라 〈세르세〉에 나오는 '그리운 나무 그늘이여(Ombra mai fu)'는 일명 '헨델의 라르고'로 알려져 있다. 오페라 주인공 '세르세' 왕이 연인을 찾아 헤매다 지쳐 나무 그늘에 쉬면서 부른 노래이다.	오페라 〈세르세〉 중 '그리운 나무 그늘이여'
2. 알레그로 3. 안단테 4. 프레스토	모차르트 〈디베르티멘토 D장조 K. 136〉 3개의 악장으로 이루어져 다양한 빠르기를 느낄 수 있습니다. (악장 시작 시간) -1악장: Allegro (00:07) -2악장: Andante (04:15) -3악장: Presto (10:06)	모차르트 〈디베르티멘토 D장조 K. 136〉

〈표 2-5〉**속도의 변화를 나타내는 기호**

기호	읽기	뜻
rit.	리타르단도	점점 느리게
accel.	아첼레란도	점점 빠르게
a tempo	아 템포	원래 빠르기로

유아의 빠르기 발달은 다음과 같다. 2개월의 영아는 빠르기의 변화를 알아챌 수 있으며, 특정한 빠르기에 익숙해지고, 익숙한 빠르기에 변화가 있는 경우 반응할 수 있다(Baruch, & Drake, 1997). 예를 들어, 느리게 토닥이는 양육자의 손길에서 박자의 변화가 느껴질 경우 반응한다. 3세 유아는 빠르기 개념이 발달하기 시작하여 4세가 되면 빠르기를 변화시킬 수 있다(곽영숙, 2010). 4세부터 빠르기의 변화를 알고 음악에 맞출 수 있다. 5세가 되면 음악의 빠르기를 변화시킬 경우 그 차이를 식별하고 언어화할 수 있게 된다(Drake et al., 2000: 신동주, 김향숙, 김선희, 2021에서 재인용; Shuter-Dyson & Gabriel, 1981). 다음은 유아의 빠르기 개념 발달을 도울 수 있는 활동의 예이다.

- 점점 빠르게 변화하는 곡을 들으며 악기 연주
  (예: 그리그 〈산속 마왕의 동굴에서〉를 들으며 빠르기의 변화를 탬버린으로 두드리기)
- 짝과 함께 느린 곡에 맞추어 활동하기
  (예: 바그너 〈결혼 행진곡〉에 맞추어 짝과 함께 행진하기)
- 메트로놈 소리에 맞추어 걷기
  (예: 라르고(60), 모데라토(120), 알레그로(168), 프레스토(200)의 속도로 걸어 보기)
  * 스마트폰에서 '메트로놈' 어플을 다운받을 수 있다.
- 같은 곡 다른 빠르기의 곡 들어 보기
  (예: 느린 박: 생상스 〈동물의 사육제〉 중 '거북이' / 빠른 박: 오펜바흐 〈천국과 지옥〉 중 '캉캉'

Q: 메트로놈 소리에 맞추어 걸을 때, 예를 들어 안단테 속도 76~108 중 어디에 박
자를 맞추어 걷나요?

A: 76~108의 속도는 안단테에 속하므로 어느 속도이든 상관없습니다. 다만, 라르고-아다
지오-안단테 등 빠르기를 차례로 느끼게 할 경우 일정한 기준에 맞추어 속도를 정하기를
권합니다. 예를 들어, 최저속도 40-66-76으로 활동을 계획하든지, 또는 최고속도 60-
76-108로 기준을 둡니다.

4. 가락

가락^{Melody}은 선율 혹은 멜로디라 불리며, 음의 고저와 장단이 시간적으로 의미 있
는 방식으로 조직되어 음 높이의 흐름을 나타내는 것이다. 즉, 높이나 길이가 다른
음의 흐름을 뜻한다. 가락은 음의 높낮이를 의미하는 음고를 포함하며, 음이 흐름의
방향성을 가지고 위로 올라가기, 아래로 내려가기, 반복하기도 한다. 또한 가락은
순차적으로 진행되거나(차례가기), 건너뛰거나, 도약하기로 진행되기도 한다.

1) 고저(Pitch)

고저는 음의 높이를 말하며 음의 높고 낮음을 의미한다. 유아는 높은 음과 낮은
음이 있다는 것을 안다. 고저 개념은 목소리나 악기를 통해 알 수 있다. 다음은 악기
를 통해 알 수 있는 고저 개념에 대한 예이다.

- 피아노: 왼쪽(낮은 소리)에서 오른쪽으로 갈수록 높은 소리가 난다.
- 실로폰: 짧은 막대에서 낮은 소리, 긴 막대에서 높은 소리가 난다.
- 현악기: 현(줄)이 두꺼운 쪽에서 낮은 소리, 얇은 쪽에서 높은 소리가 난다.

2) 음 흐름(Melodic contour)

음 흐름은 방향성을 가지고 있다. 올라가기, 내려가기, 반복하기, 차례가기, 건너뛰기, 도약하기 등이다.

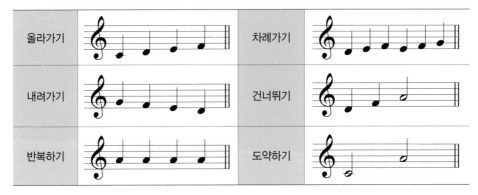

[그림 2-1] 음 흐름의 예

Q: 건너뛰기와 도약하기가 구분이 어려워요.

A: 건너뛰기는 한 음을 건너뛰어 도 − 미 − 솔 등으로 3도로 진행을 하며, 도약
   하기는 4도 이상 뛰는 것입니다. 도 → 파, 혹은 미 → 시

음이름은 다음과 같다.

이탈리아	도	레	미	파	솔	라	시
미국 · 영국	C	D	E	F	G	A	B
우리나라	다	라	마	바	사	가	나

유아의 가락 발달을 살펴보면 다음과 같다. 6개월 미만의 영아는 음고에 반응하기 시작하며, 1세 반이 되면 음높이의 차이를 구별한다(Campbell & Scott-Kassner, 1995). 3세가 되면 음고 개념이 발달하기 시작하며 4세에는 음 높이를 변화시키면서 쉬운 가락을 모방하고 간단한 가락을 만들 수 있다(김현, 2016). 5세가 되면 가락의 높고 낮음과 가락의 상행과 하행에 대한 개념화가 시작되어(Hair, 1982), 순차진

행 가락과 도약진행 가락의 반복이나 끝맺음을 알 수 있게 된다(Campbell, & Scott-Kassner, 1995). 다음은 유아의 가락 개념 발달을 도울 수 있는 활동의 예이다.

- 피아노의 높은 소리, 낮은 소리 건반 두드리기
  (예: 왼쪽 – 낮은 소리 / 오른쪽 – 높은 소리)
- 높은 소리가 나는 동물의 소리, 낮은 소리가 나는 동물소리를 탐색하기
  (예: 높은 소리 – 고양이 / 낮은 소리 – 소)
- 〈도레미송〉, 〈올라가는 눈〉 노래 부르기
  (예: 순차적 진행, 건너뛰기를 경험한다.)
- 오선 악보에서 차례로 스티커 붙여 보기
  (예: 첫째 줄 – 둘째 줄 – 셋째 줄 / 첫째 칸 – 둘째 칸 – 셋째 칸)
- 계단에 계이름을 붙이기
  (예: 계단에 '도, 레, 미, 파……' 계이름을 붙여 유아들이 오르내리며 계이름을 자연스럽게 경험할 수 있다.)

5. 셈여림

셈여림dynamics이란 소리의 세고 여린 것, 혹은 소리의 작고 큰 정도(강약)를 의미한다. 같은 악기나 같은 음으로도 셈여림을 표현할 수 있다. 예를 들어, 탬버린을 세게 혹은 여리게 쳐서 셈여림을 달리할 수 있다. 여린 셈여림의 음악은 친밀감이나 안정감, 평화로움을, 강한 셈여림의 음악은 긴장과 집중을 느끼게 한다(Standley, 2002).

셈여림은 소리 세기(크기)의 정도, 점진적 세기 변화, 특정 음에 따른 부분적 셈여림으로 구분할 수 있다. 다음에서 이에 대해 알아보겠다.

- 소리 세기의 정도: 셈여림의 수준은 〈표 2-6〉과 같이 여섯 가지를 기본적으로 사용하나, 유아에게는 작게(p), 보통(mezzo), 크게(f)의 3개 수준이 적절하다 (Miché, 2002).

〈표 2-6〉 **셈여림 기호**

기호	명칭	뜻	유아 수준
pp	피아니시모	매우 여리게	작게(*p*)
p	피아노	여리게	
mp	메조피아노	조금 여리게	보통(*mezzo*)
mf	메조포르테	조금 세게	
f	포르테	세게	크게(*f*)
ff	포르티시모	매우 세게	

- 점진적 세기 변화: 음악은 셈여림의 점진적 변화를 통해 음악이 담고 있는 감정의 강도를 표현할 수 있다. 〈표 2-7〉은 점점 커지는 소리와 점점 작아지는 소리를 나타내는 점진적 세기 변화를 나타내는 셈여림 기호이다.

〈표 2-7〉 **점진적 셈여림 기호**

기호		명칭	뜻
cres.	⟩	크레센도	점점 세게
decres.	⟨	디크레센도	점점 여리게
dim.		디미누엔도	

pp < p < mp < mf < f < ff   *ff > f > mf > mp > p > pp*

점점 세집니다   점점 여려집니다

- 특정 음에 따른 부분적 셈여림: 악센트나 스포르찬도로 표기하며, 악센트(>, <, ∧)는 특정 음에, 스포르찬도(*sf*, *sfz*)는 악보의 일부분에 셈여림 기호를 붙여 그 음을 특별히 세게 연주하는 것이다. 다음은 부분적 셈여림 기호가 쓰인 악보의 예이다.

요한슈트라우스 2세 〈천둥과 번개〉 폴카

[그림 2-2] 부분적 셈여림의 예시 〈천둥과 번개〉 폴카 악보 일부 및 감상

유아의 셈여림 발달을 살펴보면, 3세 유아는 몸의 움직임을 통해 셈여림을 표현할 수 있다(Shuter-Dyson & Gabriel, 1981). 5세 유아는 음악의 세고 여림을 알 수 있고, 셈여림에 주의하며 노래를 부를 수 있다. 또한 점점 커지는 소리와 점점 작아지는 소리를 알 수 있고, 갑자기 커진 소리와 갑자기 작아진 소리를 알 수 있다(곽영숙, 2010; Campbell & Scott-Kassner, 1995).

다음은 유아의 셈여림 개념 발달을 도울 수 있는 활동의 예이다.

- 자연의 소리에서 셈여림 탐색하기
  (예: 가랑비와 소나기의 빗소리 비교하여 듣기)
- 노래 부르기
  (예: 크게 / 작게 불러 보기 / 점점 크게 / 점점 작게 불러 보기)
- 셈여림을 느낄 수 있는 곡 듣기
  (예: 하이든 〈놀람〉 교향곡)
- 셈여림을 느낄 수 있는 곡 들으며 셈여림에 따라 악기 흔들기
  (예: 쇼팽 〈빗방울 전주곡〉)
- 소리의 크기에 따라 'f' 'p' 카드 들기
  (예: 북소리 크기에 따라 'f' 'p' 모양의 카드를 든다.)

6. 화음

화음^{chord}은 높이가 다른 두 개 이상의 음이 동시에 소리를 내면서 나는 음의 조합이다. 화음은 보통 화음(어울리는 소리)과 불협화음(어울리지 않는 소리)으로 나뉜다. 주요 3화음을 이해하기 위해 다장조를 기준으로 살펴보면 다음과 같다.

〈표 2-8〉 **주요 3화음**

악보	화음의 이름	기호	구성음
	으뜸화음(1도)	I	도, 미, 솔
	버금딸림화음(4도)	IV	파, 라, 도
	딸림화음(5도)	V	솔, 시, 레

*주요 3화음은 음계에서 1(도), 4(파), 5(솔)번째 음의 3화음을 말한다.

화음에 대한 유아의 지각은 늦게 나타나는데 유아는 불협화음보다 협화음에 조금 더 관심을 보인다(신동주, 김향숙, 김선희, 2021). 유아의 화음 발달에서 5세 유아는 여러 소리가 동시에 울림을 느낄 수 있으며, 음악적 화음에 따라 신체적 움직임을 더 잘하게 되고 간단한 화음을 연주할 수 있다(성경희, 1987; Shuter-Dyson & Gabriel, 1981). Sloboda(1985)는 약 5~11세에 불협화음보다 협화음에 대한 선호 경향이 지속적으로 증가하는 것을 발견하였다. 유아는 화음에 맞추어 노래 부르는 것이 어렵다. 하지만 감상곡이나 교사가 연주하는 반주 등을 통해 유아는 자연스럽게 화음을 경험할 필요가 있다. 따라서 혼자 연주하는 곡이나 다양한 형태의 협주곡 또는 합주곡 등을 들을 수 있는 경험이 필요하다. 다음은 유아의 화음 발달을 도울 수 있는 활동의 예이다(제7장 음악감상-음악감상 활동의 예에서 연주형태에 따른 곡을 구체적으로 소개하고 있음).

- 화음을 느낄 수 있는 성악곡을 들어 본다.

  (예: 모차르트 〈피가로의 결혼〉 '저녁 산들바람은 부드럽게')

- 합창곡을 들어 본다.

  (예: '파리나무십자가 소년 합창단' 100주년 내한공연)

- 화음을 느낄 수 있는 기악곡을 들어 본다.

  (예: 유피미아 앨런 〈젓가락 행진곡〉)

- 핸드벨을 이용하여 두 명 혹은 세 명이 화음을 만들어 본다.

  (예: 도, 미/ 도, 미, 솔)

- 독주(독창)곡과 합주(합창)곡을 들은 뒤 감상 이야기를 나눈다.

  (예: 같은 노래를 다른 연주 형태로 듣기)

7. 형식

　형식^{form}은 음악을 둘러싼 구조로서 음색, 리듬, 가락, 빠르기, 셈여림 등의 요소들이 조직된 결과로 나타난 형태이다. 음악요소가 반복되어 통일성을 이루거나 대조와 변화를 강조하는 형태로 조직되거나 변형되기도 한다. 형식은 다른 음악요소들의 개념이 형성된 후에 발달되기 때문에 비교적 늦게 나타난다. 유아는 노래를 부르거나 감상을 통해 리듬 패턴이나 가락의 같고 다름을 구별해 보거나 반복되는 리듬 패턴이나 가락을 느끼면서 형식을 경험할 수 있다. 유아기에 적합한 형식에 대한 개념은 다음과 같다(하정희, 조영진, 강혜정, 2010).

- 악곡은 앞부분과 중간부분, 끝부분으로 이루어져 있다. 음악은 시작을 알리는 (전주) 부분이 있고 마무리를 하기 위한 끝부분이 있다.
- 음악은 두 개 이상의 대비되는 패턴을 가지고 계속 반복된다.

다음은 형식의 이해를 돕기 위한 예이다(A-B-A형식, 곡: 작은별).

첫째 단은 A형식으로 노래가 진행된다.
둘째 단은 앞선 A와는 다른 B형식으로 진행된다.
셋째 단은 A형식이 반복된다.

다음은 유아의 형식 발달을 도울 수 있는 활동의 예이다.

- 음악 전주를 듣고 시작부분에 맞춰 노래 부르기
- 노래의 끝나는 부분을 천천히 불러 끝맺음하기
- 노래의 가사판을 보며 반복되는 부분을 찾아보기

지금까지 음색, 리듬, 빠르기, 가락, 셈여림, 화음, 형식 일곱 가지의 음악요소를 알아보았다. 음악요소의 발달은 유아가 얼마나 다양한 경험을 하는가에 따라 달라질 수 있음을 앞서 살펴보았다. 따라서 교사는 유아의 음악발달을 이해한 후 발달에 적합한 다양한 음악 경험을 제공하는 것이 필요할 것이다.

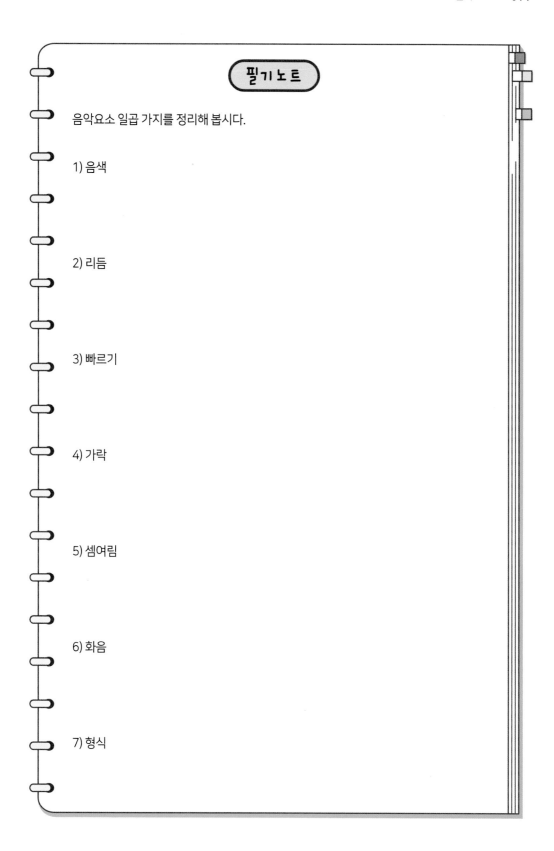

필기노트

음악요소 일곱 가지를 정리해 봅시다.

1) 음색

2) 리듬

3) 빠르기

4) 가락

5) 셈여림

6) 화음

7) 형식

교육받지 못한 천재는
광산 속의 은이나 마찬가지이다.

―벤저민 프랭클린

제3장

유아음악교육과정

#우리나라 국가수준 음악교육과정 #OECD국가 음악교육과정

이 장에서는 우리나라의 국가수준 유아음악교육과정과 OECD 5개국의 유아음악교육과정에 대하여 살펴봅니다. '유아들은 음악교육을 통해 무엇을 배워야 할까요?' '우리나라와 OECD 5개국에서 공통적으로 다루고 있는 내용은 무엇일까요?' 이 질문에 대한 답을 찾아봅시다.

■ **개요**

다음에서 우리나라의 국가수준 교육과정에 대하여 알아보고, 다른 나라의 음악교육은 어떻게 구성되어 있는지 OECD 국가를 중심으로 살펴보겠다.

■ **학습목표**

1. 우리나라 국가수준 유아음악교육과정을 이해하고, 음악교육의 필요성을 안다.
2. OECD 국가인 미국, 영국, 캐나다, 스웨덴, 일본의 국가수준 유아음악교육과정을 탐색하고, 그 특징을 이해한다.

1. 우리나라 국가수준 유아음악교육과정

우리나라 유아교육기관에서는 국가수준 교육과정에서 제시하고 있는 음악교육 내용을 중심으로 교육이 이루어진다. 우리나라 국가수준 교육과정은 만 0~2세를 대상으로 하는 제4차 표준보육과정과 만 3~5세를 대상으로 하는 2019 개정 누리과정으로 구분된다. 두 교육과정은 각각 0~2세 영아가 경험해야 할 내용과 3~5세 유아가 경험해야 할 내용으로 구성되어 있다. 2019 개정 누리과정은 교육내용을 간략화하고 유아가 주도하는 놀이를 통해 배움이 구현될 수 있도록 유아·놀이중심 교육과정을 강조하고 있다. 개정 누리과정의 경우 생활주제 외에도 교사가 자율성을 가지고 다양한 통합방식을 운영할 수 있도록 하였다. 유아는 놀이하면서 자연스럽게 5개 영역을 통합하여 경험하므로, 교사는 유아의 놀이를 존중함으로써 5개 영역의 목표를 달성할 수 있다. 또한 교사는 미리 정해진 생활주제가 아니더라도, 유아의 놀이에서 나타나는 주제, 그림책, 사물 등을 활용하여 유아의 관심과 흥미를 중심으로 누리과정을 통합적으로 실천할 수 있다(교육부, 보건복지부, 2019).

다양한 통합방식이란 무엇을 의미하는가? 예를 들어, 생활주제 '여름'을 중심으로 유아는 신나는 '여름' 노래를 부르면서, 여름에 볼 수 있는 동식물 카드가 붙어 있는 블록을 이용하여 쌓기 놀이를 하고, 여름 노래에 맞추어 신체를 움직이고, 여름에 볼 수 있는 풍경에 대해 친구와 대화하고, 그림도 그릴 수 있다. 또 이수지의 그림책 『여름이 온다』(비룡소, 2021)를 읽고, 비발디의 〈사계〉 중 '여름'을 감상한 후 새로운 이야기를 구성하고 그림을 그려 넣어 새 책을 만들어 볼 수도 있을 것이다. 이처럼 생활주제나 그림책을 중심으로 통합함으로써 유아의 관심과 흥미를 불러 모아 누리과정을 통합적으로 실천할 수 있다.

다음에서는 음악교육 내용 구성과 가장 관련이 높은 우리나라 국가수준 교육과정 예술경험영역을 중심으로 유아음악교육과 관련된 부분을 살펴봄으로써 음악교육에 대한 이해를 높이고자 한다. 편의상 0~1세와 2세를 대상으로 하는 보육과정(0~1세 보육과정과 2세 보육과정)과 3~5세를 대상으로 하는 누리과정으로 나누어 살펴보기로 하겠다.

- 0~1세 보육과정은 6개 영역(기본생활, 신체운동, 의사소통, 사회관계, 예술경험, 자연탐구)의 내용 40개, 2세 보육과정은 6개 영역(기본생활, 신체운동, 의사소통, 사회관계, 예술경험, 자연탐구)의 내용 43개로 구성되어 있다.
- 3~5세 누리과정(보육과정)은 5개 영역(신체운동 · 건강, 의사소통, 사회관계, 예술경험, 자연탐구)의 내용 59개로 구성되어 있다.

1) 0~1세 보육과정 예술경험영역의 목표와 음악교육 내용

(1) 0~1세 보육과정 예술경험영역의 목표

0~1세 보육과정 예술경험영역은 영아가 친숙한 자연과 주변 환경의 아름다움에 관심을 기울이고 반응하기를 즐김으로써 기초적인 심미적 경험을 획득하기 위한 영역이다. 영아는 자신의 관심을 소리나 움직임으로 표현하고, 감각을 통한 표상활동을 경험하며 익숙한 사람의 행동을 모방하여 이를 반복하는 것을 즐긴다. 영아는 이러한 경험을 통하여 감성과 심미감을 형성하며 행복한 일상을 누린다(보건복지부, 2020). 0~1세 보육과정 예술경험영역의 목표는 다음과 같다.

- 자연과 생활에서 아름다움에 관심을 가진다.
- 예술적 경험을 표현한다.

(2) 0~1세 보육과정 예술경험영역의 음악교육 내용

0~1세 영아는 주변 환경을 탐색하는 과정에서 들리는 다양한 소리에 관심을 가진다. 산책을 하다 마주친 새들의 지저귀는 소리와 개울을 흐르는 물소리, 비 오는 날 들리는 빗방울 떨어지는 소리, 창문 틈으로 들리는 바람소리, 선생님과 친구들의 웃음소리, 놀잇감을 움직여 나는 소리 등 영아의 주변은 신기하고 재미난 소리로 가득하다. 영아는 이러한 일상의 소리를 가만히 반복적으로 탐색하고 이를 통해 아름다움의 요소를 느끼며, 자신의 느낌대로 경험한 것들을 표상해 낸다.

예술경험영역은 '아름다움 찾아보기' '창의적으로 표현하기'의 두 가지 내용 범주로 구성된다. 내용 범주별 음악교육 관련 내용을 살펴보면 〈표 3-1〉과 같다.

〈표 3-1〉 0~1세 보육과정 예술경험영역 음악교육 관련 내용 체계

내용 범주	내용
아름다움 찾아보기	• 자연과 생활에서 아름다움을 느낀다. • 아름다움에 관심을 가진다.
창의적으로 표현하기	• 소리와 리듬, 노래로 표현한다. • 감각을 통해 미술을 경험한다. • 모방 행동을 즐긴다.

① 아름다움 찾아보기

'아름다움 찾아보기'는 영아가 자연과 생활예술에서 아름다움을 느끼고 관심을 가지며 감상하는 경험을 반영한 내용이다.

가. 자연과 생활에서 아름다움을 느낀다

0~1세 영아가 자신을 둘러싼 일상적인 환경에서 소리나 움직임, 색과 모양 등에 호기심을 기울이며, 미적이고 감성적인 경험을 통해 아름다움을 인식하는 과정으로 발전시켜 나가는 내용이다.

나. 아름다움에 관심을 가진다

0~1세 영아가 일상생활에서 자연이나 사물의 아름다움을 감상하고 즐길 수 있는 내용을 다룬다. 또한 반복적으로 경험하는 친근한 사람의 목소리, 주변의 소리와 리듬 있는 소리 그리고 익숙한 노래 등에 관심을 가지며 아름다움의 요소를 경험하는 가운데 이를 즐기는 내용을 다룬다.

영아는 일상생활에서의 다양한 소리에 관심을 가지며 탐색한다. 산책을 하며 들리는 새소리를 감상하고, 소리 나는 악기나 놀잇감을 움직여 소리를 탐색한다.

② 창의적으로 표현하기

'창의적으로 표현하기'는 영아가 자신의 느낌과 경험을 소리, 음악과 리듬, 미술 경험, 모방 행동 등을 통해 표현하는 과정을 즐기는 내용이다.

가. 소리와 리듬, 노래로 표현한다

영아가 자신을 둘러싼 환경에서 들려오는 다양한 소리, 리듬과 노래 그리고 움직임에 주의를 기울여 관심을 두고, 익숙한 노래나 리듬을 선호하며, 이를 표현하는 내용을 다룬다.

나. 모방 행동을 즐긴다

영아가 익숙하고 의미 있는 사람과 상호작용하고 타인의 표정이나 움직임을 모방하며 놀이하는 것을 즐긴다. 영아는 이러한 과정에서 새로운 행동을 직접 만들어 내고, 상대의 모방을 유도하며, 이를 다시 모방하는 순환관계를 나타낸다.

0~1세 반에서는?

■ 영아 경험의 실제 〈고양이처럼 소리내기〉

신기하다! ○○이가 산책을 하며 들리는 고양이 소리에 관심을 가진다. 영아가 "어! 야옹!" 하고 소리를 낸다.	**어, 똑같은 소리네!** 교실로 돌아와 고양이 소리가 나는 사운드 북을 반복적으로 누르며 소리를 탐색한다.	**나도 따라 야옹!!** ○○이가 탐색한 고양이 울음소리를 따라 "야옹" 하며 소리를 내어 본다. 교사도 마주 보며 함께 고양이를 흉내 낸다.

■ 영아 경험의 이해
- 영아들은 산책 시 우연히 들리는 고양이 소리에 귀를 기울이며 관심을 가졌다.
- 교실로 돌아와 고양이 소리가 나는 사운드 북을 직접 찾아 흥미를 이어 갔으며, 반복적으로 소리 나는 단추를 눌러 소리를 탐색하며 즐거워하였다.
- 탐색한 소리를 입으로 흉내 내고 몸으로 표현하며 놀이를 확장하였다.

■ 교사의 지원
- 공간: 실내외에서 자연스럽게 소리에 관심을 기울일 수 있도록 다양한 경험을 제공하였다.
- 자료: 영아가 직접 조작하여 소리를 탐색할 수 있는 교구를 제공하였다.
- 일과: 산책 중 우연히 일어나는 탐색활동을 지원하였다.
- 상호작용: 영아가 탐색한 고양이 소리에 반복적으로 관심을 가질 때 영아의 행동을 관찰하여 함께 고양이 소리를 내며 반응하였다.
- 안전: 실제 고양이를 마주쳤을 때 직접 만지거나 자극하지 않고 탐색할 수 있도록 유의하였다.

2) 2세 보육과정 예술경험영역의 목표와 음악교육 내용

(1) 2세 보육과정 예술경험영역의 목표

2세 보육과정 예술경험영역은 2세 영아가 일상에서 아름다움을 느끼고 즐기며 이를 통해 자신의 생각이나 느낌을 자유롭게 표현하는 경험을 가지도록 하는 영역이다. 2세 영아는 자연과 생활 속에서 경험하는 다양한 감각자극을 통해 아름다움을 느낀다. 이를 통해 점차 아름다움에 관심을 가지고 탐색하기를 즐긴다. 간단한 노래를 흥얼거리거나 리듬을 타며 움직임과 춤으로 자신을 표상한다. 또한 경험한 것을 상상놀이로 표현하며 즐거운 놀이로의 전환을 이룬다(보건복지부, 2020). 2세 보육과정 예술경험영역의 목표는 다음과 같다.

- 자연과 생활에서 아름다움에 관심을 가진다.
- 예술적 경험을 표현한다.

(2) 2세 보육과정 예술경험영역의 음악교육 내용

예술경험영역은 '아름다움 찾아보기' '창의적으로 표현하기'의 두 가지 내용 범주로 구성된다. 내용 범주별 음악교육 관련 내용을 살펴보면 〈표 3-2〉와 같다.

〈표 3-2〉 2세 보육과정 예술경험영역 음악교육 관련 내용 체계

내용 범주	내용
아름다움 찾아보기	• 자연과 생활에서 아름다움을 느끼고 즐긴다. • 아름다움에 관심을 갖고 찾아본다.
창의적으로 표현하기	• 익숙한 노래와 리듬을 표현한다. • 움직임과 춤으로 자유롭게 표현한다. • 미술 재료와 도구로 표현해 본다. • 일상생활 경험을 상상놀이로 표현한다.

① 아름다움 찾아보기

'아름다움 찾아보기'는 2세 영아가 일상에서 접하는 사물과 공간, 동식물과 사람, 자신과 또래의 표현 등에서 아름다움을 느끼고 즐기며, 아름다움에 관심을 가지고 찾아보는 내용이다. 2세 영아는 일상에서 아름다움을 느끼고 지속적으로 이를 탐

색하며 즐긴다. 이러한 경험을 통해 감수성을 계발하고 심미적 태도를 증진시킨다. 이를 위하여 교사는 영아가 익숙한 일상에서 접하는 대상과 공간에 주의를 기울여 아름다움을 느낄 수 있도록 충분한 시간과 여유로운 공간을 제공해야 한다.

가. 자연과 생활에서 아름다움을 느끼고 즐긴다

2세 영아가 무심히 지나칠 수 있는 일상의 자연이나 생활 속 공간, 사물 등의 아름다움에 주의를 기울여 아름다움을 풍부하게 느끼며, 자신과 또래의 다양한 예술적 표현을 감상하고 즐기는 내용이다.

나. 아름다움에 관심을 갖고 찾아본다

2세 영아가 다양한 소리나 리듬 등의 음악적 요소, 색이나 형태 등과 같은 미술적 요소, 사람과 사물, 동식물 등의 움직임에서 아름다움을 발견하고 경험하는 내용이다.

바다를 보며 즐겁게 춤을 추는 영아	하원 길에 노래를 부르는 영아	좋아하는 노래를 부르며 춤추기를 즐기는 영아

영아는 일상의 자연이나 생활 속에서 아름다움을 느끼며 이를 음악적으로 표현한다. 산책이나 등하원 길 등 언제 어디에서나 익숙한 노래를 부르고 노래에 맞춰 몸을 움직이며 춤추기를 즐긴다.

② 창의적으로 표현하기

'창의적으로 표현하기'는 2세 영아가 노래와 리듬, 움직임과 춤, 미술 표현, 상상 놀이의 다양한 방법으로 생각과 느낌을 자유롭게 표현하는 내용이다. 주변 세계를 탐색하면서 느낀 자신의 생각이나 느낌을 자유롭게 표현하는 경험을 통해 탐색의 과정을 즐기고 만족감을 얻는다. 이때 교사는 영아가 저마다의 다양한 방법으로 자유롭게 표현하기를 즐기도록 허용하여 편안한 분위기에서 자신의 생각을 표현할 수 있도록 지원한다.

가. 익숙한 노래와 리듬을 표현한다

2세 영아가 일상에서 익숙해진 노래를 부르고 간단한 리듬을 표현하는 것을 즐기는 내용이다.

나. 움직임과 춤으로 자유롭게 표현한다

2세 영아가 운율 있는 소리나 노래, 또는 보고 만지고 맛보는 등 감각적 경험에서의 느낌을 움직임이나 춤으로 표현하는 내용이다.

2세 반에서는?

■ **영아 경험의 실제 <물방울이 되어 춤추기>**

물에서 소리가 나네! 현장체험학습을 가서 만난 분수대 앞에 ○○이가 멈추어 서서 물방울이 튀는 소리와 표면에 떨어지며 굴러다니는 물방울을 탐색한다.	**나도 물소리를 낼 수 있어!** 원에 온 ○○이는 손을 씻거나 양치할 때 세면대에 물을 받아 물장난을 치며 물방울 소리를 직접 만들고 탐색하며 즐긴다.	**물방울 음악에 따라 춤을♪** 일과시간 물장난이 길어지자 교사는 물방울 소리가 나는 음악(생상스의 〈수족관〉)을 영아들에게 제공한다. 영아들은 음악을 들으며 자연스럽게 물방울처럼 통통 튀며 춤을 준다.

■ **영아 경험의 이해**

• 현장체험학습을 가서 본 분수대에 멈추어 서서 물방울이 이리저리 튀며 나는 소리와 움직임에 관심을 가지고 탐색하였다.
• 그날 이후, 반 아이들은 세면대에서 손을 씻거나 양치하는 시간마다 물장난을 치며 놀이하였다.
• 교사는 물장난을 놀이로 이어 주기 위해 물방울 소리가 나는 음악을 제공해 주었고, 영아들은 음악을 들으며 직접 본 물방울처럼 통통 튀고 점프하며 춤을 추었다.

■ 교사의 지원

- 공간: 영아가 물소리를 탐색할 수 있도록 물이 있는 공간에서 놀이하는 것을 허용하였다.
- 자료: 영아의 호기심을 놀이로 전환시킬 수 있는 음악을 제공해 줌으로써 영아들의 경험을 신체로 표상하며 놀이할 수 있도록 음악적 지원을 실시하였다.
- 일과: 일과 중 충분한 시간을 제공하여 물소리를 탐색할 수 있도록 배려하였다.
- 상호작용: 영아가 물소리가 나는 음악을 들으며 물방울처럼 통통 튈 때 함께 몸을 움직이며 신체적 상호작용을 하였다.
- 안전: 물놀이를 하며 바닥에 고인 물에 미끄러지지 않도록 유의하였다. 젖은 옷을 빨리 갈아입혀 주어 감기에 걸리지 않도록 하였다.

2세 반에서는?

■ 영아 경험의 실제 〈일상생활 중 노래하기〉

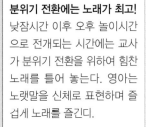

분위기 전환에는 노래가 최고!	오늘의 주인공은 나야 나!	가자 놀이터로! 칙칙폭폭 땡♬
낮잠시간 이후 오후 놀이시간으로 전개되는 시간에는 교사가 분위기 전환을 위하여 힘찬 노래를 틀어 놓는다. 영아는 노랫말을 신체로 표현하며 즐겁게 노래를 즐긴다.	신나는 현장체험학습 날. 공원의 무대를 보고 신이 난 영아들은 TV에서 본 노래인 "오늘의 주인공은 나야 나!" 노래를 부르며 저마다 춤을 춘다. 모두 다 아는 노래이지 익숙하게 노래하며 춤을 춘다.	실외놀이를 위해 놀이터로 이동할 때, 한두 명의 영아가 "칙칙폭폭 땡♬" 노래를 부르자, 다른 영아들이 달려가며 기차놀이를 한다. 함께 노래 부르며 전이활동을 즐긴다.

■ **영아 경험의 이해**

- 영아는 낮잠에서 깨어나거나 산책을 갈 때, 놀이터로 이동할 때 등 일상생활에서 익숙한 노래의 리듬에 맞추어 몸을 움직이거나 노래를 부르며 즐겼다.
- 한두 명의 영아가 노래를 부르며 놀이를 시작하면 다른 영아도 함께 노래하며 춤추기를 반복하였다.
- 영아들은 일상생활 중 노래를 즐기며 즐겁고 기쁜 감정을 표현하였다.

■ **교사의 지원**

- 공간 및 일과: 보육실 내 놀이시간뿐 아니라 복도나 계단, 외부 산책 등 하루 일과 어느 때라도 장소 제한 없이 리듬과 노래를 경험할 수 있도록 지원하였다.
- 자료: 낮잠시간 이후 음악을 제공하여 모든 영아가 놀이를 통해 자연스럽게 일과를 전이할 수 있도록 도왔다.
- 상호작용: 영아가 일상생활에서 자연스럽게 놀이하고 춤출 수 있도록 일상적으로 노래를 불러 주고 허용적 분위기를 마련하였다. 언어적 상호작용 중 리듬이 있는 노랫말을 자주 사용하였다.

3) 2019 개정 누리과정(3~5세 보육과정) 예술경험영역의 목표와 음악교육 내용

(1) 2019 개정 누리과정 예술경험영역의 목표

유아는 일상에서 아름다움과 경이감을 느끼고 즐기며 표현하는 풍부한 감성을 가진 존재이다. 예술경험영역은 유아가 자연, 생활, 예술에서 아름다움을 찾아보고 느끼며, 다채롭고 창의적인 방법으로 자신의 경험, 생각, 느낌을 표현해 보고, 다양한 예술 표현을 존중하는 경험과 관련된 내용이다. 이에 교사는 유아가 아름다움을 느끼고 즐기며 창의적으로 표현하는 과정을 통해 풍부한 감수성을 기르도록 돕는다. 또한 유아가 다양한 예술 감상을 통해 상상력을 키우고 예술 표현이 가지고 있는 고유의 가치를 존중하도록 지원할 수 있다(교육부, 보건복지부, 2019). 이러한 2019 개정누리과정 예술경험영역의 목표는 '아름다움과 예술에 관심을 가지고 창의적 표현을 즐긴다.'이며, 구체적인 목표는 다음과 같다.

- 자연과 생활 및 예술에서 아름다움을 느낀다.
- 예술을 통해 창의적으로 표현하는 과정을 즐긴다.
- 다양한 예술 표현을 존중한다.

(2) 2019 개정 누리과정 예술경험영역의 음악교육 내용

예술경험영역은 〈표 3-3〉과 같이 세 가지 내용 범주와 10개의 내용으로 구성되어 있다. 누리과정 예술경험영역의 세 가지 내용 범주 중 음악교육 관련 내용은 '아름다움 찾아보기' '창의적으로 표현하기'의 두 가지 내용 범주가 해당된다. 내용 범주별 음악교육 관련 내용을 살펴보면 〈표 3-3〉과 같다.

〈표 3-3〉 **2019 개정 누리과정 예술경험영역 음악교육 관련 내용 체계**

내용 범주	내용
아름다움 찾아보기	• 자연과 생활에서 아름다움을 느끼고 즐긴다. • 예술적 요소에 관심을 갖고 찾아본다.
창의적으로 표현하기	• 노래를 즐겨 부른다. • 신체, 사물, 악기로 간단한 소리와 리듬을 만들어 본다. • 신체나 도구를 활용하여 움직임과 춤으로 자유롭게 표현한다. • 다양한 미술 재료와 도구로 자신의 생각과 느낌을 표현한다. • 극놀이로 경험이나 이야기를 표현한다.
예술 감상하기	• 다양한 예술을 감상하며 상상하기를 즐긴다. • 서로 다른 예술 표현을 존중한다. • 우리나라 전통 예술에 관심을 갖고 친숙해진다.

예술경험영역의 목표와 내용 범주는 유아가 자연, 생활, 예술에서 아름다움을 느끼고, 음악, 움직임과 춤, 미술, 극놀이 등의 예술에서 자신의 느낌과 생각을 창의적으로 표현하는 과정을 즐기며, 다양한 예술 작품을 감상하고, 다른 사람의 예술 표현을 존중하는 내용으로 구성하였다. 이때 예술경험영역의 세 가지 내용 범주는 별개로 경험이 이루어지거나, 또는 아름다움 찾아보기→창의적으로 표현하기→예술 감상하기의 차례를 지켜서 이루어지는 것이 아님을 명심하여야 한다. 또한 예술경험은 다양한 매체와 레퍼토리, 다양하고 독창적인 표현방식, 즐거움의 발산 등 주관적 예술 경험에 유아가 지속적으로 참여하는 것을 강조해야 한다. 유아는 주변의 아름다움에 관심을 가지고 예술 경험에 자유롭게 참여하며 소리와 리듬을 만드는 다

양한 경험을 즐기고 자유롭게 표현할 수 있게 된다. 뿐만 아니라 다른 사람의 표현
에 관심을 가지고 지켜보며 서로의 표현을 존중하게 된다.

① 아름다움 찾아보기

'아름다움 찾아보기'는 유아가 자연과 생활에서 아름다움을 느끼며 예술적 요소
에 관심을 가지고 찾아보는 내용이다.

가. 자연과 생활에서 아름다움을 느끼고 즐긴다

유아가 자신의 주변에서 만나는 자연, 공간, 사물 등의 아름다움을 풍부하게 느끼
며 즐기는 내용이다.

나. 예술적 요소에 관심을 갖고 찾아본다

유아가 주변의 자연과 생활에서 다양한 소리나 리듬 등의 음악적 요소, 색이나 형
태 등과 같은 미술적 요소를 발견하고, 사물이나 동식물의 움직임에서 아름다움을
경험하는 내용이다.

■ **유아 경험의 실제 <3세_ 나뭇잎에서 들리는 소리>**

나뭇잎에서 소리가 나!
가을날 산책 길에 낙엽이 떨어져 있다. 저마다 자유롭게 낙엽 놀이를 하던 중, 한 유아가 바닥에 떨어진 나뭇잎을 밟으면 소리가 난다는 것을 발견하자 모두 이를 따라 소리를 만든다.

어! 이 나뭇잎은 소리가 안 나!
다음날 산책 길에서는 가지치기를 한 숲길을 지났다. ○○이가 "어, 이 나뭇잎에서는 왜 소리가 안 나지?"라고 말하자 다른 유아들도 바닥에 앉아 나뭇잎을 만지며 소리를 탐색한다.

나뭇잎이 말라야만 소리가 나 ♩♫
유아들은 낙엽과 마르지 않은 나뭇잎을 수집하여 교실로 가지고 왔다. 한참의 탐색과 토론을 통해 나온 결과는?! 바싹 마른 나뭇잎에서만 바스락바스락 소리가 난다는 사실!

■ 영아 경험의 이해

• 유아들은 산책 길에 우연히 낙엽이 떨어진 곳을 발견하고는 낙엽을 활용한 다양한 놀이를 자유롭게 즐겼다. ☞ 낙엽 모아 하늘로 뿌리기, 손으로 비벼 가루 만들기, 낙엽으로 이름 글자 만들기, 발로 마구 밟기, 엉덩이로 누르기 등의 놀이를 하였다.

• 낙엽 밟기를 하던 한 유아가 낙엽에서 소리가 난다는 사실을 발견하자, 다른 유아들이 점프하고 밟고 손으로 비비는 놀이를 하며 소리를 만들었다.

• 다음 날 산책 길에는 가지치기를 하여 마르지 않은 나뭇잎을 마주쳤고, 전날 낙엽소리를 만들었던 기억을 떠올린 유아가 같은 방법으로 놀이를 시도하다 소리가 나지 않는다는 사실을 발견하였다.

• 유아들은 교실로 두 종류의 나뭇잎을 가지고 왔고, 둘을 비교 탐색하는 새로운 놀이를 통해 바싹 마른 나뭇잎(낙엽)에서만 소리가 난다는 사실을 발견하였다.

■ 교사의 지원

• 공간 및 일과: 원 주변을 산책할 때 같은 곳이 아니라 다양한 곳을 선택함으로써 유아가 보다 다양한 자연환경을 접할 수 있도록 하였으며, 산책 중 유아가 놀이를 시작하였을 때 산책시간을 융통성 있게 조절하여 충분한 놀이가 이루어지도록 지원하였다.

• 자료: 교실에서 탐색놀이가 진행될 때 유아들로 하여금 교실 내에 있는 다양한 매체를 자유롭게 선택하여 탐색할 수 있도록 허용하였으며, 수집해 온 나뭇잎의 특성이 잘 드러나도록 흰 바구니를 제공하였다.

• 상호작용: 유아들이 낙엽과 나뭇잎에서 나는 소리의 차이를 놀이를 통해 스스로 발견할 수 있도록 섣부른 개입이나 정보를 제공하지 않고 기다려 주었다.

• 안전: 안전성이 확보된 곳에서 산책을 실시하였다.

② 창의적으로 표현하기

'창의적으로 표현하기'는 유아가 노래를 즐겨 부르고, 간단한 소리와 리듬을 만들어 보며, 자유롭게 움직이며 춤추고, 다양한 미술 재료와 도구를 활용하여 표현하며, 경험과 이야기를 극놀이로 표현하는 내용이다.

가. 노래를 즐겨 부른다

유아가 흥얼거리거나 친구들과 함께 소리와 박자 등을 느끼고 노랫말을 바꾸어 불러 보며 노래 부르기를 즐기는 내용이다.

　나. 신체, 사물, 악기로 간단한 소리와 리듬을 만들어 본다.

　유아가 자신의 신체, 주변의 사물, 리듬악기 등을 사용하여 소리와 리듬을 창의적
으로 만들어 보는 내용이다.

　다. 신체나 도구를 활용하여 움직임과 춤으로 자유롭게 표현한다.

　유아가 자연과 생활에서 발견한 다양한 움직임을 자유롭게 표현하고, 나아가 자
신의 생각과 느낌을 자신의 신체나 다양한 도구를 활용하여 움직임과 춤으로 표현
하는 내용이다.

■ **유아 경험의 실제 <4세_소리를 만들며 노래 흥얼거리기>**

여름여름여름 즐거운 여름♬
유아가 바깥 놀이터에서 모래놀이를 하다 그릇을 모두
꺼낸 후 여기 저기 연주하듯 두드린다. 교사를 부르며
"선생님, 이거 들어 보세요. 다 다른 소리가 나죠? 우리
오늘 피아니스트에요." 하며 최근에 배운 새 노래 <즐거
운 여름>을 흥얼거린다.
선생님은 "우와, 정말 다 다른 소리가 나는구나. 윤아랑
지아도 꼭 피아니스트 같아."라고 말하며 박수를 친다.

■ **영아 경험의 이해**
• 소꿉놀이 그릇을 보고 악기를 떠올린 유아는 숟가락으로 소리를 만들었다.
• 그릇의 종류에 따라 서로 다른 소리가 난다는 사실을 발견하였다.
• 이전 경험을 떠올려 자신이 만든 악기 소리에 노래를 부르며 함께 연주하였다.

■ **교사의 지원**
• 공간 및 일과: 실내뿐만 아니라 실외에서도 자유롭게 놀이할 수 있는 공간을 마련
　하였다.
• 자료: 바깥 놀이터에 모래놀이 교구뿐 아니라 다양한 재질의 냄비, 숟가락, 그릇
　등의 자료를 제공하여 소리 탐색을 지원하였다.
• 상호작용: 서로 다른 소리를 만들어 낸 유아에게 긍정적 상호작용을 해 주었다.

③ 예술 감상하기

'예술 감상하기'는 유아가 자신과 또래의 작품뿐만 아니라 다양한 예술을 감상하며 상상하기를 즐기고, 서로 다른 예술 표현을 존중하며, 우리 고유의 전통 예술에 친숙해지는 내용이다.

가. 다양한 예술을 감상하며 상상하기를 즐긴다

유아가 자신과 또래의 작품이나 음악, 춤, 미술작품, 극 등 다양한 예술을 감상하고 자유롭게 상상하기를 즐기는 내용이다.

나. 서로 다른 예술 표현을 존중한다

유아가 자신과 또래의 작품, 음악, 춤, 미술작품, 극 등에 포함된 다양한 표현을 존중하는 내용이다.

다. 우리나라 전통 예술에 관심을 갖고 친숙해진다

유아가 우리나라 고유의 전통 음악, 춤, 미술, 건축물, 극 등에 관심을 가지고 전통 예술을 감상하며 우리나라 문화에 친숙해지는 내용이다.

■ **유아 경험의 실제 <5세_민요를 감상하며 장구 연주하기>**

새가 날아 든다

유아들이 지난 주에 배운 〈새 타령〉을 들으며 장구를 자유롭게 두드린다. 한 유아가 "얘들아! 봐봐. 새가 날아 든다~" 하고 노래를 흥얼거리며 장구를 친다. 그러자 옆에 있던 유아가 장구를 세워 북채로 치며 "나는 이렇게 옆으로 세워서 쳐야지. 봐봐."라고 말한다. 그러자 옆에서 바라보던 친구 모두가 장구를 세워 따라 치며 새 타령을 부른다.

■ **영아 경험의 이해**

• 음률영역에 있는 〈새 타령〉을 감상하며 영역에 비치되어 있는 장구에 관심을 가지고 연주하였다.

• 민요를 감상하며 자연스럽게 장구를 연주하고 노래를 따라 흥얼거렸다.

• 자신의 연주를 친구에게 소개하였고, 친구는 그 모습을 보며 자신만의 또 다른 연주 방법을 떠올리며 함께 연주를 하였다.

■ **교사의 지원**

• 공간 및 일과: 실내에 악기를 연주할 수 있는 공간을 제공하였다. 많은 유아가 한 꺼번에 연주하기를 희망하여 책상 등을 이동하여 보다 넓은 공간을 확보한 후, 연주가 활발하게 이루어질 수 있도록 지원하였다.

• 자료: 유아들이 우리나라 고유의 전통 음악을 접하고 즐길 수 있도록 장구와 민요를 제공하였다.

• 상호작용: 장구를 치는 방법을 정확하게 전달하거나 알려주기보다는 유아들이 자유로운 방법으로 장구를 연주하며 놀이할 수 있도록 지켜보았다.

■ **예술경험영역의 통합적 이해를 위한 놀이사례**

여름 한 달 동안 유아들은 리듬에 몸을 맡기며 음악을 즐겼다. 시작은 요즘 피아노에 빠져 있는 지환이가 멜로디언을 가지고 오면서부터이다. 코로나19 이후로 교실에서는 입으로 부는 멜로디언을 모두 정리하였는데, 피아노를 배우는 지환이가 집에서 멜로디언을 가지고 온 것이다. 교사는 아이들과 안전에 대해 협의를 하여 아이들 각자 쓸 수 있는 리드를 개인별로 구비해 주었다.

유아들은 지환이가 연주하는 현란한 멜로디언 연주에 관심을 가졌다. 처음에는 직접 연주하기보다는 연주 소리에 맞추어 춤을 추는 것을 택했다. 교실에 있는 스카프나 리본막대를 휘두르며 춤을 추었다. 그러다 음률영역에 있는 붐웨커를 들고 춤을 추며 연주를 하기도 하고, TV에 나오는 밴드처럼 연주하며 노래를 불렀다. 점차 악기 연주에 대한 관심이 늘어나자 블록으로 직접 악기를 만들기도 하고, 여러 역할놀이의 배경음악으로 연주를 하는 등 온 교실이 음악놀이로 가득해졌다.

■ 유아 경험의 실제 <5세_함께 즐기는 음악놀이>

♬ 놀이의 흐름 따라가기

| 악기에 대한 작은 관심이 음악놀이가 되기까지. 교실에서 일어난 유아들의 놀이가 어떠한 방식으로 전개되는지 살펴보도록 한다.

5. 악기를 만들어 같이 연주할래?

4. 우리도 음악에 맞춰 춤춰요

1. 음악을 만들자

2. 내 음악을 들어 봐!

6. 결혼식에는 역시 음악이지!

3. 나는야, 춤추는 기타리스트!!

♬ 음악을 만들자 & ♬ 내 음악을 들어 봐

| 지환이가 가지고 온 멜로디언! 모두 알고 있는 동요에서부터 자유로운 창작곡까지! 열심히 음악을 만드는 지환이의 연주에 관심을 보이는 유아들. 그것은 음악이 넘치는 교실의 출발이었다.

멜로디언을 가지고 와서 선생님에게 지난 주 교실에서 배운 동요 〈즐거운 여름〉을 연주한다.

지환: 선생님, 이거 들어 보세요. 지난주에 우리 같이 배운 노래예요.
교사: (박수치며) 어머, 지환아! 정말 우리 배운 노래네. 피아노 배운다더니 대단해!

지환이의 연주를 듣던 준우가 노래를 따라 부르더니, 옆에서 멜로디언을 눌러 본다.

준우: 우와 지환아, 나도 같이 해도 돼? 하고 싶다.
지환: 그럼 밑에서 반주 넣어 봐. 이렇게 나 하는 거 듣고 연주하는 거야.
준우: (두 손으로 멜로디언을 두드리며) 아, 이렇게?

음악을 들려주고 싶은 지환이 계속 연주를 하자, 친구들은 음률영역에서 악기들을 꺼내 소리를 탐색한 후, 지환이의 연주에 어울리는 음악을 연주하기 시작했다.

지환: (멜로디언을 연주하며) 아니, 이거 들어 봐봐. 내가 지금 만든 노래야.
연서: (붐웨커를 꺼내며) 이게 다른 소리가 나는 건가?
우재: 그래? 몰라. 해 봐 그거.
지환: 아니, 이거 들어 보라니까?
연서: 그러니까 네꺼 듣고 이거 연주해 줄게. 자, 쳐 봐 이제.
지환: (친구들을 보며 자신이 만든 즉흥곡을 연주한다.)
연서: (지환이의 곡을 들으며 붐웨커를 바닥에 두드려 본다.)

♫ 나는야, 춤추는 기타리스트!!

유아들은 집에서 멜로디언과 노래방 마이크를 가지고 왔고, 한 명이 연주를 하면 바로 공연놀이가 시작되었다. 교실에 있는 모든 물건들이 악기로 동원되었고, 유아들은 노래하며 춤추는 기타리스트들로 변신하였다.

집에서 멜로디언을 가지고 온 연서. 멜로디언을 연주할 줄 모르는 연서가 마구 두드리자 지환이는 리듬을 만들어 주면 공연을 보여 주겠다고 한다.

지환: 오악!!!!! 연서야 연서야 이게 무슨 노래야!!!!!
연서: (연주를 멈추고 지환이를 쳐다보며) 이상하지? 그런데 어떻게 노래를 치는지 모르겠어.

지환: 그러면 그냥 두 개씩 빠밤 하고 눌러. 빠바밤 하고 누르거나 박자는 너 마음대로. 근데 딱 두 개씩만 눌러. 다 누르니까 시끄러운 거야.
연서: 그럼, 네가 노래하면 내가 거기 박자에 맞춰서 누른다. 두 개씩만!

지환이가 연서의 리듬연주에 따라 노래를 하며, 붐웨커를 들고 기타리트스 흉내를 낸다. 다른 친구들도 연주에 맞춰 노래하며 춤춘다.

지환: 맴맴매~맴맴매 매매매매 ♪ 세상을 향해서 노래 불러요~
교사: (박수를 치며 유아들과 함께 노래를 부른다.)

♫ 우리도 음악에 맞춰 춤춰요

음악에 관심을 가지던 몇몇 유아의 놀이가 교실 전체의 놀이로 확장되어 갔다. 유아들은 자유롭게 악기를 연주하기도 하고, 어디선가 연주소리가 들리면 놀이를 하던 중에도 흥겹게 춤을 추며 저마다 음악을 즐겼다.

멜로디언과 붐웨커로 음악을 만들어 연주하던 준우와 수아는 서로 악기를 바꾸어 가며 연주를 즐긴다. 두 유아가 연주를 하자 어디선가 우재와 지환이가 나타나 춤을 춘다.

준우: (수아에게 멜로디언을 건네 주며) 수아야, 이제 우리 바꿔서 해 보자.
수아: 그래. 그럼 너가 이제 붐웨커 해. 내가 멜로디언 할게. 나 내꺼 리드 가지고 올게.
중략(연주 중)
지환: (준우와 수아의 연주를 듣고 스카프로 춤을 추며) 예워! 예예워!~
우재: (막대리본을 흔들며) 예워~예워~

음악에 따라 우재와 지환이가 춤추는 것을 보고, 역할영역에서 놀이하던 유아들이 갑자기 일어나서 춤을 추기 시작한다. 아무도 우리 춤추자라고 말하지 않았는데, 유아들은 자연스럽게 일어나서 춤을 추었다. 교사도 함께 춤을 추며 아이들의 놀이에 참여하였다.

유아들: (놀이를 하다 모두 들어나 춤을 추며) 예워! 예예워.
교사: (일어나 함께 춤추며) 선생님도 할까? 예워, 예예워!

♪악기를 만들어 같이 연주할래?

유아들은 실물악기가 아니라도 자신만의 악기를 만들어 연주하며 놀이를 즐기기 시작하였다. 블록으로 피아노와 드럼을 만들어 두드리기도 하고, 블록 자체를 바닥에 두드리며 연주를 하였다. 이 모습을 보던 다른 유아들도 저마다의 악기를 가지고 와 함께 연주놀이를 즐긴다.

지환이가 블록으로 악기를 만들며 연주하자 연서가 마이크와 붐웨커를 들고 와 관심을 보인다. 지환이가 함께 연주를 하자고 제안하자 연서도 블록으로 함께 악기를 만들어 연주한다. 그러자 지우가 탬버린과 캐스터네츠를 들고 와 함께 연주하며 노래를 부른다. 세 유아들은 함께 연주를 하고 노래하며 즐겁게 놀이를 이어 간다.

연서: 지환아, 이거 뭐 만든 거야?
지환: (만든 악기를 연주하며) 이쪽에는 피아노고 이거는 드럼!
연서: 좋았어. 그럼 오늘은 합주공연이다!(붐웨커를 바닥에 두드리고 마이크로 노래하기를 반복하며), 맴맴매~맴맴매 매매매매♪ 세상을 향해서 노래 불러요~
지환: (연서와 함께 노래 부르며 연주한다.)
지우: (탬버린과 캐스터네츠를 가지고 와 함께 놀이한다.)

♪결혼식에는 역시 음악이지!

유아들은 모든 놀이에 음악을 활용하기 시작하였다. 다른 역할놀이를 즐길 때에도 음악을 연주하며 배경음악으로 활용하고 있었다. 놀이에 음악이 더해지자, 역할놀이는 훨씬 풍부해졌다.

역할영역에서의 뷔페놀이가 결혼식에서 즐기는 뷔페놀이로, 다시 결혼식 행진놀이로 이어졌다. 음악이 있었으면 좋겠다는 지환이의 의견에 따라 지우와 준우가 결혼식에 어울리는 음악을 연주한다.

지환: 아, 결혼식에는 역시 음악이지!! 누가 음악해 주라!!! 선생님, 음악 틀어 주세요~
준우: (음악영역으로 뛰어가서 멜로디언을 두드리며) 어, 나나나!!
지우: (핸드벨을 흔들며) 나도 할래!

준우: (멜로디언의 한 음계만 박자에 맞춰 건반을 누르며 입으로 결혼행진곡을 흥얼거린다.) 밤 밤빠밤! 밤 밤 빠밤~
교사: (휴대폰으로 결혼행진곡 음악을 틀어 주며) 그럼, 선생님은 음악 틀어 줄게요~

아기놀이를 하던 유아들은 아기에게 자장가를 들려주어야 한다며 멜로디언과 탬버린, 에그쉐이커를 들고 와 연주를 들려준다.

연서: (멜로디언을 연주하며) 우리 아가들. 선생님이 자장가를 연주해 줄게요~ 이거 들으면서 잘 자요~
수아: (에그쉐이커를 흔들며) 눈을 꼭 감고 자장가를 들어요~

♪유아 경험의 이해

한 유아의 멜로디언에 대한 관심이 교실 전체의 음악에 대한 관심으로 전개되면서 모든 유아가 자유로운 음악놀이를 만들어 갔다. 유아들은 놀이를 통해 악기 연주와 노래 부르고 춤추기, 극놀이하기 등 다양한 방식의 음악놀이를 경험하였고, 그 안에서 서로 음악을 통해 상호작용하는 기회를 갖게 되었다. 이러한 모든 경험은 유아들에게 일상에서 음악을 즐기는 것의 즐거움을 일깨워 주었다.

♪교사의 지원

공간 영역 구분 없이 교실 어느 곳에서든 음악놀이가 이루어질 수 있도록 지원하였다.
자료 유아가 가정에서 가지고 온 멜로디언을 교실에서 사용할 수 있도록 허용하였다.
     유아의 요구에 따라 놀이 중 휴대폰으로 음악을 틀어 주었다.
일과 유아들이 마음껏 음악놀이를 전개할 수 있도록 놀이의 흐름에 따라 일과를 운영하였다.
안전 위생을 고려하여 유아들이 각자 멜로디언 리드를 사용할 수 있도록 개인별로 제공하였다.
상호작용 유아들의 놀이에 함께 박수를 치거나 악기 연주를 하고 노래하며 춤추는 등 음악적 상호작용을 지원하였다.

2. OECD 국가의 유아음악교육과정

우리나라는 앞서 살펴본 바와 같이 유아기만을 위한 교육과정을 국가수준으로 고시하여 독립적으로 시행하고 있으나, 세계 모든 나라가 이와 같지는 않다. 각 나라의 학제마다 학령 전과 학령기로 나누기도 하고 각 지역마다 특색이 있는 서로 다른 교육과정을 운영한다.

이 장에서는 다른 나라의 유아음악교육이 어떻게 이루어지고 있는지 알아보기 위하여 주요 OECD 국가인 미국, 영국, 캐나다, 스웨덴, 일본의 유아음악교육과정을 간략하게 제시하고자 한다. 해당 국가의 교육과정은 각국의 교육청 홈페이지와 지방자치단체의 홈페이지에 접속하면 원문을 살펴볼 수 있다.

1) 미국의 유아음악교육과정

미국의 교육과정은 연방정부가 아닌 각 주정부에서 관할하기 때문에 각 주마다 다양하게 운영되고 있으나, 그 기본은 국가수준 교육표준National Standards1)을 따른다. 국가수준 교육표준은 각 학문영역별로 제시되는데 해당 학문의 학계나 이를 대표하는 민간단체자들에 의해 구성된다. 각 주에서는 이러한 국가수준 교육표준을 토대로 주마다의 특징이 담긴 독창적이면서도 체계적인 교육과정을 제시한다.

이 절에서는 미국의 유아음악교육과정을 살펴보기 위하여 전미음악교육협회 NAfME, 구 MENC 2)에서 발표한 음악표준Music Standards, 2014 3)을 살펴보기로 한다.

음악표준Music Standards, PK-84)은 유아기Pre Kindergarten: PK부터 8학년까지의 학습자가 학교교육을 통해 배워야 할 음악적 기술과 지식에 대하여 구체적으로 기술하고 있

---

1) 국가표준(National Standards): 연방정부 차원에서 적용되는 교육표준
2) 전미음악교육협회(National Association for Music Education): 미국의 음악교육과정 관련 협회
3) 음악표준(Music Standards, 2014): 2014년 발표한 음악교육표준. 1994년 발표한 음악교육표준을 개정한 것으로 환경 구성, 일과 운영, 교사안내서 등은 기존의 것으로 하되, 교육내용이 구체적으로 개정되었다. 각 주정부는 이를 토대로 본인들만의 교육과정을 구성한다.
4) https://nafme.org/wp-content/uploads/2014/11/2014-Music-Standards-PK-8-Strand.pdf

다. 전 연령 모두 음악, 춤, 연극, 미술, 미디어 예술을 통합적인 공통기준으로 제시하여 연계성을 강조하였다.

음악표준에서 제시하고 있는 유아음악교육과정의 내용은 창작하기, 연주하기, 반응하기, 그리고 연결하기이다. 학습자는 창작하기를 통해 성공적인 음악가나 미래사회 시민으로 성장하기 위한 경험을 쌓고, 연주하기를 통해 노래를 부르고 악기를 연주하며 자신의 삶을 음악과 연계한다. 또한 반응하기를 통해 음악뿐만 아니라 자신을 둘러싼 또래와 지역사회, 문화와 상호작용하는 방법을 알아 가며, 연결하기를 통해 다양한 음악 아이디어와 작품을 여러 맥락과 연계한다. 궁극적으로 음악표준은 음악을 통해 창조, 실행, 대응능력을 키움으로써 자신과 사회를 알아 가는 것을 목표로 한다. 음악표준에서 유아기에 해당되는 구체적 내용을 제시하면 다음과 같다.

- 'MU: Cr1.1.PKa'에서 MU(Music)는 음악영역, PK(Pre-Kindergarten)는 2세부터 5세 미만, K(Kindergarten)는 5세 과정을 의미한다. 숫자번호는 하위 범주의 일련 번호이다.
- 예술영역의 내용을 나타내는 단어는 다음 약자로 표기된다. Cr(Creating)은 창작하기, Pr(Performing/Producing/Presenting)은 연주하기/제작하기/발표하기, Re(Responding)는 반응하기, Cn(Connecting)은 연결하기를 의미한다.

〈표 3-4〉 미국 음악표준에서의 유아음악교육 관련 내용 체계

내용	세부 내용
창작하기 (CREATING)	**상상하기(Imagine)** **다양한 목적과 맥락을 위한 음악 아이디어를 만들어 낸다.**
	• 이해 개념(Enduring Understanding): 음악가의 작품에 영향을 주는 창의적 아이디어와 개념, 감정들은 다양한 원천(sources)으로부터 나온다. • 핵심 질문: 음악가는 어떻게 창의적 아이디어를 만들어 내는가?

PK(5세 미만 과정)	K(5세 과정)
• MU: Cr1.1.PKa 구체적 안내에 따라 다양한 음악을 탐색하고 경험한다.	• MU: Cr1.1.Ka 안내에 따라 음악 개념(박과 선율 등)을 탐색하고 경험한다(저자 주: music concepts은 이 책에서는 음악요소로 설명이 되었으나, 미국 교육과정의 경우 원문에 따라 개념이라는 단어를 사용함).
	• MU: Cr1.1.Kb 안내에 따라 음악 아이디어(동작 또는 모티브 등)를 만든다.
계획 및 고안하기(Plan and Make) **목적과 맥락에 적합한 음악 아이디어를 선택하고 발전시킨다.**	
• 이해 개념: 음악가의 창의적 선택은 그들의 전문 지식과 맥락 그리고 표현 의도에 영향을 받는다. • 핵심 질문: 음악가는 어떻게 창의적 결정을 내리는가?	
• MU: Cr2.1.PKa 구체적 안내에 따라 좋아하는 음악 아이디어(동작, 발성 또는 악기 연주 등)를 탐색한다.	• MU: Cr2.1.Ka 안내에 따라 좋아하는 음악 아이디어를 시연하고 선택한다.
• MU: Cr2.1.PKb 구체적 안내에 따라 상징적 기보법 그리고/또는 녹음기술을 사용하여 독창적 음악 아이디어를 수행하기 위한 순서를 선택하고 파악한다.	• MU: Cr2.1.Kb 안내에 따라 상징적 기보법 그리고/또는 녹음기술을 사용해 개인의 음악 아이디어를 조직한다.
평가 및 개선하기(Evaluate and Refine) **선택된 음악 아이디어를 평가하고 개선하여 적절한 기준에 충족하는 음악작품을 창작한다.**	
• 이해 개념: 음악가는 새로운 아이디어에 대한 개방성, 지속성, 그리고 적절한 기준을 적용하여 자신의 작품을 평가하고 개선한다. • 핵심 질문: 음악가는 자신의 창의적 작품의 질을 어떻게 향상시키는가?	
• MU: Cr3.1.PKa 구체적 안내에 따라 개인의 음악 아이디어를 시연하고 개선할 때 개인, 또래 그리고 교사의 피드백을 고려한다.	• MU: Cr3.1.Ka 안내에 따라 개인의 음악 아이디어를 개선할 때 개인, 또래 그리고 교사의 피드백을 적용한다.
발표하기(Present) **의도를 전달하고, 장인정신(craftsmanship)을 보여 주며, 독창성이 있는** **창의적 음악작품을 공유한다.**	
• 이해 개념: 음악작품을 발표하는 것은 창작과 소통의 과정에 있어 가장 높은 수준이다. • 핵심 질문: 언제 자신의 창의적 작품을 공유할 준비가 되었는가?	
• MU: Cr3.2. PKa 구체적 안내에 따라 수정된 개인의 음악 아이디어를 또래와 공유한다.	• MU: Cr3.2.Ka 안내에 따라 개인의 음악 아이디어의 최종버전을 또래에게 발표한다.

연주하기 (PERFORMING)	**선택하기(Select)** **흥미, 지식, 기교, 맥락에 기초하여 다양한 음악작품을 선택한다.**	
	• 이해 개념: 연주자의 음악작품에 대한 흥미와 지식, 자신의 기교에 대한 이해 그리고 공연의 맥락은 연주를 위한 레퍼토리 선택에 영향을 미친다. • 핵심 질문: 연주자는 어떻게 레퍼토리를 선택하는가?	
	• MU: Pr4.1.PKa 구체적 안내에 따라 다양한 음악 선택을 위한 선호도를 입증하고 설명한다.	• MU: Pr4.1.Ka 안내에 따라 다양한 음악 선택을 위한 개인적 흥미를 입증하고 설명한다.
	분석하기(Analyze) **다양한 음악작품의 구조와 맥락 그리고 연주에 미치는 영향을 분석한다.**	
	• 이해 개념: 창작자의 맥락과 그들이 음악요소를 어떻게 다루는지에 대해 분석하는 것은 그들의 의도에 대한 통찰을 제공하고 연주에 대한 성과를 알려 준다. • 핵심 질문: 음악작품의 구조와 맥락에 대한 이해는 어떻게 연주에 대한 정보를 제공하는가?	
	• MU: Pr4.2.PKa 구체적 안내에 따라 음악적 대비에 대한 인식을 탐색하고 보여 준다.	• MU: Pr4.2.Ka 안내에 따라 연주를 위해 선택된 다양한 음악에서 음악적 대비(높은/낮은, 시끄러운/부드러운, 같은/다른 등)에 대한 인식을 탐색하고 보여 준다.
	해석하기(Interpret) **창작자의 의도를 고려하여 개인적 해석을 결정한다.**	
	• 이해 개념: 연주자는 창작자의 맥락과 표현 의도를 고려하여 해석에 대한 결정을 내린다. • 핵심 질문: 연주자는 어떻게 음악작품을 해석하는가?	
	• MU: Pr4.3. PKa 구체적 안내에 따라 음악의 표현 자질(목소리의 질, 셈여림, 템포 등)을 탐색한다.	• MU: Pr4.3.Ka 안내에 따라 창작자의 표현 의도를 지원하는 표현 자질(목소리의 질, 셈여림, 템포 등)에 대한 인식을 보여 준다.
	연습, 평가 및 개선하기(Rehearse, Evaluate and Refine) **혼자 또는 타인과 협력하여 개인 및 앙상블 공연을 평가하고 개선한다.**	
	• 이해 개념: 음악가는 자신의 음악 아이디어를 표현하기 위해 새로운 아이디어에 대한 개방성, 지속성, 적절한 기준을 적용하여, 시간이 지남에 따라 그들의 연주를 분석하고 평가하며 개선한다. • 핵심 질문: 음악가는 자신의 연주의 질을 어떻게 향상시키는가?	
	• MU: Pr5.1.PKa 구체적 안내에 따라 자신이 좋아하는 연주를 연습하고 보여 준다.	• MU: Pr5.1. Ka 안내에 따라 연주를 개선하기 위해 개인, 교사, 또래의 피드백을 적용한다.
	• MU: Pr5.1. PKb 구체적 안내에 따라 연주를 개선하기 위해 개인, 또래, 교사의 피드백을 적용한다.	• MU: Pr5.1.Kb 안내에 따라 음악의 표현력을 향상시키기 위하여 리허설에서 제안된 전략을 사용한다.

발표하기(Present)	
적절한 해석, 기술적 정확성, 그리고 청중과 맥락에 적절한 방식으로 표현한다.	
• 이해 개념: 음악가는 시간, 공간, 문화마다 각기 다른 기준에 기초하여 연주를 판단한다. 작품의 맥락과 연출방식은 청중의 반응에 영향을 미친다. • 핵심 질문: 연주 결과는 언제 발표할 준비가 되었는가? 음악작품이 발표되는 맥락과 방식이 청중의 반응에 어떻게 영향을 미치는가?	
• MU: Pr6.1.PKa 구체적 안내에 따라 감정을 담아 음악을 연주한다.	• MU: Pr6.1. Ka 안내에 따라 감정을 담아 음악을 연주한다.
	• MU: Pr6.1.Kb 청중을 고려하여 연주한다.

선택하기(Select)	
특정한 목적이나 맥락에 맞는 음악을 고른다.	
• 이해 개념: 개인의 음악작품 선택은 자신의 관심, 경험, 이해, 목적에 의해 영향을 받는다. • 핵심 질문: 개인은 자신이 경험할 음악을 어떻게 선택하는가?	
• MU: Re7.1.PKa 구체적 안내에 따라 개인의 관심사에 대하여 이야기하고, 자신이 왜 다른 음악보다 그 음악을 선택하였는지 설명한다.	• MU: Re7.1.Ka 안내에 따라 개인의 흥미와 경험을 열거하고, 자신이 왜 다른 음악보다 그 음악을 선택하였는지 설명한다.

분석하기(Analyze)	
다양한 음악작품의 구조와 맥락이 어떻게 반응을 이끄는지 분석한다.	
• 이해 개념: 음악에 대한 반응은 사회적 · 문화적 · 역사적 맥락은 물론 창작자 및 연주자가 음악요소를 어떻게 다루는지 분석함으로써 계발된다. • 핵심 질문: 음악의 구조와 맥락의 이해가 어떻게 반응을 이끄는가?	
• MU: Re7.2. PKa 구체적 안내에 따라 음악에서 음악적 대비를 탐색한다.	• MU: Re7.2.Ka 안내에 따라 구체적인 음악개념(박 또는 선율 등)이 음악에 어떻게 활용되는지 보여 준다.

해석하기(Interpret)	
창작자/연주자의 표현 의도를 반영하는 음악작품의 해석을 지원한다.	
• 이해 개념: 창작자와 연주자는 음악 요소와 구조를 사용하여 자신의 표현 의도에 대한 단서를 제공한다. • 핵심 질문: 우리는 창작자와 연주자의 표현 의도를 어떻게 구분할 것인가?	
• MU: Re8.1.PKa 구체적 안내에 따라 음악의 표현 자질(셈여림, 빠르기 등)을 탐색한다.	• MU: Re8.1.Ka 안내에 따라 창작자/연주자의 표현 의도를 반영하는 표현 자질(셈여림, 빠르기 등)에 대한 인식을 드러낸다.

평가하기(Evaluate)	
분석, 해석, 상호 협의된 기준에 따라 음악작품과 연주에 대한 평가를 지원한다.	
• 이해 개념: 음악작품(들)과 연주(들)에 대한 개인적 평가는 분석, 해석, 상호 협의된 기준에 의해 영향을 받는다. • 핵심 질문: 우리는 음악작품(들)과 연주(들)의 질을 어떻게 판단하는가?	
• MU: Re9.1.PKa 구체적 안내에 따라 음악에 대한 개인선호도와 표현방식에 대해 이야기한다.	• MU: Re9.1.Ka 안내에 따라 개인선호도와 표현방식을 적용하여 음악을 평가한다.

반응하기 (RESPONDING)

	연결하기(Connect) #10 **지식과 개인적 경험을 종합하고 연결하여 음악을 창작한다.**
	• 이해 개념: 음악가는 그들의 개인적 흥미, 경험, 아이디어, 지식 창작하기, 연주하기, 반응하기와 연결한다. • 핵심 질문: 음악가는 어떻게 창작하기, 연주하기, 반응하기에 의미 있는 연결고리를 만드는가?

• MU: Cn10.0.PKa 흥미, 지식, 기술이 개인의 선택 및 의도에 따라 창작하기, 연주하기, 반응하기에 어떻게 관련되는지 보여 준다.	• MU: Cn10.0.Ka 흥미, 지식, 기술이 개인의 선택 및 의도가 창작하기, 연주하기, 반응하기에 어떻게 관련되는지 보여 준다.
• MU: Cr3.2.PKa 구체적 안내에 따라 수정된 음악 아이디어를 또래와 공유한다.	• MU: Cr3.2.Ka 안내에 따라 개인의 음악 아이디어의 최종버전을 또래에게 발표한다.
• MU: Pr4.1.PKa 구체적 안내에 따라 다양한 음악적 선택을 위한 선호를 보여 주고 이야기한다.	• MU: Pr4.1.Ka 안내에 따라 다양한 음악적 선택에 대한 개인의 관심을 보여 주고 이야기한다.
• MU: Pr4.3.PKa 구체적 안내에 따라 음악의 표현 자질(목소리의 질, 셈여림, 템포 등)을 탐색한다.	• MU: Pr4.3.Ka 안내에 따라 창작자의 표현 의도를 지원하는 표현 자질(목소리의 질, 셈여림, 템포 등)에 대한 인식을 드러낸다.

연결하기
(CONNECTING)

	연결하기(Connect) #11 **음악 아이디어와 작품을 다양한 맥락과 연결하여 이해를 심화시킨다.**
	• 이해 개념: 다양한 맥락과 일상생활이 연결되어 있음을 이해하는 것은 음악가의 창작하기, 연주하기, 반응하기를 향상시킨다. • 핵심 질문: 다른 예술영역이나 다른 교과영역, 맥락, 일상생활이 창작하기, 연주하기, 반응하기에 어떻게 정보를 제공하는가?

• MU: Cnl1.0. PKa 음악과 다른 예술영역, 다른 교과영역, 다양한 맥락, 일상생활 간의 관계에 대한 이해를 보여 준다.	• MU: Cn11.0.Ka 음악과 다른 예술영역, 다른 교과영역, 다양한 맥락, 일상생활 간의 관계에 대한 이해를 보여 준다.
• MU: Pr4.2. PKa 구체적 안내에 따라 음악적 대비에 대한 인식을 탐색하고 보여 준다.	• MU: Pr4.2.Ka 안내에 따라 연주를 위해 선택된 다양한 음악에서 음악적 대비(높은/낮은, 시끄러운/부드러운, 같은/다른 등)에 대한 인식을 탐색하고 보여 준다.
• MU: Re7.2.PKa 구체적 안내에 따라 음악에서 음악적 대비를 탐구한다.	• MU: Re7.2.Ka 안내에 따라 구체적인 음악개념(박 또는 선율 등)이 음악에 어떻게 활용되는지 보여 준다.
• MU: Re9.1.PKa 구체적 안내에 따라 음악에 내한 개인 선호도의 표현방식에 대해 이야기한다.	• MU: Re9.1.Ka 안내에 따라 음익 평가에 대해 개인 신호도의 표현방식을 적용한다.

2) 영국의 유아음악교육과정

영국은 「아동보육법」에 근거하여 0~5세의 영유아기를 대상으로 영유아기 기초
단계 교육과정인 EYFS^{The Early Years Foundation Stage, 20215)}를 개발하여 운영하고 있다.
또한 EYFS에 대한 정부의 비법정 교육과정 지침인 발달과제^{Development Matters}를 보
조 지침서로 함께 발행하여 학습영역에 대한 구체적인 발달과제를 다룬다. EYFS
는 8세 미만 아동을 위한 기관보육 및 가정보육 국가표준, 0~3세 영아를 위한 교육
과정, 3~5세 아동을 위한 기초단계 교육과정을 대체한다. 모든 만 5세 이하 아동
이 교육과 보육이 통합된 서비스에 보다 쉽게 접근할 수 있도록 구성된 의무교육과
정이다. EYFS는 의사소통과 언어, 개인적 · 사회적 · 정서적 발달, 신체발달, 문해,
수학, 세계에 대한 이해, 표현 예술과 디자인의 7개 학습영역으로 조직되어 있으며,
그중 음악은 표현 예술과 디자인 영역에 포함되어 있다.

표현 예술과 디자인 영역은 음악, 미술, 무용, 역할극, 상상놀이, 미디어 예술을
포함하는데, 영유아가 창의성을 효율적으로 개발시키기 위한 환경과 활동을 조성
하고, 다양한 방법으로 자신의 생각을 표현하는 기회를 제공함을 목적으로 한다. 구
체적으로 살펴보면, 영유아는 자신의 창의력과 상상력을 통해 그들의 예술적 · 문
화적 인식을 발달시켜야 한다. 또한 여러 가지 미디어와 자료를 탐색하고 이를 활용
한 놀이를 즐기면서 정기적으로 예술에 참여할 수 있는 기회를 가져야 한다. 보다
다양하고 수준 높은 예술적 경험은 예술에 대한 이해와 자기표현, 예술을 통한 어휘
와 의사소통능력을 발달시키는데 중요한 영향을 미친다. 예술에 대한 반복적이고
유의미한 경험은 유아가 예술을 보고 듣고 반응하며 해석하는 기술을 길러 준다.

이에 이 절에서는 영국의 음악교육과정에 대해서 앞서 설명한 EYFS에 지침서인
발달과제⁶⁾ 중 표현 예술과 디자인 영역의 연령별 발달과제를 발췌하여 살펴보도록
한다.

---

5) https://assets.publishing.service.gov.uk/government/uploads/system/uploads/attachment_data/
   file/974907/EYFS_framework_-_March_2021.pdf
6) https://assets.publishing.service.gov.uk/government/uploads/system/uploads/attachment_data/
   file/1007446/6.7534_DfE_Development_Matters_Report_and_illustrations_web__2_.pdf

⟨표 3-5⟩ 영국 유아교육과정에 나타난 유아음악교육 관련 연령별 발달과제

구분	발달과제	교사 지원방안
출생~3세 영아	• 소리와 음악에 주의를 기울인다. • 음악이 바뀌면 감정적으로나 육체적으로 반응한다. • 음악에 맞춰 움직이고 춤을 춘다. • ⟨삐삐⟩와 같은 운율과 노래에서 말과 행동을 예상한다. • 자신의 목소리를 탐색하고 소리를 만드는 것을 즐긴다.	• 태어날 때부터 음악을 즐기고 만들 준비가 되어 있다. • 노래를 부르고 음악을 연주하고 영아에게 맞는 노래 부르기 게임을 통해 음악의 즐거움을 자극한다. • 여러 문화에 속한 다양한 유형의 노래, 소리 및 음악을 영아, 유아 및 아동들에게 제공한다. 음악과 노래는 라이브뿐만 아니라 사전 녹음도 가능하다. • 다른 방법으로 음악을 재생하고 연주하기: 　- 다이내믹(크게/조용하게) 　- 템포(빠름/느림) 　- 피치(높음/낮음) 　- 리듬(소리의 패턴)
	• 노래와 운율에 참여하여 소리를 만든다. • 리드미컬하고 반복적인 소리를 낸다. • 다양한 사운드메이커와 악기를 탐색하고 다양한 방식으로 연주해 본다.	• 영아에게 일상과 관련된 노래를 소개한다. (손을 씻을 때 ⟨이렇게 손을 씻어요~♬⟩와 같은 노래를 부른다.) • 영아에게 연주를 위한 도구와 매체를 제공한다(병을 탁자에 두드리거나 울타리를 따라 나뭇가지를 긋는다. 영아에게 다양한 악기 연주 방법을 실험하도록 격려한다).
	• 대비가 강한 패턴을 확인하고 사람의 얼굴을 닮은 패턴을 즐긴다.	• 영아가 다양한 패턴, 색상, 색조 및 질감을 가진 물체와 재료를 탐색할 수 있는 물리적 환경을 조성한다.
	• ⟨작은 별⟩과 같은 율동동요를 즐겨 부른다.	• 다양한 언어와 문화가 담긴 율동동요를 소개한다. 영아가 가사, 멜로디, 율동을 마음대로 배울 수 있도록 정기적으로 노래를 불러 준다. • 영아가 율동동요를 연주하도록 격려한다. 그들은 스스로 율동과 악기 연주를 하며 노래를 부를 수 있다.
3~4세 유아	• 더 많은 주의를 기울이며 소리를 듣는다. • 들은 것에 대한 자신의 생각과 느낌을 표현한다.	• 유아가 다양한 듣기 활동을 통해 듣기 능력을 키울 수 있도록 지원한다. 예를 들어, 색칠하기나 그림을 그리거나 움직이는 동안 유아가 잘 들을 수 있는 '방법'에 주목해야 한다. • 다양한 문화와 역사적 배경을 가진 음악과 노래를 공유하고 연주한다. • 소리 맞히기 게임을 한다.
	• 노래의 전체를 기억하고 노래한다. • 다른 사람이 부른 음높이에 따라 노래한다(음높이 맞추기). • 친숙한 노래의 선율(위아래, 위아래로 움직이는 멜로디)에 따라 노래한다. • 자신만의 노래를 만들거나 미리 알고 있는 노래를 중심으로 즉흥적으로 노래를 만들 수 있다.	• 유아에게 노래를 가르칠 때에는 교사 자신의 음역대(높음/낮음)를 알고 있어야 한다. 유아의 목소리는 어른의 목소리보다 높다. 유아가 노래하는 목소리를 개발하도록 지원할 때는 제한된 음역대를 사용한다. 예를 들어, ⟨Rain rain⟩은 기존에 있던 전통적 동요들보다 더 작은 음역대(높음/낮음)를 사용한다. 유아는 노래하는 목소리와 이를 제어하는 능력이 발달하는 중이므로 '노래하는' 목소리를 사용하도록 격려한다. 유아는 큰 소리로 노래를 불러 달라고 하면 종종 소리를 지른다.

		• 유아가 노래의 가사와 멜로디를 명확하게 들을 수 있도록 천천히 노래해야 한다. • 가사가 있는 노래와 없는 노래를 모두 사용한다. 유아는 가사가 없으면 더 쉽게 음높이를 맞출 수 있다. • "바–"와 같은 한 음절 소리를 사용하여 노래한다. • 유아가 노래나 음악의 박자에 따라 박수를 치거나 발을 구르도록 격려한다.
	• 유아 자신의 감정과 생각을 표현하기 위해 악기를 조절하여 연주할 수 있다.	• 유아에게 다양한 문화권의 악기들을 제공한다. 태블릿의 전자 키보드나 음악 앱도 활용할 수 있다. • 유아에게 다양한 악기 연주 방법을 시도하도록 격려한다. 유아의 음악을 주의 깊게 듣고 존중해 준다. 유아의 곡을 녹음한 후 이를 다시 들려주는 과정을 교육과정에 포함시킨다.
어린이	• 음악을 주의 깊게 듣고, 음악에 대하여 이야기를 나누며 자신의 반응을 표현한다.	• 새로운 음악 세계에 대한 통찰력을 제공한다. 전통음악과 민속음악을 포함한 다양한 나라의 음악들을 소개한다. • 음악가들을 초대하여 음악을 들려주고, 이에 대하여 이야기를 나눈다. • 음악을 주의 깊게 듣도록 격려한다. 음악이 진행됨에 따라 나타나는 변화와 패턴에 대하여 논의한다.
	• 춤과 공연예술을 보고 그들의 감정과 반응을 표현하며 이야기한다.	• 팬터마임이나 연극, 음악 또는 댄스공연, 라이브공연을 즐길 수 있는 기회를 제공한다. • 극놀이에 참여할 수 있도록 관련 의상과 소품을 제공한다.
	• 혼자 또는 그룹으로 노래를 부르면서 점차 음정을 맞추고 멜로디를 따라 한다.	• '음높이 맞히기' 게임을 하거나 어린이가 따라 할 수 있는 콧노래 또는 짧은 노래를 부른다. • 가사가 없는 노래에서 "바–"와 같은 한 음절 소리를 사용하면 보다 쉽게 음높이를 맞힐 수 있다. • 교사가 노래하는 구절을 따라 할 수 있도록 한다. 교사가 먼저 부르면 어린이가 따라 부를 수 있도록 한다. • 점차 새로운 노래들을 소개하고 이를 주기적으로 반복한다. • 어린이가 새로운 노래의 가사와 멜로디를 들을 수 있도록 천천히 노래한다.
	• 혼자 또는 그룹으로 음악과 춤을 창작한다.	• 자신만이 음악을 창작할 때에는 노래를 부르며 무릎을 두드리거나, 음악에 맞춰 몸을 움직이거나, 악기 또는 사운드메이커로 일정한 박자를 유지할 수 있도록 격려한다. • 춤을 창작하기 위해 또 다른 소리를 듣고 이에 맞춰 몸을 움직이는 게임을 한다. 북소리에 따라 행진하거나 마라카스 소리에 따라 기어 본다.

	• 가사에 있는 이름, 사물, 동물 등의 음절에 따라 몸을 두 드리는 동작(tapping)을 따라 하도록 한다. • 제한된 시간 동안 음악의 변화에 반응할 수 있도록 격려 한다. 예를 들어, 음악이 갑자기 커지면 뛰는 것으로 표 현한다. • 어린이가 자신만의 음악을 만들도록 격려한다. • 세계 각국의 팝송, 전통 무용 등 짜여진 안무를 따라 하 도록 격려한다. • 어린이가 배운 몇 가지 단계와 기술을 사용하여 자신의 춤 동작을 안무화하도록 격려한다.

3) 캐나다의 유아음악교육과정

　캐나다의 교육과정은 미국과 마찬가지로 주와 지역에 따라 학제나 교육과정이 다양하게 운영되고 있다. 그중 유아교육과정은 유치원에서 다루어지는데, 유치원은 주정부에서 관리하는 학교교육의 일부로 운영된다(이영애, 2015). 국가수준의 유아교육과정 대신 각 주별로 유아교육에서 다루어야 할 목표를 중심으로 그 내용에 대해 합의하고 있다. 특이한 건 캐나다의 모든 주에서 유치원이 의무교육은 아니라는 점이다. 이에 이 절에서는 유치원 교육과정을 의무로 채택하고 있는 온타리오주를 중심으로 캐나다 유아음악교육과정(2016)을 살펴보기로 한다.

　온타리오주에서 운영하고 있는 유치원 프로그램Kindergarten Program, 2016[7]은 4, 5세 유아를 대상으로 하는 2년제이며, 종일제로 이루어진다. 모든 유아의 건강과 발달을 촉진하고 그들이 가진 잠재력을 최대한 발휘할 수 있도록 한다는 유아교육과정의 목적 아래, 유아가 유치원 프로그램을 통해 가져야 할 31가지의 전반적 기대수준Overall Expectations: OE을 마련하였다. 그리고 전반적 기대수준을 실행하기 위하여 기대 차트 Expectation Charts를 통해 구체적 세부 내용을 설명하고 있다. 특이한 것은 우리나라처럼 예술경험영역, 신체운동 및 건강영역 등 교육영역이 구분되어 있지 않고, 31가지의 전반적 기대수준이 1번부터 31번까지 숫자로 나열되어 있으며, 그 안에서 각 교육영역의 내용들을 다루고 있다는 점이다. 예술과 그 안에 속한 음악도 마찬가지이다.

　유아교육과정 내에서의 예술교육은 음악, 연극, 무용, 시각예술 등을 통해 자신의

7) https://files.ontario.ca/books/edu_the_kindergarten_program_english_aoda_web_oct7.pdf

생각을 표현할 수 있는 기회를 제공하는 것을 지향한다. 유아는 교육과정을 통해 예술에 대하여 탐색하고 학습하는 동안 사고력과 의사소통 및 공감 능력은 물론 자아정체성을 확립해 간다. 감각발달을 촉진하고 창의적 사고를 장려하며, 상상력을 자극하고 발전시킨다.

이 절에서는 음악과 관련된 전반적 기대수준을 발췌하여 구체적인 내용을 제시하고자 한다.

〈표 3-6〉 **온타리오주 유치원 프로그램의 유아음악교육 관련 내용 체계**

구체적 기대수준 유아는 유치원 프로그램을 진행하면서 다음을 수행한다.	유아가 자신의 지식을 나타내는 방식	교사의 의도적 상호작용
OE21. 다양한 문화와 지역사회에 있는 여러 형태의 음악, 연극, 무용, 시각예술에 대한 반응을 표현한다.		

• 핵심 개념
- 예술은 다양한 문화와 공동체를 이해하고 그에 대한 자신의 생각을 표현하는 수단이다.
- 멀티미디어 예술 작품을 포함한 여러 가지 음악, 연극, 무용, 시각예술 작품과의 상호작용을 통해 다양한 관점에 대한 이해와 감정을 심화시킨다.
- 예술에는 특정한 사회적·역사적·문화적 맥락에 뿌리를 둔 상징이 있으므로 자신의 문화나 시대의 것과 다른 의미를 가질 수 있다.
- 예술은 자신을 탐구하고 표현할 수 있는 자연스러운 수단을 제공한다.

| 21. 3 움직이거나 자신의 경험을 연결하거나 음악 형식에 대해 이야기함으로써 음악에 반응한다.

21. 4 다양한 문화와 지역사회의 음악에 반응한다(예: 민요, 원주민 성가, 다른 언어로 된 노래, <u>이누이트 목가</u>* 노래).

*캐나다 원주민인 이누이트족 사이에서 내려오는 음악공연의 한 형태. 두 여성이 반주없이 얼굴을 가까이 맞대고 듀엣을 부르는 음악공연. | **말하기**
"결혼식에서 그 노래를 들었어. 춤을 추고 싶게 만드네."라고 말했다.
"나는 나의 언어로 노래를 부를 수 있어."
"그 음악은 아주 부드럽게 들려. 요가를 할 때처럼 마음이 평온해져. 우리는 요가 중에 그 음악을 사용해야 해."
"나는 태블릿과 헤드폰을 사용하여 음악과 이야기를 듣는 것을 좋아해."
"영화에서처럼 우리 이야기의 배경에 음악을 추가할 수 있니?"

행동하기
교사는 시각예술 분야에 배경음악을 도입했다. 유아는 배경음악의 다양한 리듬과 흐름에 따라 붓을 움직인다. 유아는 반죽을 가지고 놀면서 자연스럽게 익숙한 영화의 노래를 부른다. | **반응하기**
"이 노래는 무엇을 떠올리게 하니?"<br>"음악을 들었을 때 기분이 어땠니?"
교사는 유아의 생각에 대해 다음과 같이 이야기한다.
"우리는 부드럽고 편안한 음악을 연주하려고 생각했는데, 사람들이 그것에 대해 어떻게 느끼는지 알고 싶구나."
"다른 시간에 다른 음악을 연주해 보면, 우리가 어떻게 느끼고 생각하게 되는지 확인할 수 있을 거야."

도전하기
"배경음악의 느낌을 보여 주기 위해 물감을 사용했구나. 같은 느낌을 표현하려면 어떻게 몸을 움직여야 할까?" |

	표현하기 소그룹의 유아가 음악에 대한 개인적인 반응을 설명한다. 교사는 상호작용 상황에서의 반응을 기록한다.	확장하기 교사는 온라인으로 조사한 사이트에서 음악을 재생한다. 일부는 지역사회 내 가족들에 의해 공유된 노래이고, 일부는 전 세계적으로 알려진 노래이다. 가족들은 좋아하는 음악을 보내어 그것이 특별한 이유에 대해 이야기한다. 어떤 경우에는 모국어로 공유하는데, 학교의 나이 많은 형제가 의사소통을 지원한다.

OE22. 다양한 예술형식을 통해 생각과 이론, 아이디어, 감정을 전달한다.

- 핵심 개념
  - 생각, 이론, 아이디어, 감정을 전달하는 방법은 여러 가지가 있다.
  - 예술은 우리가 다양하고 창의적인 방법으로 자신을 탐구하고 표현할 수 있는 자연스러운 수단을 제공한다.
  - 예술을 통해 주변 세계를 발견하고 이해할 수 있다.
  - 참여를 통해 창의적이고 혁신적인 생각과 행동, 의사소통능력을 개발한다.
  - 지식은 사람들이 함께 배우고, 일하고, 조사함으로써 생성, 공유될 수 있다.

22.1 음악, 연극, 무용, 시각예술을 통해 자신의 생각을 전달한다(예: 책, 단어의 의미, 사건 또는 경험, 수학적 패턴, 동작 또는 움직임).	말하기 "그 시는 패턴이 있어. 네가 시를 읽는 동안 나는 패턴에 박수를 칠 수 있어." 행동하기 유아가 날아가는 연의 움직임을 보여 주기 위하여 일어서서 손을 허공에 던지며 "우우우우우워~"라고 말한다. 표현하기 가족들은 아이들 중 한 명이 교실에서 배운 노래를 여동생에게 불러 줄 때마다 여동생이 잠이 든다는 사실을 공유한다.	반응하기 교사가 아이들에게 노래를 불러 주며 "이 노래는 함께 있는 것이 사람들을 행복하게 한다고 말하는구나. 왜 함께 있는 것이 우리를 행복하게 만들까?"라고 말한다.

OE23. 음악, 연극, 무용, 시각예술에 사용되는 기술, 재료, 과정 및 기법을 실험할 때에는 혼자 또는 다른 사람들과 함께 문제 해결 전략을 사용한다.

- 핵심 개념
  - 재료와 기법의 탐색은 창의적인 표현과 사고를 촉진한다.
  - 예술은 탐구와 실험을 통해 우리 세계의 다양한 측면을 인식, 해석, 조직하고, 질문하는 방법을 제공한다.
  - 문제를 해결하기 위한 협력 방법이 많이 있다.
  - 운동감각, 시각, 공감각, 청각 및 극적인 방법으로 독창적인 '예술적 태도'를 탐색하고 형성할 수 있다.

23.1 문제 해결 기술과 상상력을 사용하여 연극과 무용을 만든다(예: 이야기나 노래 일부에 다른 목소리 내기를 시도하기, 음악에 따라 다양하게 움직이는 방법 찾기, 움직임을 음악의 분위기나 속도와 연계하기, 움직임의 순서 창작하기).	**말하기** "나는 음악에 맞춰 메아리를 만들 수 있어. 하나, 둘, 셋, 넷." "난 춤을 만들었어. 발은 펄쩍펄쩍 뛰고, 팔은 이렇게 좌우로 움직여." **행동하기** 소그룹의 유아가 학교 발표회에서 전체 학급이 좋아하는 옷 디자인 책의 음악극 버전을 만든다. **표현하기** 두 명의 유아가 서로 다른 리듬악기를 가지고 놀기로 하였다. 한 명이 리듬을 연주하면, 다른 한 명은 따라 한다. 그들은 계속 서로의 리듬패턴을 표현하려 노력한다.	**반응하기** "왜 음악에 맞춰 행진하기로 결정했니?" "다른 아이들은 그 음악에 맞춰 어떻게 움직였니? 왜 그들이 너와 다르게 움직였다고 생각하니?" **도전하기** "어떻게 하면 음악극에서 같은 동작을 하면서도 춤을 바꿀 수 있을까?" **확장하기** "아이가 잠들게 하려면 이 노래를 어떻게 바꾸면 좋을까?"
23.3 문제 해결 기술과 상상력을 사용하여 음악을 만든다(예: 익숙한 노래에 따라 리듬패턴을 만들기 위해 서로 다른 악기 실험하기, 수업에 익숙한 노래를 변형시키는 데 기여하기).	**말하기** "우리가 이렇게 했더니 효과가 없어서 다시 시도했어. 그리고 이게 그 소리야." "우리가 이 부분을 바꿔서 다르게 들려." **행동하기** 소그룹의 유아가 학교 발표회에서 전체 학급이 좋아하는 옷 디자인 책의 음악극 버전을 만든다. **표현하기** 두 명의 유아가 서로 다른 리듬악기를 가지고 놀기로 하였다. 한 명이 리듬을 연주하면, 다른 한 명은 따라 한다. 그들은 계속 서로의 리듬패턴을 표현하려 노력한다.	**반응하기** "이번에는 어떤 목소리로 바꾸어 노래를 부를 수 있니?" "몸으로 어떤 리듬을 만들 수 있을까?" **도전하기** "다음 발표회에서는 네 노래를 활용해야 해. 네가 악기들을 추가하고 싶다고 했는데, 어떤 것들을 추가하고 싶니?" **확장하기** "아이가 잠들게 하려면 이 노래를 어떻게 바꾸면 좋을까?"

OE30. 예술에 대한 참여를 통해 극작가, 배우, 무용수, 예술가, 음악가로서의 자각을 나타낸다.

- 핵심 개념
  - 음악, 연극, 무용, 시각예술을 통해 창작하고 소통할 수 있다.
  - 음악, 연극, 무용, 시각예술에 참여하는 것은 유아의 상상력과 공감 능력, 자존감, 사회성 발달을 촉진하는 동시에 성취감을 경험할 수 있도록 한다.

30.1 음악, 연극, 무용, 시각예술에서 개인의 흥미와 성취감에 대한 인식, 성취감을 보여 준다(예: 학급 노래에 자신의 아이디어를 내기, 역할극에 자신의 아이디어를 내기, 노래나 구호를 위해 동작을 만들기, 시각예술-점토로 조각작품을 만들기)	**말하기** "아기가 울고 있어. 아기가 잠들도록 노래를 불러 줄 거야." **행동하기** 두 명의 유아가 간단한 음악 소프트웨어를 사용하여 컴퓨터에서 함께 노래를 만들고 녹음한다. **표현하기** 유아들은 익숙한 노래의 박자를 유지하기 위해 교실에서 만든 셰이커를 사용한다.	**반응하기** "아빠인 척하고 있었어. 아기가 자장가를 좋아하는 게 보이는구나." **도전하기** 교사는 유아가 노래를 만들고 녹음하는 동안 함께 컴퓨터를 한다. "어떤 종류의 음악을 만들기로 결정하였니?" "너의 노래에 어떤 종류의 소리들을 사용하기로 결정하였니?" **확장하기** 교사는 유아가 그들의 새 노래를 학급 웹 페이지에 올리도록 제안하고, 그 과정을 지원한다.

OE31. 음악, 연극, 무용, 시각예술에 참여함으로써 얻게 된 지식과 기술을 보여 준다.

- 핵심 개념
  - 몸을 움직이고, 역할극을 하고, 음악을 만들고, 특별한 그림이나 조각과 같은 다른 예술작품을 만듦으로써 다양한 방식의 생각과 감정을 전달할 수 있다.
  - 여러 가지 방법으로 소리를 만들어 낼 수 있고, 다른 소리로 놀이할 수 있으며, 움직임을 통해 리듬을 만들 수 있다.
  - 음악은 다양한 방식으로 생각하고 느끼게 함으로써 사고력과 의사소통기술 발달에 도움을 준다.

31.2 음악의 다양한 요소(예: 박자, 음질, 속도, 음량)를 탐색한다. (예: 박자에 따라 박수치기, 카펫이나 타일 위에서 발을 구른 후 소리 비교하기, 노래와 함께 다양한 악기 연주하기)	**말하기** "그건 드럼이야. 그걸로 큰 울림을 만들 수 있어." "이 노래는 계속 빨라지고 있어." "나는 발로 박자를 맞출 수 있어." **행동하기** 유아들은 탐색을 하는 동안 나무블록이 바닥에 닿으면 소리가 난다는 것을 발견한다. 이후 카펫 위에서 블록을 떨어뜨려 보거나, 다른 종류의 블록을 떨어뜨리기도 한다. **표현하기** 유아들은 자신이 만들고 있는 이야기에 음향효과를 주기 위해 컴퓨터 프로그램을 활용한다.	**반응하기** "이 악기들로 얼마나 다양한 소리를 낼 수 있을까?" "말발굽 소리를 내려면 어떤 악기를 사용해야할까?" "왜 마지막 소절을 빨리 부른 건지 궁금하구나." **도전하기** "우리가 만든 기호에 따라 박자를 표현해 보고, 원하는 부분에서는 쉬어 보자." **확장하기** 유아가 패턴개념을 형성할 수 있도록 익숙한 음악의 노랫말이나 멜로디, 박자, 리듬의 패턴을 식별해 보도록 하고, 교실 주변에 시를 인쇄하여 걸어 둔다.

4) 스웨덴의 유아음악교육과정

스웨덴의 국립 교육청인 스콜베르크^{Skolverket}는 유아를 대상으로 하는 유아학교 $^{Förskolan8)}$와 초등예비학교$^{Förskoleklassen9)}$를 관리한다. 유아학교는 전인적 교육방식을 지향하므로 음악교육을 세부적으로 제시하고 있지 않으나, 초등예비학교는 '의무학교, 유아 및 학령기를 위한 교육과정$^{Curriculum for the compulsory school, preschool class and school-age educare, revised 201810)}$에 따라 각 교과영역별 교육목표와 중심 내용을 제시한다. 이를 바탕으로 이 절에서는 초등예비학교의 교육과정을 중심으로 스웨덴의 국가수준 유아음악교육과정에 대하여 살펴보도록 한다.

(1) 음악교육의 목표

음악은 모든 문화권에서 등장하고 있으며, 인간에게 신체적 · 정신적 · 감정적 영향을 미친다. 미학적 표현 형태로서의 음악은 다양한 맥락에서 사용되며, 각 개인마다 서로 다른 기능과 의미를 갖는데, 이는 사회성과 자아정체성 발달에 있어 중요한 의미를 가진다. 현대 사회에서는 다른 문화나 시대에 등장했던 음악이 다른 영역의 예술과 결합되어 새롭게 표현된다. 음악에 대한 지식은 사회의 문화생활에 참여할 수 있는 기회를 높이기도 한다.

따라서 음악교육의 목표는 유아가 스스로 음악을 만들고 감상함으로써 음악적 맥락에 참여할 수 있는 음악 지식을 개발하는 것이다. 이를 위하여 유아에게 의미 있는 표현 형식과 의사소통 수단으로서 음악을 습득할 수 있는 조건을 제공해야 한다. 음악교육을 통해 다양한 음악 형식과 맥락에서 음성, 악기, 디지털 도구, 음악 개념 및 기호 사용에 대한 지식을 습득해야 한다. 또래와 협동하여 다양한 형태의 음악을 만들고 처리하며 연주할 수 있는 음악적 감수성과 가창 및 연주 능력에 대한 자신감과 음악적 창의성을 길러야 한다. 또한 다양한 맥락에서 음악을 경험하고 반

---

8) 유아학교(Förskolan): 5세 이하의 영유아가 다니는 유아교육기관으로 preschool의 의미이다. 우리나라의 유치원과 어린이집에 해당한다.

9) 유아반(Förskoleklassen): 취학 직전(6세 가을)의 유아가 다니는 기관으로 preschool class의 의미이다. 초등예비학교의 개념에 해당한다.

10) https://www.skolverket.se/publikationsserier/styrdokument/2018/curriculum-for-the-compulsory-school-preschool-class-and-school-age-educare-revised-2018

성하는 능력을 개발해야 하는데, 유아의 '음악적 경험'은 타인의 음악적 경험을 접함으로써 확장되고 심화될 수 있다. 이를 통해 유아는 나와 주변이 가지고 있는 다양한 음악 문화에 대하여 이해하고 음악적 지식을 습득할 수 있다.

유아가 음악교육을 통해 습득해야 할 능력은 다음과 같다.

- 다양한 음악 형식과 장르로 노래하고 연주할 수 있는 능력
- 음악을 창작하고 생각과 아이디어를 음악 형식으로 표현하고 전달할 수 있는 능력
- 다양한 사회적 · 문화적 · 역사적 맥락에서 음악의 내용, 기능 및 중요성을 경험하고 반영하는 능력

(2) 음악교육의 중심 내용

스웨덴의 의무학교, 유아 및 학령기를 위한 교육과정에서는 유아기부터 학령기인 9학년까지의 교육과정을 다루고 있다. 교육과정의 중심 내용은 1~3학년과 4~6학년, 7~9학년으로, 필수지식은 6학년 말까지, 9학년 말까지로 구분하여 제시하고 있는데, 유아기만을 따로 구분 짓지 않았으므로 1~3학년의 중심 내용을 위주로 살펴보고자 한다.

〈표 3-7〉 스웨덴 유아교육과정에서의 유아음악교육 관련 내용 체계

구분	중심 내용
음악 연주하기 및 창작하기	• 다양한 형식으로 노래하기와 연주하기: 합창으로 노래하기, 돌림노래와 응답가, 합주 • 동작, 리듬 및 음조의 모방과 즉흥연주 • 창작의 시작점으로서 글이나 그림을 따오는 것과 같은 음악 창작의 간단한 형식 • 소리, 리듬, 동작과 함께 노래부르기와 이야기 해석하기
음악의 도구	• 리듬, 음색, 셈여림의 변화를 가진 악기로서의 목소리 • 리듬, 음색, 셈여림의 변화를 가진 타악기, 현악기와 건반악기 • 연주하기와 음악 작곡하기를 위한 구성요소로서의 리듬, 음색, 셈여림과 음높이 • 음악적 기호, 그림, 부호
음악의 맥락과 기능	• 음악을 들을 때 연상되는 생각, 느낌, 이미지 • 관악기, 현악기, 건반악기, 타악기 등의 다양한 악기, 악기들의 소리와 모양 • 국가와 자주 불리는 찬송가, 스웨덴과 노르웨이 전통에 대한 이해가 담긴 동요를 포함하여 유아의 하루 일과 그리고 형식적 맥락과 연결되어 있는 음악

5) 일본의 유아음악교육과정

일본의 유아교육기관은 유치원, 보육소, 유보연계형 인정어린이원으로 삼원화되어 있는데, 이 절에서는 일본의 국가 교육기관인 문부과학성(文部科学省)이 관할하는 유치원(幼稚園)의 교육과정과 후생노동성(厚生労働省)이 관할하는 보육소(保育所)를 중심으로 알아보고자 한다.

(1) 유치원의 음악교육과정

유치원은 일본의 「학교교육법」에 근거하여 만 3세에서 취학 전까지의 유아를 대상으로 하는 유아교육기관이다. 현재 일본 유치원에서 다루고 있는 유아교육과정은 신新유치원교육요령(新幼稚園教育要領, 2017)[11]이라고 하며, 의무교육으로 이루어진다. 우리나라의 국가수준 교육과정과 가장 비슷한 형태를 보이고 있는데, 심신의 건강에 관한 영역 '건강', 사람과의 관계에 관한 영역 '인간관계', 가까운 환경과의 관계에 관한 영역 '환경', 말의 획득에 관한 영역 '언어' 및 감성과 표현에 관한 영역 '표현'의 5개 영역을 중심으로 구성되어 있다.

일본의 유치원 교육과정은 풍부한 체험을 통해 느끼고, 깨닫고, 알게 되고, 할 수 있게 되는 '지식 및 기능의 기초', 깨달은 것이나 할 수 있게 된 것을 통해 생각하고 시도하며 탐색하고 표현하는 '사고력, 판단력, 표현력의 기초', 심정[12], 의욕, 태도의 성장을 통해 보다 나은 삶을 영위하고자 하는 '배움으로 향하는 힘, 인간성'의 세 가지 자질과 능력을 기를 수 있도록 구성되어 있다. 또한 이러한 자질과 능력의 함양은 유아교육을 실시하고 있는 모든 시설에서 공유해야 할 사항으로 명시하였다. 이에 유치원뿐만 아니라 보육소와 유보연계형 인정어린이원의 교육과정에서도 같은 내용이 다루어지고 있다.

예술영역에 해당하는 표현영역에는 유치원 교육을 통해 키우고자 하는 자질과 능력에 따라 풍부한 감정과 자기 자신을 표현하는 능력 발달시키기, 그리고 경험과 사고를 자신의 말로 표현하여 창의력 향상시키기가 포함된다. 음악은 표현영역에

---

11) https://www.mext.go.jp/b_menu/shingi/chousa/shisetu/044/001/shiryo/__icsFiles/afieldfi le/2017/08/28/1394385_003.pdf

12) 심정: 마음속에 품고 있는 생각이나 감정

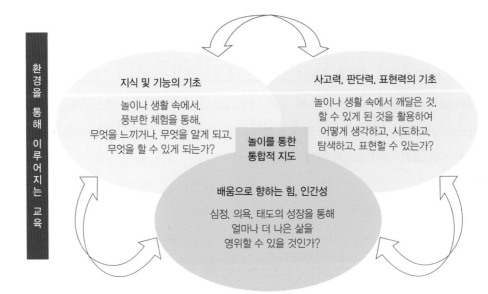

[그림 3-1] 유치원 교육을 통해 키우고자 하는 자질과 능력

출처: 文部科學省(2017). 新幼稚園教育要領のポイント.

해당하는데, 대체로 예술에 대한 포괄적 제시로 이루어져 있으며 음악에 대한 부분은 간략히 다루고 있다. 음악영역에서는 목표와 내용, 지도 시 고려 사항으로 나누어 제시하고 있는데, 예술을 즐기고, 표현하고, 활용하는 내용으로 구성되어 있으나 교육 내용이나 목표를 연령별이나 수준별과 같이 구체적으로 제시하지는 않았다.

유치원 교육요령(2017)에서 음악의 내용이 다루어진 표현영역의 목표와 내용 및 고려 사항을 발췌하여 제시하면 다음과 같다.

① 목표
- 여러 가지 아름다움과 다양한 특성에 대한 깊은 감각 발달시키기
- 나만의 방식으로 느낌과 생각 표현하는 것 즐기기
- 풍부한 상상력을 이용하여 하루 일과 중 다양한 방법의 자기표현 즐기기

② 내용
- 하루 일과 중 다양한 음, 색, 형태, 질감, 동작을 느끼고 인식하는 것 즐기기
- 사람들을 감정적으로 움직이고 감동시키는 아름다운 것 접하기, 풍부한 이미지 창작하기

- 다양한 상황에서의 감정적 반응 즐기기
- 소리, 움직임, 그리기, 색칠하기, 매체를 이용한 자유로운 표현에 대하여 느낌 과 생각 표현하기
- 다양한 자료와 친숙해지고 이를 놀이에 창의적으로 활용하기
- 음악과 친숙해지고, 노래 부르기를 즐기며, 간단한 리듬악기 등을 사용하기
- 그리기와 색칠하기, 창작하기를 즐기고, 만든 것을 놀이에 활용하는 것 즐기기
- 표현하기, 공연하기, 자신이 만든 이미지를 활용하여 말과 움직임으로 연주하 기 즐기기

③ 고려 사항

표현영역에서의 고려 사항은 다음과 같다.

- 유아는 바람소리나 빗소리, 주변의 풀이나 꽃이 가진 색과 모양 등 친밀한 자연 환경과의 충분한 상호작용을 통해 아름다움과 수려함을 느끼며, 마음이 동하 는 감정을 얻는다. 이러한 유아의 풍부한 감정은 자신의 마음을 또래나 교사와 공유하고 보다 다양한 방법을 통해 표현함으로써 길러진다.
- 유아가 보다 다양한 방식으로 자신을 표현할 수 있도록 격려한다. 이러한 과정 은 유아로 하여금 여러 가지 표현방식을 수용하는 것과 자기 자신을 표현하는 것에 익숙해지도록 돕는다.
- 유아의 발달수준과 경험에 따라 다양한 방식으로 표현하기를 즐기고, 표현하 고자 하는 동기를 유발할 수 있도록 한다. 놀잇감이나 교구 등을 정리하고, 다 양한 소재나 표현방법에 익숙해지며, 또래의 표현을 접하도록 지원한다. 유아 가 스스로를 표현하는 과정 자체를 격려하고, 이를 즐길 수 있는 방법들을 제시 한다.

(2) 보육소의 음악교육과정

보육소는 일본의 「아동복지법」에 근거하여 0세에서 취학 전까지의 영유아를 대 상으로 하는 보육기관이다. 현재 일본 보육소에서 다루고 있는 교육과정은 보육소 보육지침(保育所保育指針, 2018)[13]이라고 하며, 우리나라의 표준보육과정과 유사하

다 볼 수 있다. 유치원 교육과정과 마찬가지로 건강, 인간관계, 환경, 언어, 표현의 5개 영역을 중심으로 구성되어 있다. 음악은 표현영역에 해당하는데, 자신의 느낌이나 생각을 나름대로 표현함으로써 풍부한 감성과 표현력을 기르고, 창조성을 발휘하도록 함을 목적으로 한다. 구체적인 보육 목표 및 내용은 1세 이상 3세 미만 영아를 위한 내용과 3세 이상 유아를 위한 내용으로 구분하여 제시하고 있다.

① 1세 이상 3세 미만 영아에 대한 '표현'영역의 보육 목표 및 내용

가. 목표

• 신체의 여러 감각들을 풍부하게 경험함으로써 다양한 감각을 기른다.
• 느낌이나 생각을 나름대로 표현한다.
• 일상생활과 놀이에서의 다양한 경험을 통해 풍부한 이미지와 감성을 기른다.

나. 내용

• 물, 모래, 흙, 종이, 점토 등 다양한 소재를 만지며 즐긴다.
• 음악, 리듬과 그에 맞는 몸의 움직임을 즐긴다.
• 생활 속에서 다양한 소리, 모양, 색깔, 촉감, 움직임, 맛, 향기 등을 알아차리거나 느끼고 즐긴다.
• 노래를 부르기도 하고 간단한 손놀이나 온몸을 사용하는 놀이를 즐기기도 한다.
• 보육교사 등으로부터의 이야기, 생활이나 놀이 속에서 일어난 일 등을 통해 이미지를 풍부하게 한다.
• 생활이나 놀이 속에서 흥미 있는 일이나 경험한 일 등을 나름대로 표현한다.

---

13) 보육소보육지침은 2017년 유치원교육요령과 함께 개정되었으나, 2018년 보육소보육지침해설이 고시됨에 따라 2018년으로 기재한다. https://www.mhlw.go.jp/file/06-Seisakujouhou-11900000-Koyoukintouj idoukateikyoku/0000202211.pdf

② 3세 이상 유아에 대한 '표현'영역의 보육 목표 및 내용

가. 목표

- 다양한 아름다움 등에 대하여 풍부한 감성을 가진다.
- 느낌이나 생각을 나름대로 표현하고 즐긴다.
- 일상생활 속에서 이미지를 풍부하게 하고, 다양한 표현을 즐긴다.

나. 내용

- 일상생활에서 다양한 소리나 모양, 색깔, 촉감, 움직임 등을 느끼고, 이를 즐긴다.
- 주변의 아름다운 것이나 마음을 움직이는 사건을 통해 이미지를 풍부하게 한다.
- 다양한 사건 속에서 감동한 사연을 나누는 즐거움을 경험한다.
- 느낌이나 생각을 소리나 움직임 등으로 표현하고, 자유롭게 쓰거나 만들어 본다.
- 다양한 소재를 친숙하게 여기고 이를 활용하여 놀이한다.
- 음악에 친숙해지고, 노래를 부르거나 간단한 리듬악기를 사용하는 등의 즐거움을 경험한다.
- 쓰거나 만드는 것을 즐기고 이를 놀이에 활용한다.
- 자신의 이미지를 언어나 움직임 등으로 표현하거나 연기하며 놀이하는 등의 즐거움을 경험한다.

이래서 내가 음악을 좋아해.
가장 따분한 순간까지도 갑자기 의미를 갖게 되니까.
이런 평범함도 음악을 듣는 순간, 아름답게 반짝이는 진주처럼 빛나지.
그게 음악이야.

– 영화 〈비긴어게인〉

제4장

유아를 위한 음악환경

#음악교육 교수–학습자료 #음악환경으로서의 교사

이 장에서는 유아의 음악교육을 위한 환경구성에 대하여 알아봅니다. "지금, 나의
주변에 음악과 관련된 물건이 있나요? 내가 유아들에게 좋은 음악환경이 되기 위해
어떤 준비들을 하면 좋을까요?" 이 질문을 떠올리며 내용을 살펴봅시다.

■ **개요**

유아교육기관의 환경은 유아가 음악을 느끼고 즐거워할 수 있는 곳이어야 하며, 교사의 음악과
관련된 지원을 통해 자연스럽게 음악놀이가 일어날 수 있는 곳이어야 한다. 본 장에서는 유아가
일상생활에서 자연스럽게 음악을 경험할 수 있는 환경구성에 대하여 살펴보겠다.

■ **학습목표**

1. 유아교육기관의 음악환경 구성원리에 대하여 이해한다.
2. 유아음악교육을 위한 다양한 교수–학습자료에 대하여 안다.
3. 음악환경으로서의 교사의 역할과 상호작용 지원에 대하여 이해한다.

1. 유아교육기관의 음악환경

1) 음률영역 구성

유아교육기관의 음악환경은 대체로 음률영역을 중심으로 구성된다. 자유놀이영역으로서의 음률영역은 유아가 음악을 감상하거나, 여러 가지 악기를 자유롭게 다루어 보거나, 음악에 맞추어 움직여 보는 경험을 해 볼 수 있는 곳이다.

유아의 질 높은 음악 경험을 제공하기 위한 음률영역의 공간 구성원리는 다음과 같다.

첫째, 유아가 다양한 놀이와 활동을 전개할 수 있도록 공간이 충분해야 한다. 유아가 음악자료나 악기 및 기자재를 자유롭게 탐색하고 조작할 수 있어야 하며, 음악 감상 중 원활한 신체표현이 가능해야 한다. 유아가 움직이며 자신의 모습을 볼 수 있는 큰 거울을 붙여 놓을 수도 있다. 공간이 협소한 기관의 경우 신체영역과 통합하여 운영할 수 있다.

둘째, 자연스레 소음이 발생되므로 정적 놀이영역과 떨어진 곳에 비치하여 독립성을 유지하는 것이 좋지만 연계성을 동시에 고려하는 것도 필요하다. 예를 들면, 언어영역에서 음악 그림책을 감상하고, 미술영역에서 이와 관련된 다양한 소품을 만든 후, 음률영역에서 음악을 감상하며 음악에 대한 느낌을 신체로 표현하는 과정

악기교구장 활용의 예

일반교구장 활용의 예

1. 유아교육기관의 음악환경   **123**

은 통합적 놀이로 확장되도록 돕는다.

셋째, 악기의 종류와 재질, 크기에 따라 분류하여 전시할 수 있는 악기교구장을 비치한다. 악기교구장이 없을 경우는 바구니나 사각 쟁반 등을 활용하여 분류하되, 악기사진이나 악기모양의 시트지를 오려 붙여 스스로 정리할 수 있도록 돕는다. 악기 중 이동이 어려운 피아노, 큰북 등은 놀이에 방해가 되지 않도록 한편에 비치한다. 악기류의 유지 및 관리를 위하여 적당한 실내온도를 유지한다.

넷째, 음악놀이와 활동을 위한 기자재, 음악자료를 비치한다. 유아가 손쉽게 조작하여 음악을 녹음하거나 재생할 수 있는 다양한 유형의 플레이어(일반적인 음악 플레이어, 휴대폰, 태블릿 PC, AI스피커, 블루투스 스피커 등), 유아용 헤드셋, 음악 또는 음악가와 관련된 책, 누르면 소리가 나는 사운드 북, 노래 가사판, 악기 연주를 위한 색깔악보 등을 비치하여 자유롭게 탐색하며 놀이할 수 있도록 한다.

다섯째, 벽면에 음악가 사진과 생애, 대표작품 등이 담긴 게시물, 음악회 관련 포스터 등을 전시하여 음악적 분위기가 느껴지도록 꾸민다. 이는 음악놀이와 활동에 대한 동기를 부여하고 음악에 대한 관심을 높인다.

음률영역 구성의 예

출처: KAIST어린이집(좌), 한국교원대학교부설유치원(우)

연령별 음률영역 구성하기

연령		
만 0~1세	감각 및 탐색영역	• 자연과 생활에서 들리는 다양한 소리를 탐색할 수 있도록 산책 시 영아가 들었던 새 소리나 물소리, 바람 소리 등 자연의 소리를 들려주세요. 산책 중 휴대폰을 활용하여 간단히 녹음하거나, 유튜브에서 자연의 소리 효과음을 검색하여 들려줄 수 있어요. • 손에 쥐고 흔드는 딸랑이와 같은 놀잇감, 자동차나 동물 등 그림을 누르면 소리가 나는 사운드 북 등 영아가 조작하면 소리가 나는 놀잇감이 좋아요.
만 2세		• 다양한 음악놀이를 시도해 볼 수 있도록 리듬악기 중심의 악기 세트가 필요해요. 마라카스나 탬버린, 캐스터네츠처럼 크기가 작고, 작은 움직임에도 소리가 나는 악기의 종류가 좋아요. • 2세아는 반복되는 리듬의 동요를 들으면 몸을 움직이며 리듬을 타요. 벽에 큰 거울을 비치하여 영아가 자신이 움직이는 모습을 보며 관심을 가지도록 해 주세요. • 여러 가지 자료(악기, 다양한 음악, 리본, 스카프, 의상 등)를 준비하여 음악놀이를 즐길 수 있도록 해 주세요.
만 3세	음률영역	• 양치하기, 손 씻기 등 일상생활이나 놀이와 관련된 동요나 클래식, 국악 등의 장르 음악을 경험할 수 있도록 해 주세요. • 다른 사람들 앞에서 노래를 불러 보는 경험은 자신감을 가질 수 있는 좋은 음악 경험이 됩니다. • 놀이나 전이시간을 활용하여 율동이나 손유희를 즐길 수 있도록 해 주세요. 율동동요와 손유희는 아동용 포털사이트(카카오키즈, 쥬니어네이버 등)에서 정보를 얻을 수 있어요. ▲ 다양한 종류의 동요와 손유희, 체조 등을 살펴볼 수 있는 카카오키즈(www.kakaokids.com) 율동동요

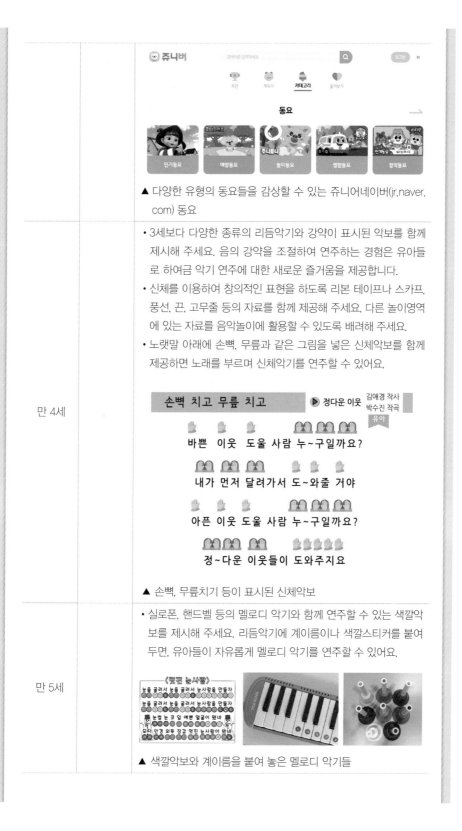

▲ 다양한 유형의 동요들을 감상할 수 있는 쥬니어네이버(jr.naver.com) 동요

만 4세

• 3세보다 다양한 종류의 리듬악기와 강약이 표시된 악보를 함께 제시해 주세요. 음의 강약을 조절하여 연주하는 경험은 유아들로 하여금 악기 연주에 대한 새로운 즐거움을 제공합니다.

• 신체를 이용하여 창의적인 표현을 하도록 리본 테이프나 스카프, 풍선, 끈, 고무줄 등의 자료를 함께 제공해 주세요. 다른 놀이영역에 있는 자료를 음악놀이에 활용할 수 있도록 배려해 주세요.

• 노랫말 아래에 손뼉, 무릎과 같은 그림을 넣은 신체악보를 함께 제공하면 노래를 부르며 신체악기를 연주할 수 있어요.

손뼉 치고 무릎 치고   ▶ 정다운 이웃   김애경 작사
박수진 작곡
유아

바쁜 이웃 도울 사람 누~구일까요?

내가 먼저 달려가서 도~와줄 거야

아픈 이웃 도울 사람 누~구일까요?

정~다운 이웃들이 도와주지요

▲ 손뼉, 무릎치기 등이 표시된 신체악보

만 5세

• 실로폰, 핸드벨 등의 멜로디 악기와 함께 연주할 수 있는 색깔악보를 제시해 주세요. 리듬악기에 계이름이나 색깔스티커를 붙여 두면, 유아들이 자유롭게 멜로디 악기를 연주할 수 있어요.

▲ 색깔악보와 계이름을 붙여 놓은 멜로디 악기들

▲ 색깔악보를 보며 핸드벨(거북음감벨)을 연주하는 유아

• 악기를 만들어 보는 경험을 통해 유아는 악기의 생김새와 구조에 관심을 가지게 됩니다. 악기를 만드는 방법이 담긴 순서도와 다양한 재활용품을 음률영역에 함께 제시하면, 유아들이 자유롭게 악기를 만들 수 있어요.

▲ 빈 플라스틱 병에 파스타를 넣어 마라카스를 만드는 유아들

2) 음악교육 내용과 교수-학습자료

이 절에서는 음악교육의 내용 중 악기 연주하기를 제외한 음악감상, 노래 부르기, 신체표현에서 활용하는 교수–학습자료를 중심으로 설명하겠다.[1] 그러나 분리되어 제시된 자료는 편의에 의한 것으로, 실제로는 음악교육의 내용 구분 없이 통합적으로 제공될 수 있음을 염두에 두어야 한다.

(1) 음악감상

다양한 장르의 음악이나 효과음, 유아 자신의 목소리 등 소리를 탐색하기 위하여

---

1) 악기 연주하기를 위한 악기는 현장에서 보편적으로 사용하는 활동자료이므로 별도의 장에서 구체적으로 제시하도록 한다.

음악을 녹음하거나 재생할 수 있는 음악 플레이어가 필요하다. 음원을 삽입한 후 감상할 수 있는 형식의 플레이어를 가장 많이 활용하는데, 배속기능을 갖추고 있으면 음악의 속도를 빠르게/느리게 조절하여 감상할 수 있다. 교실에 음악 플레이어가 따로 없다면 태블릿 PC나 사용하지 않는 휴대폰에 음원을 넣어 음악 플레이어와 같은 효과를 낼 수 있고, 블루투스 스피커를 활용하면 실내외에서 집단으로 음악감상을 할 수 있다. 최근에는 AI(인공지능) 기능이 탑재된 스피커 형태의 음악 플레이어가 등장하여 유아가 원하는 음악을 말하면 AI 스피커가 자동으로 음악을 검색하여 들려주거나, 속도를 조절하여 들려주기도 한다.

또한 사운드 북(소리 또는 노래가 나오는 책), 음악 그림책과 관련된 음악 및 음악가의 설명이 담긴 게시물, 각종 음악회 포스터나 사진 등을 마련해 주는 것도 좋다. 유아용 헤드셋은 블루투스 기능이 탑재된 줄 없는 제품을 사용하면 유아가 보다 자유롭게 음악을 들으며 신체표현을 하거나 놀이를 즐길 수 있다.

AI 스피커는 음성인식, 음성녹음, 음악검색, 배속재생, 자동음량조절 등의 기능을 지원하므로 만능 음악 플레이어로서의 활용도가 높다.

네이버 '프렌즈'와 카카오 '카카오미니'

블루투스를 연결하여 사용하는 줄 없는 유아용 헤드셋은 유아로 하여금 보다 활발하고 자유로운 음악놀이가 가능하도록 돕는다.

유아용 블루투스 헤드셋

쇼팽과 쇼팽의 강아지 왈츠에 대한 설명이 담긴 게시물의 예

음악회에 참석한 유아들의 사진과 음악회에서 다룬 음악가의 설명이 담긴 게시물의 예

(2) 노래 부르기

　노래 책(노래나 손유희가 나오는 책), 가사판, 유아들이 가사를 적을 수 있는 융판과 융판자료 등 유아가 노래를 가까이하고 즐길 수 있는 교구를 준비한다. 또한 태블릿 PC를 통해 동요 가사가 등장하는 플래시나 동영상을 감상하며 노래 부르기를 즐길 수 있도록 지원한다. 최근 유아교육기관에 보급되고 있는 AI 로봇에는 인공지능 플랫폼이 탑재돼 율동, 노래 부르기, 춤추기 등의 기능을 활용하거나, 디스플레이어를 통해 유아가 화면을 보며 노래 부르기나 음악감상을 즐길 수 있다.

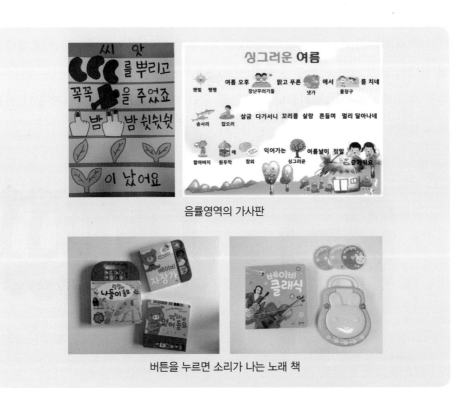

음률영역의 가사판

버튼을 누르면 소리가 나는 노래 책

소형 인간형(휴머노이드) 인공지능(AI) 로봇 '알파미니'
AI 로봇을 활용하여 음악을 감상하거나, 동요를 따라 부르는 유아들

네이버 클로바와 5인치 디스플레이가 탑재된 'LG 클로이'
'LG 클로이'는 일반 AI 로봇과 달리 디스플레이를 통해 네이버TV의 다양한 음악 콘텐츠를
검색하여 볼 수 있다.

(3) 신체표현

음악과 함께 신체 움직임을 즐길 수 있는 리듬 막대, 리본 막대, 스카프, 끈이 달
린 공, 각종 가면 등이 신체표현에 사용된다. 유아반의 경우에는 노랫말 아래 리본
막대를 다양하게 흔드는 방법을 간단한 그림으로 그려 제시할 수 있다(사진 참조).
리듬 막대를 흔드는 그림이 그려진 악보를 보며 유아들은 마음대로 몸을 움직이기
보다는 음악요소에 따라 자신의 신체를 조절하여 움직이는 경험을 할 수 있다. 또한
교실에서의 신체표현과 관련된 음악적 분위기를 고취시키기 위하여 음률영역에 춤
공연 포스터나 손유희 순서도 등을 제시할 수 있다.

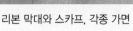

리본 막대와 스카프, 각종 가면

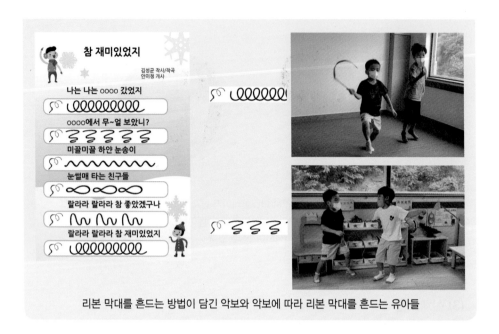

리본 막대를 흔드는 방법이 담긴 악보와 악보에 따라 리본 막대를 흔드는 유아들

3) 음악교육을 위한 악기

유아교육기관에서는 악기를 자주 사용한다. 악기의 사전적 뜻은 음악을 연주하는 데 쓰는 기구를 통틀어 이르는 말로, 소리에 내포된 과학적·음악적 개념 탐구가 가능한 매체를 의미한다. 그러나 교사는 유아가 악기를 만들거나 악기를 활용하여 충분한 소리를 내어 보는 등 악기를 탐색하는 데 더욱 많은 의미를 두어야 한다는 것을 인식해야 한다. 이를 통해 대부분의 유아는 소리를 탐구하는 과정에서 자연스럽게 악기를 탐색하게 되고, 시각적·촉각적 경험을 통해 악기를 사용하는 방법도 알게 되며, 이를 통해 음악적 상상력을 펼쳐 나가게 된다(석문주 외, 2009; 이홍수, 1992; Kenny, 1997). 다음에서는 유아교육기관에서 자주 사용하는 악기를 비구조화된 악기와 구조화된 악기로 나누어 살펴보겠다.

(1) 비구조화된 악기

유아에게 있어 소리가 나는 모든 것은 악기가 된다. 자신의 힘으로 무엇인가를 두드려 소리가 난다는 그 자체만으로도 충분한 만족감과 즐거움을 느끼며 소리가 나는 물체에 호기심을 가지고 소리를 내보려 시도하는 것을 두려워하지 않는다(Campbell & Scott-Kassner, 2002). 비구조화된 악기로는 유아의 신체를 활용한 신체악기와 유아가 스스로 만든 재활용악기가 있다.

① 신체악기

인간의 신체는 가장 좋은 악기이다. 달크로즈^{Dalcroze}는 음악을 듣고 리듬과 음악 요소를 표현하는 중요한 방법으로 신체표현 훈련을 들었으며, 이를 통해 유아는 청 감각과 미적 감각을 발전시켜 정확한 연주를 할 수 있게 된다. 유아는 자신의 신체 각 부분을 탐색하면서 신체를 이용하여 소리 내는 것을 즐긴다.

신체를 악기로 활용할 수 있는 방법에는 입을 이용하여 소리 만들기(예: 입으로 불 기, 혀 차는 소리, 입맛 다시기, 음으로 떠는 소리 등), 손을 이용하여 소리 만들기(예: 손 뼉 치기, 손등 치기, 손가락 마찰시키기 등), 발을 이용하여 소리 만들기(예: 발 구르기, 발바닥 비비기, 발뒤꿈치 치기, 바닥 부딪치기 등), 무릎을 이용하여 소리 만들기(예: 무 릎 치기, 무릎 문지르기, 무릎 붙이기 등) 등 매우 다양하다.

불빛이 나는 터치램프로 신체를 두드려　　　　　손뼉을 치며 소리를 만들어 보는 영아
소리를 내어 보는 영아

② 재활용악기

재활용악기는 일반적인 악기 외 주변의 생활용품이나 재활용품으로 만들어 소리 내는 악기이다. 유아가 직접 악기를 만들어 연주해 보는 경험은 정교하고 기능적인 연주를 하기 위함이 아니다. 악기의 생김새와 구조를 이해하고 음악의 본질인 소리 자체에 대하여 탐색할 수 있는 기회를 제공하는 것이 중요하다. 유아는 주체자로서 직접 악기를 만들며 소리의 개념과 원리를 발견하고, 만든 악기를 연주하며 풍부한 소리를 체험한다.

재활용악기 만들기와 연주하기는 교과 내 통합적 방법으로 접근할 수 있는데, 소리 탐색과 감상 및 연주하기는 음악교과, 소리와 진동의 원리 탐색하기는 과학교과, 만들기와 꾸미기는 미술교과, 노랫말과 음악극의 대사짓기는 언어교과와 통합하여 접근할 수 있다. 그러나 대부분의 유아교육기관에서는 재활용악기를 음악적으로 접근하기보다는 외형을 악기처럼 꾸미는 미술활동으로 접근하고 있어 주의해야 한다. 예를 들어, 장난감 박스에 종이를 씌우고 그 위에 흰색과 검은색을 덧칠한 하드스틱을 건반 모양으로 붙여 만든 피아노는 외형만 악기일 뿐, 음악적으로는 피아노와 무관하다. 따라서 교사가 유아와 함께 재활용악기를 만들고 연주할 때에는 실제 악기와 같은 생김새나 구조를 갖추도록 하고, 실제 연주법과 동일한 방법으로 접근하였을 때 소리가 날 수 있는 악기들을 선정해야 한다. 플라스틱이나 분유통 위에 풍선을 씌워 두드리면 진동과 소리가 나도록 만든 북이나, 페트병에 곡물을 담아 흔들면 소리가 나도록 만든 셰이커가 좋은 예이다.

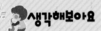 

재활용품으로 악기 만들기 좋아요 VS 싫어요

외형만 악기와 닮은 재활용악기는 NO! 어떤 악기들이 재활용악기로 적절할까요?

 좋아요

플라스틱 통에 풍선을 씌운 북과 풍선막대에 스티로폼 공을 붙인 북채

빈 뽑기통에 곡물을 넣은 에그셰이커

병뚜껑 가운데 구멍을 뚫어 실로 엮은 후 막대에 고정한 쉐이커

박스를 접어 안쪽에 병뚜껑
을 붙인 캐스터네츠

컵라면 용기를 맞물려 붙인
후, 줄로 구슬을 연결하여 만
든 소고

플라스틱 통에 단추를 넣은
후, 플라스틱 숟가락 손잡이
를 붙인 마라카스

 싫어요

종이 박스 위에 색지로 음계
를 표현한 피아노

돌돌 말아놓은 골판지에 커
피 뚜껑을 붙여 완성한 클라
리넷

플라스틱 접시에 뿅뿅이로
손잡이를 만든 심벌즈

재활용품을 활용한 악기 연주하기

유아교육현장에서는 어떻게 재활용악기를 사용할까요?

유리병

빨래판

다양한 놀이를 물을 채워 연주하기

나무막대나 포크로 긁기

페트병과 콩

페트병 안에 콩을 넣은 후,
천장에 매달에 손으로 치기

냄비와 냄비뚜껑

막대로 두드리거나 심벌즈처럼 치기

(2) 구조화된 악기

구조화된 악기는 유아가 비구조적 악기를 사용할 때 경험하지 못하는 다양한 음악적 가능성을 제공한다. 유아는 소리에 대한 흥미와 호기심을 가지고 있어 정확한 악기 연주법을 알지 못해도 자발적으로 악기를 두드리고 흔들고 긁으면서 탐색하고 연주한다. 악기를 다루는 것은 유아가 음색을 발견하는 데 있어 결정적 도움을 주며, 음의 높낮이나 리듬과 같은 음악적 개념을 직접 체험하며 이해하는 데 긍정적 영향을 미친다. 또한 악기 연주를 통해 자신의 생각이나 감정을 있는 그대로 표현하고, 또래와 함께 어울리며 서로를 이해할 수 있도록 한다.

① 리듬악기

리듬악기는 음고가 없이 악센트와 다양한 음색으로 소리를 만들어 내는 악기이다. 유아기에는 연주하기 쉬운 리듬악기의 사용이 적절하다. 리듬악기를 통한 교육 내용으로는 소리 탐색, 다양한 리듬 패턴 만들기, 노래 박자 맞추기, 간단한 리듬 패턴 연주하기 등이 포함된다. 리듬악기의 연주법은 있지만 악기를 처음 경험하는 유아에게 특정한 연주법을 지도하는 것은 악기에 대한 흥미를 떨어뜨릴 수 있는 요소가 되므로 바람직하지 않다. 대신 유아가 악기에 대한 충분한 탐색을 통하여 자연스럽게 연주법을 익히도록 함으로써 서로 다른 악기의 소리를 구별, 인식할 수 있는 기회를 제공한다.

유아기에 적합한 리듬악기에는 마라카스, 트라이앵글, 탬버린, 캐스터네츠, 방울, 리듬막대, 우드블록, 핸드벨 등이 있다.

유아교육기관에서 많이 활용하는 리듬악기

가. 마라카스

마라카스^{maracas}란 야자 열매를 말려서 굳어진 외피 속에 남은 씨알을 흔들어 소리를 낸 악기에서 유래한다. 유아교육기관에서 자주 사용되는 마라카스는 손잡이가 유아의 손에 맞게 너무 크지 않은 것이 좋고, 떨어뜨리거나 서로 부딪혀 연주할 때 깨지지 않는 견고한 것을 선택한다. 대체로 좌우 양손에 음율이 다른 한 쌍을 가지고 앞뒤-좌우로 흔들어 연주하며, 두 마라카스를 부딪거나 신체에 두드려 소리를 낸다.

▲ 마라카스

나. 캐스터네츠

캐스터네츠^{castanets}는 스페인어의 카스타니아(밤나무의 열매)에서 유래하였다. 안쪽이 파여진 두 쪽의 작은 열매 밑 부분을 끈으로 맨 것이다. 좌우 양손에 한 벌씩 가지고, 한쪽 줄에 엄지손가락, 다른 쪽엔 인지나 중지 또는 약지의 하나 또는 두 손

▲ 캐스터네츠

▲ 스틱 캐스터네츠

▲ 테이블 캐스터네츠

가락 이상을 끼고 손을 잡듯이 맞부딪쳐 소리를 낸다. 유아들이 사용하는 빈도가 높은 악기이므로 연결끈이 끊어지는 경우가 많아 수시로 점검할 필요가 있으며, 연결끈은 탄력이 뛰어난 고무줄 끈을 사용하는 것이 좋다. 요즘에는 긴 막대로 손잡이를 달아 흔들거나 테이블 위에 붙여 위에서 두드리며 소리를 내는 새로운 형태의 캐스터네츠가 활용되기도 한다.

다. 방울

▲ 스틱방울   ▲ 핸드방울   ▲ 손목방울

방울ball은 소리가 나게 만든 쇠붙이를 의미하며, 대체로 높고 청명한 소리가 나는 악기이다. 유아교육기관에서는 다양한 형태로 악기화되어 활용된다. 기다란 막대에 여러 개의 방울이 달려 있거나 손에 쥘 수 있는 형태의 방울이 있다. 음악-신체통합활동에서는 끈에 방울과 찍찍이가 붙어 있는 형태의 방울을 많이 활용하는데, 손목, 발목, 허리 등에 방울을 채우고 자유롭게 몸을 움직이며 소리를 낸다. 따라서 교사는 다양한 형태의 방울을 제공하여 주고 유아가 본인이 원하는 놀이 전개에 따라 적합한 형태의 방울을 선택하여 활용할 수 있도록 배려해야 한다.

라. 북

▲큰북   ▲ 작은북   ▲ 오션드럼

▲ 핸드드럼　　　　　　▲ 썬더드럼　　　　　　▲ 게더링드럼

북^{drum}은 원통형의 나무에 동물 피막(皮膜)을 팽팽하게 씌워 울리게 하는 타악기로 인류의 가장 오래되고 원초적인 악기이다. 유아교육기관에서 활용되는 북의 형태로는 큰북(북면을 수직으로 되게 세워 놓고 오른쪽 면을 연주), 작은북(북을 수평으로 뉘어 놓고 위쪽 북면은 채로 치며 연주), 오션드럼(구슬이 들어 있는 독특한 드럼으로 두드려 소리를 내거나, 이쪽저쪽으로 흔들며 바다소리를 냄), 핸드드럼(손으로 두드려 연주), 썬더드럼(스프링을 당겨 진동이 면에 전달되며 천둥소리를 냄), 게더링드럼(의식적 행사에 사용하던 드럼으로 이름처럼 여럿이 함께 모여 연주) 등이 있다.

② 멜로디악기

멜로디악기는 박자에 맞추어 멜로디를 연주할 수 있는 일체의 악기를 의미한다. 리듬악기에 대칭되는 악기로 선율악기, 가락악기라고도 한다. 멜로디악기는 유아교육현장에서 유아가 원하는 소리를 내고 감상하는 데 그치지 않고, 기본적인 음악적 개념을 토대로 악기 연주하기까지 연결 지을 수 있는 음악자료이다. 기관에서 많이 사용하는 멜로디악기로는 멜로디카, 실로폰, 피아노, 우크렐레 등이 있다.

가. 멜로디카

흔히들 멜로디언이라 부르지만 본 명칭은 멜로디카이다. 입으로 공기를 불면서

건반을 누르면 소리가 나는 악기인데, 최근 유아교육기관에서는 위생을 이유로 입으로 불지 않고도 같은 효과를 내는 롤 멜로디언을 자주 활용하기도 한다. 롤 멜로디언은 말 그대로 롤처럼 말리는 기능이 있어 위생뿐 아니라 공간의 제약으로 키보드나 피아노를 사용할 수 없는 기관에서 쉽게 사용할 수 있다.

나. 실로폰

실로폰xylophone은 목금木琴이라는 다른 이름을 가진 것처럼 길고 짧게 만들어 조율된 다수의 나무 조각을 늘어 놓고 두드려 가락을 연주하는 타악기이다. 두 개의 딱딱한 채를 사용하며, 화음을 내기 위해 3개 또는 4개의 채를 사용하기도 한다. 유아교육기관에서 주로 사용되는 실로폰은 견고성을 이유로 나무 대신 금속으로 변형된 형태의 실로폰(클로켄슈필glockenspiel 또는 종금鐘琴)을 주로 사용한다. 종류로는 돌돌 말리는 롤 실로폰, 각 음계가 따로 떨어진 공명실로폰, 동그란 형태의 돌림실로폰 등으로 매우 다양한데, 교사는 유아의 흥미와 놀이 진행에 따라 자유롭게 선택할 수 있도록 다양한 형태의 실로폰을 제시할 필요가 있다.

▲실로폰　　▲공명실로폰　　▲롤 실로폰　　▲돌림실로폰

③ 국악기

국악기는 우리나라 음악을 연주할 때 사용하는 모든 악기를 지칭한다. 국악기는 역사적으로 많은 변화를 겪으며 전승되어 왔으므로 우리나라의 자연환경, 민족정서, 삶의 모습 등이 담긴 문화적 상징성을 지닌다. 따라서 국악기 활용 교육은 유아에게 폭넓은 음악적 경험의 기초가 되며 나아가 우리 음악과 문화에 대한 자긍심을 향상시켜 주고 한국인으로서의 정체성을 확립시키는 중요한 활동이다(강혜인, 2002). 유아교육기관에서 주로 활용되는 국악기는 소고, 장구, 북, 꽹과리, 징 등이 있다.

가. 소고

소고(小鼓)는 우리나라 타악기의 하나로 양면을 가죽으로 메우고 나무 채로 쳐서 소리를 낸다. 크기가 작으며 대개 자루 손잡이가 달려 있어 풍물놀이에 주로 쓰인다. 앞뒷면을 번갈아 치는 것을 원칙으로 하나, 유아교육기관에서는 반드시 정해진 방법으로 연주하기보다 리듬에 맞춰 자유롭게 두드리거나 춤을 추며 연주하는 활동에 주로 활용한다. 소고의 가죽은 습기에 약하므로 유아가 하원한 이후 창가에 말려 두었다가 등원 전 비치해 두는 것이 좋다.

▲소고

나. 장구

장구(杖鼓)는 오른 쪽에 장(杖), 즉 채를 들고 치고 왼쪽은 북편을 치는 데서 온 이름으로 나무로 된 통 양쪽에 가죽을 씌운다. 왼쪽 북편은 크고 두꺼워 저음이 나고, 오른쪽 채편은 작고 얇아 고음이 난다. 영아보다는 유아가 자주 활용하며, 유아교육기관에서는 크기가 작고 끈이 달린 장구를 사용하기도 한다. 앉아서 합주를 하거나, 장구에 끈을 달아 메고 춤을 추며

▲장구

활동한다. 음률영역에 장구를 비치할 때에는 바구니에 궁채와 열채를 따로 담아야 유아가 사용 후 바로 정리할 수 있다. 또한 벽면에 올바른 연주법을 게시물로 안내하면 도움이 된다.

다. 북

우리나라의 북[한자로 고(鼓)]은 그 용도나 제례의 대상에 따라 생김새와 이름이 각각 다르다. 주로 농악에 사용되는 풍물북은 양 북면을 잡아당기는 줄 밑에 쇄기를 넣어 줄을 팽팽하게 당겨 음정을 조절한다. 헝겊 끈을 달아 왼쪽 어깨에 매고 오른손에 나무 북채를 쥐고 두드려 연주한다. 판소리에 사용되는 소리북은 북통의 양 가장자리를 뺑 돌아가면서 양쪽 북면의 가죽을 각각 쇠단추로 박아 고정시킨 형태이며, 바닥에 내려놓고 장단을 친다. 용고(龍鼓)는 용의 그림이 그려진 북의 종류로 몸통에 박혀 있는 세 개의 고리에 무명끈을 감아 목에 걸 수 있도록 하는데, 북을 허리

▲풍물북

▲소리북

▲용고를 연주하는 모습

출처: 네이버 지식백과

높이로 늘어뜨린 다음 양손에 든 두 개의 북채로 내리쳐서 소리 낸다. 휴대하고 걸어가면서 연주할 수 있도록 고안되어 '대취타' 같은 행진음악에 주로 사용된다. 유아교육기관에서는 각 기관에서 어떠한 용도로 북을 사용할 것인지를 결정하여 필요한 종류의 북을 제공할 수 있다. 필요한 종류의 북은 손쉽게 대여가 가능하다(144쪽에 '악기 구비 팁' 활용).

라. 꽹과리

꽹과리[한자로 소금(小金)]는 테두리가 있는 둥근 그릇 모양의 놋쇠 몸통(울림판)을 나무 채로 두드려 연주하는 금속 타악기로 농악이나 무속음악 등에서 변화무쌍한

▲꽹과리

장단의 전개를 주도한다. 꽹과리 끈을 잡은 손의 손가락으로 꽹과리의 뒷면을 눌렀다 떼었다 하면서 다양한 음향을 낸다. 유아교육기관에서도 국악의 장단을 연주하는 용도로 주로 사용한다. 유아가 한 손에 쥘 수 있도록 크기가 작은 유아용 꽹과리를 사용할 수 있다.

마. 징

▲징

징[한자로 정(鉦) 또는 금(金)]은 놋쇠로 만든 둥근 쟁반 모양의 악기로 왼손에 들거나 틀에 매달아 놓고 둥근 채로 치는 타악기이다. 농악, 무속음악, 불교음악, 군악 등에 두루 사용되며, 용도, 지방에 따라 이름이 다르다. 징은 악기의 여운이 길

고 울림이 깊다. 징채는 채 끝에 헝겊을 감아치기 때문에 부드러운 음색을 낸다. 유아교육기관에서는 틀에 매달아 놓고 쓰는 형태의 장을 주로 활용한다.

(3) 악기 선정 및 구입 방안

유아가 연주할 수 있는 악기는 몇 가지 조건들을 전제로 해야 한다. 다음은 유아에게 적합한 악기 선정 기준이다. 교사는 다음의 기준 및 해당 유아의 발달 특성에 따라 다양한 악기를 비치해야 한다.

- 유아의 신체적 특징(작은 키, 작은 손 등)에 적합해야 한다.
- 다양한 음악 놀이와 활동이 가능해야 한다.
- 잘 깨지거나 부서지지 않아야 한다.
- 시중에서 구입하기 쉬워야 한다.
- 기관에 구비해 놓을 수 있는 정도의 가격이어야 한다.

교사가 실내영역에 악기를 구비할 때에는 대체로 기관에서 보유한 악기를 활용하거나 놀이 및 활동에 필요한 악기를 구입한다. 최근에는 오프라인 악기상을 찾아보기 힘들기 때문에 온라인 사이트를 주로 활용하거나, 유아교육용품을 취급하는 매장에서 직접 보고 고를 수 있다.

또한 다양한 기관에서 무료로 악기를 대여해 주는 시스템을 갖추고 있다. 이에 유치원의 경우 기관이 속한 시·도 교육청의 통합포털에서 교구대여 시스템을 활용하거나, 유아교육진흥원의 교원지원분야에서 교구대여를 신청할 수 있다. 전화예약을 한 후 직접 방문하여 대여할 수도 있고 무료 택배를 제공하기도 하므로 미리 내용을 확인하여 활용하는 것도 좋은 방법이다. 어린이집의 경우 각 시·도별 육아종합지원센터 장난감도서관에서 대여가 가능하다. 온라인 사이트에는 유료로 대여하는 곳도 있으니 각 기관의 특성에 따라 선택한다면, 유아에게 보다 다양하고 질좋은 악기를 지원할 수 있다.

악기는 어디서 구할까요? 우리반 악기 구비 팁

유아에게 적합한 악기는 어디서 구할까요? 다음 사이트를 참고하여 악기를 구입하거나 대여할 수 있답니다.

		사이트
구입	서울타악기 (https://spmi.co.kr/)	[상품보기]–[교육용악기]에서 필요한 악기 선택하여 구매
	뮤직메카 (https://musicmeca.com/)	[상품선택]–[교육용악기]에서 구매 SNS를 통해 상담 및 구매 가능
	원뮤직 (http://www.wonmusic.co.kr/)	[홈화면]–[교육용악기]에서 구매 온라인 중고장터 운영
대여	각 시·도교육청 유아교육진흥원	[교구대여] 검색. 시·도별로 시스템이 다르므로 미리 확인
	각 시·도별 육아종합지원센터 장난감 도서관	시·도별로 시스템이 다르므로 미리 확인
	교구대여 (http://교구대여.com/)	유아교구 대여 전문사이트로 영역별 교구 대여 가능 예약제로 운영

악기 보관과 관리를 위하여 별도의 지침이 있는 것은 아니나 2016 어린이집 평가 인증 안내(한국보육진흥원, 2016)에서는 놀잇감의 재질에 따라 별도의 관리가 필요함을 제시하고 있다. 구체적으로 살펴보면, 원목 악기는 물수건으로 가볍게 닦아 건조시키고, 헝겊 악기는 수시로 먼지를 털어 내거나 자주 세탁해야 하며, 플라스틱 악기는 따뜻한 비눗물에 담가 세척한 후 헹구어 말린다. 또한 고무 악기는 유아용 세제 등을 이용하여 스펀지로 닦고 밀린다. 금속으로 된 악기의 경우에는 녹이 생기지 않도록 습기가 없는 곳에서 보관해야 한다. 만약 녹이 생기면 유아가 사용하지 못하도록 한다. 녹은 금속 광택제나 오일을 사용해서 제거할 수 있으며 인체에 해롭지 않은 제품을 사용해야 한다. 플라스틱과 금속이 함께 있는 악기의 경우에는 소독액을 뿌려서 가볍게 닦아 관리해야 하고, 가죽으로 된 악기의 경우에는 습기에 의해

가죽이 늘어지거나 찢어지지 않도록 보관해야 한다.

악기는 리듬악기, 멜로디악기, 국악기 등 종류를 구분하여 자료실에 정리하는 경우가 많다. 작은 악기류는 큰 보관 상자에 담아 라벨을 붙여 놓고, 큰 악기들은 따로 세워 보관한다. 악기 자료실이나 보관상자에 제습제를 함께 비치하면 악기 관리에 도움이 된다. 교사는 자료실에 있는 악기들 중 유아의 흥미와 발달 정도, 해당 반의 놀이 주제 등에 따라 적절한 악기들을 선정하여 교실에 비치한다. 모든 반이 함께 악기를 공유하므로 악기대장을 사용하면 반끼리 겹치지 않고 효율적으로 악기를 사용할 수 있다.

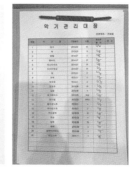

자료실 내 악기 보관 및 악기 관리 대장 예시

2. 음악환경으로서의 교사

유아를 위한 음악환경에서는 물리적 환경뿐만 아니라, 인적 환경으로서의 교사의 역할도 매우 중요하다. 이는 유아의 바람직한 음악환경으로 물리적 환경과 인적 환경이 동시에 고려되어야 하기 때문이다. 특히 음악 놀이와 활동은 교사의 음악 자질과 상호작용 지원에 따라 유아의 음악 경험에 큰 영향을 미치므로 교사는 음악교육에 대한 철학을 바탕으로 음악에 대한 지식을 추구하고 발전하기 위하여 끊임없이 노력해야 한다.

1) 교사의 음악적 자질

유아음악교육을 위해 갖추어야 할 교사의 음악적 자질에는 음악에 대한 긍정적 태도, 음악에 대한 즐거움, 음악 선호도뿐만 아니라, 음악에 대한 기초지식과 기술이 포함된다(Haines & Gerber, 1996).

교사는 유아와 음악 놀이 및 활동을 진행함에 있어 자신이 먼저 음악가가 되어야 한다. 여기서 음악가가 되어야 한다는 의미는 훌륭한 연주가가 아닌, 음악이 가진 본질, 즉 음악을 통해 즐거움과 심미적 만족감을 얻을 수 있는 사람을 의미한다. 교사는 음악이 갖는 중요성을 인식하고 음악에 대한 적극적인 태도와 흥미를 가지며, 음악을 사랑하는 마음을 지녀야 한다. 자기 스스로를 음악 환경에 자주 노출시켜야 하며, 다양한 음악 레퍼토리와 음악기기, 악기 연주법 등에 익숙해지도록 지속적 훈련을 이어 나가야 한다. 음악 놀이 및 활동의 목표와 내용, 방법과 평가 등 교수법에 관련된 자신의 음악교육철학을 점검하는 자세도 도움이 된다.

주변에서 찾는 재미있는 음악 레퍼토리

유튜브 채널– 한국관광공사TV
우리나라의 대표적인 관광장소에서 민요 등의 국악을 힙합과 트렌디한 음악으로 재해석한 컨텐츠를 찾아볼 수 있다. 다양한 장르의 음악은 유아로 하여금 풍부한 음악적 경험을 통한 심미감을 길러 줄 수 있으며, 교사 자신 또한 흥미를 가지고 음악 놀이와 활동에 임할 수 있는 계기가 된다.

〈'사랑가' 동영상〉

출처: 한국관광공사TV 유튜브 채널

더불어, 교사는 음악의 기본 개념을 이해하고 음악과 다른 영역들과의 연결요소를 파악하여 유아에게 체계적인 음악 경험을 제공해 주어야 한다. 유아의 음악능력 및 발달에 대하여 이해하고 이를 바탕으로 알맞은 교육방법을 선택해야 한다. 또한 유아의 음악능력 향상을 위하여 다양한 기초 지식과 기술을 습득하는 자세가 필요하다. 구체적으로 살펴보면, 노래교육을 위한 가창능력, 악보 보기 교육을 위한 독보능력과 기보능력, 음악감상 교육을 위한 소리 구별능력, 리듬 · 선율 · 화성에 반응하는 능력, 악기반주능력, 음악감상능력 등이 해당된다.

교사들은 음악교육의 중요성을 인식하고 있으나, 실제 유아교육현장에서는 음악교육의 내용 중 대부분 노래 부르기 활동에 치중하고 있다. 왜냐하면 노래 부르기는 교사의 음악적 기술과 지식을 많이 필요로 하지 않으면서, 높은 성과를 얻을 수 있기 때문이다. 반면, 악기 다루기는 유아의 연령과 상관없이 즐길 수 있는 활동이지만, 악기 연주에 대한 교사의 전문 지식 부족, 그로 인한 자신감 하락 등으로 실제 놀이와 활동이 이루어지는 경우는 저조하다. 때문에 교사는 스스로의 음악 자질을 점검하고, 유아의 음악적 발달을 위하여 끊임없이 노력해야 한다.

2) 유아를 위한 교사의 태도

교사는 유아의 놀이에 귀 기울임으로써 놀이의 의미와 배움을 발견하고 이를 확장하기 위하여 다양한 상호작용을 한다. 교사는 유아의 흥미와 관심이 어디에 있는지 파악하고, 칭찬과 격려, 미소 등 언어적 · 비언어적 상호작용을 통해 유아의 놀이와 활동을 긍정적으로 수용하고 격려한다. 또한 유아와 주변 세계를 이해하는 공동의 놀이자로서, 놀이에서 발생하는 문제를 함께 해결하며 유아의 배움을 지원하는 상호작용을 할 수 있다(보건복지부, 2020). 이를 위하여 교사는 음악교육 목표에 대한 명확한 이해를 바탕으로 유아의 발달에 적합한 방향으로 지도할 수 있는 능력을 갖추어야 한다. 유아의 음악 경험에 대한 교사의 긍정적 태도와 접근 방법은 유아의 음악 놀이와 활동의 성공에 결정적 요소가 된다.

Andress(1991)는 유아음악교육에서 필요한 교사의 상호작용 방법에 대하여 다음 세 가지로 제시한다.

첫째, 모델링 방법이다. 모델링은 교사가 음악에 관련된 행동이나 활동을 유아에게 직접 시범을 보이고 따라 하게 하는 것이다. 교사가 음악을 사랑하는 모습이나 음악에 대한 교사의 느낌을 창의적으로 표현하여 발산하는 것을 모델링하도록 함으로써 유아로 하여금 음악이 얼마나 가치 있는 것인지 알 수 있도록 돕는다.

둘째, 음악에 관련된 유아의 행동을 기술하는 방법이다. 이는 교사가 유아의 음악 행동이나 음악 반응을 언어로 기술하고 명명해 주는 것이다. 이 방법은 유아 스스로 음악에 대한 자신의 생각과 느낌을 언어로 표현하고 새롭거나 발전된 음악 경험을 할 수 있도록 격려한다.

셋째, 음악에 관련된 유아의 행동을 지시하는 방법이다. 교사는 유아가 새로운 음악 경험을 할 수 있도록 언어적 지시를 통해 상호작용할 수 있다. 예를 들면, "북 치는 소리가 들릴 때마다 손뼉을 쳐 보자!"와 같이 음악에 대한 신체표현을 지시할 수 있고, "장구를 세워 놓고 드럼처럼 두드려 보자!"와 같은 창의적 연주법을 지시할 수도 있다. 교사의 적절한 행동 지시는 유아의 다양한 음악표현을 이끌어 내어 상상력을 발휘하도록 돕는다.

또한 교사는 기능적인 훈련보다는 유아의 음악 흥미도와 동기유발에 더 관심을 두어야 한다. 교사는 음악놀이와 활동 과정에서 유아가 자유롭게 음악을 탐색하면서 적극적으로 음악놀이에 참여하며, 다양한 음악표현을 즐길 수 있도록 상호작용해야 한다. 유아의 반응을 이끌어 내기 위하여 음악과 함께 발현되는 유아의 독특하고 자연스러운 신체적 표현을 허용하고, 교사 자신도 유아의 음악 반응에 따라 함께 몸을 움직이고 노래로 상호작용하는 등 유연한 태도가 필요하다. 이는 교사 스스로 다양한 음악 경험을 즐기며 자유로운 표현에 가치를 두어야 함을 의미한다. 유아의 감정이나 생각을 자발적으로 표현할 수 있도록 하는 허용적 분위기를 조성함으로써 유아 간 자유로운 의사소통이 일어날 수 있도록 하며, 늘 음악에 반응하며 음악과 함께하는 교실 환경을 만들어 갈 수 있다. 이러한 교사의 음악적 상호작용 지원은 유아가 음악에 적극적으로 참여할 수 있는 계기가 된다.

하찮은 얼굴에 하찮은 목소리를 가진 기묘한 악기라 불리는 오타마톤!

일본에서 온 음표 모양의 전자 악기입니다. 일본의 메이와 전기(明和電機)라는 회사에서 '세상에서 제일 이상한 악기를 만들자'는 취지로 만든 악기가 바로 오타마톤입니다. 오타마는 올챙이라는 뜻을 가지고 있는데요. 우리가 음표를 콩나물이라고 부르듯 일본은 올챙이라는 귀여운 표현을 쓴다고 합니다.

출처: 오타마톤을 만든 메이와 전기 홈페이지(https://www.maywadenki.com). 오타마톤을 만든 개발자와 재밌는 디자인의 오타마톤.

이 악기는 막대기 부분을 누르면 얼굴에서 소리가 나오고, 아래에서 위로 올라갈수록 낮은 음이 나옵니다. 음표같이 생긴 머리의 양 볼을 꾹 쥐면 입이 벌어지면서 톤이 바뀌는데, 공명이 바뀌는 원리라고 합니다. 소리를 내는 도중에 막대 부분을 흔들면 바이브레이션도 가능하다고 해요. 모양은 귀엽지만 실제 전자악기의 원리를 잘 갖추고 있답니다.

최근 유튜브에서 '하찮은 얼굴에 하찮은 목소리를 가진 악기'라는 별명으로 큰 인기를 누리고 있는 오타마톤. 옷을 입히거나 스티커를 붙여 나만의 악기로 꾸밀 수도 있고, 가방에 달아 두는 사이즈에서부터 큰 사이즈까지 선택의 폭도 다양해 그 인기가

점점 높아지고 있습니다. 유아들에게도 아주 흥미로운 악기가 될 것 같습니다. 그 소리가 어떤지 한번 감상해 볼까요?

〈BTS 'Butter' 연주영상〉

▲ 겨울왕국 OST 중 'Into the Unknown'의 영상 캡쳐본

출처: 오타마톤 연주자 레드루트(RED ROOT) 유튜브 채널

사람들, 뭐라고 생각할까
내 음악을 기억해 줄까
백 년의 백 년이 지나, 내가 원했던 유일한 일

– 뮤지컬 〈살리에르〉

제5장

유아음악교육의 평가

#유아 음악능력평가 #음악활동 관찰하기 #교사 음악교수효능감

이 장에서는 유아의 음악활동, 음악능력, 음악적 성향, 음악 흥미도를 평가하는 방법에 대하여 알아보겠습니다. "유아의 음악능력이나 성향을 평가하는 것이 필요할까요?" 이 질문을 머릿속에 떠올리며 이 장을 살펴봅시다.

■ 개요

유아교육기관에서 이루어지고 있는 음악활동 평가를 통해 유아의 전인적 성장과 발달에 적절한지, 교육과정에 나타난 유아음악교육의 목표를 달성하고 있는지를 점검함으로써 양질의 음악교육이 이루어질 수 있도록 해야 한다. 이 장에서는 음악활동 평가의 의미와 원리에 대해 이해하고, 유아의 음악능력을 평가할 수 있는 방법과 이를 활용하는 과정에 대해 알아보겠다.

■ 학습목표

1. 유아음악교육 평가의 의미와 원리를 이해한다.
2. 유아음악교육의 구체적인 평가방법에 대하여 알고, 필요한 상황에 따라 적절한 평가방법을 활용할 수 있다.

1. 유아음악교육 평가의 의미

평가는 교육적 시도나 활동의 효과를 알아보기 위한 체계적인 과정이다. 수업현장에서 이루어지는 평가는 유아의 학습과 성취에 대한 교사의 의사결정을 돕기 위하여 정보를 수집하고 해석하여 활용하는 활동이며, 유치원과 어린이집에서 유아가 중심이 되고 놀이가 살아나는 교육과정의 운영을 되돌아보고 개선해 가는 과정으로 정의할 수 있다(교육부, 보건복지부, 2019; 배호순, 2000). 따라서 교사는 활동이 종료된 후 부가적으로 평가를 실시하는 것이 아니라, 교사의 의사결정을 비롯한 학습의 전 과정에서 통합적으로 진행해야 한다.

유아음악교육의 평가 역시 유아를 위한 음악 놀이와 활동의 효과를 알아보는 것으로 교수계획에 따른 음악 놀이와 활동의 수행여부, 활동목표의 달성여부에 대하여 파악하는 과정이라 볼 수 있다. 교사는 이를 통해 음악 놀이와 활동에 대한 유아의 변화과정과 학습수준을 파악하고, 다음 활동의 계획 및 실행에 필요한 기초 정보를 마련한다. 음악활동 전반에 대한 모든 정보를 수집하여 이를 토대로 수업의 질을 개선할 수 있는 것이다.

또한 교사는 음악 놀이와 활동을 전개하면서 교육활동 전, 교육활동 중, 교육활동 후에 나타나는 유아의 음악적 반응과 발달상황을 면밀하게 관찰하여 평가해야 하며, 이의 목적은 개별 유아를 더 잘 이해하고 교수활동의 효과를 높여 궁극적으로 음악활동의 전개와 개선을 도모하기 위함임을 인식하여야 한다. 교사는 음악 놀이와 활동을 운영함에 있어 유아가 수업을 통해 알아야 할 점들과 수업이 끝나고 달성해야 할 점에 대하여 명확히 이해하고 이를 토대로 유아와 상호작용할 수 있어야 한다. 평가는 활동에 임하는 유아의 지식과 능력만을 평가하는 것이 아니라 활동을 이해한 정도나 배운 것을 일상생활에 적용할 수 있는 능력과 같은 성숙의 정도를 평가하는 것임을 기억해야 한다.

평가의 과정과 결과는 부모와의 의사소통 도구로도 활용된다. 교사는 유아가 음악활동을 하면서 보이는 음악 지식과 태도, 다양한 음악적 반응들을 부모에게 전달하여 부모로 하여금 자녀의 음악능력에 대한 이해를 높일 수 있도록 지원한다. 따라서 유아음악교육 평가의 과정과 결과는 보다 체계적인 유아음악교육의 운영을 위한 기반이 된다.

　그러나 창의력을 기초로 한 예술성과 표현력이 강조되는 음악은 주관적이며 측정하기 어려운 속성을 내포하고 있으므로 이를 객관적으로 평가하기란 어려운 일이다. 이에 교사는 유아음악교육의 다양한 평가방법에 대하여 이해하고, 유아의 음악활동을 결과론적으로만 평가하지 않아야 한다. 유아가 음악활동을 통해 어떠한 경험을 얼마나 다양하게 했는지, 스스로 음악 활동을 시도하고 이에 만족했는지 등 과정에 대해서도 염두에 두어야 한다.

2. 유아음악교육 평가의 방법

　유아음악교육 평가의 방법은 크게 음악 놀이와 활동 시 유아의 반응을 토대로 유아 개개인의 성취와 과정을 평가하는 '교사의 유아 평가'와 음악활동을 운영할 때 활동의 질 개선을 위하여 교사 자신이 준비하고 실행한 수업이 유아에게 어떠한 영향을 주었는지 평가하는 '교사의 자기평가', 유아가 스스로 음악 놀이 및 활동에 대한 이해 정도, 참여태도, 만족도 등을 평가하고 또래의 음악활동에 대한 능력을 평가하는 '유아의 자기평가'로 구분할 수 있다.

1) 교사의 유아 평가

　유아음악교육 평가의 내용은 표준화된 검사지나 관찰기록을 통해 유아의 전반적인 발달 특성과 정도를 평가한다. 체크리스트나 검사를 통한 평가의 목적은 점수에 대한 등급 매김이 아니라 개별 유아의 성향이나 발달 정도를 파악함으로써 유아의 음악 발달을 지지하고 음악을 즐길 수 있도록 돕는 데 초점을 두어야 한다. 이러한 평가는 유아의 음악 발달에 대한 정보를 얻을 수 있으며, 이후 수업 계획과 전개를 보다 용이하게 한다. 또한 교사와 부모 간의 효율적 의사소통에 필요한 자료로 활용된다.

　이 절에서는 육아정책연구소와 경기도유아교육진흥원에서 제시한 척도를 중심으로 살펴보도록 하겠다.

(1) 0~2세 보육과정에 기초한 영아관찰척도

육아정책연구소에서는 2014년 표준보육과정의 목표와 내용에 근거하여 영아의 특성과 변화 정도를 평가하는 0~2세반 영아관찰척도를 개발하였다(이미화, 엄지원, 정주영, 2014). 영아 음악활동에 대한 관찰척도는 예술경험영역에 포함되어 있으며, 구체적인 내용은 다음 〈표 5–1〉과 같다.

〈표 5–1〉 0~2세 보육과정에 기초한 예술경험영역 영아관찰척도

연령	관찰문항 (관찰요소)	척도				관찰 및 활동 사례
		1	2	3	4	
0세	주변 환경의 아름다움(예: 소리, 움직임, 색, 모양 등)에 호기심을 가진다. [아름다움에 대한 호기심]					• 딸랑이 소리에 관심을 보인다. • 교사가 흔드는 스카프를 보며 손가락으로 가리킨다. • 사물의 색과 모양에 호기심을 가지고 쳐다보거나 만져 본다.
	리듬 있는 노래에 소리나 움직임으로 반응할 수 있다. [노래에 대한 반응]					• 친근한 교사의 노래에 옹알이로 반응한다. • 음악이나 소리를 들을 때 몸을 움직인다.
	다양한 방법(예: 소리, 표정, 움직임)으로 모방할 수 있다. [모방 행동]					• 교사가 노래를 불러 주면 "오~~~" 소리를 내며 부르듯이 반응한다. • 교사가 손을 흔들면 영아도 따라서 손을 흔든다.
	일상생활에서 아름다움(예: 소리, 노래, 자연물, 사물 등)을 경험한다. [아름다움 경험]					• 친근한 목소리를 녹음해서 들려주면 그 소리에 귀를 기울인다. • 좋아하는 노래를 들려주면 웃으며 손뼉을 친다.
1세	주변 환경의 아름다움(예: 소리, 움직임, 색, 모양 등)에 호기심을 가진다. [아름다움에 대한 호기심]					• 움직이는 사물의 소리에 관심을 보인다.
	노래를 부분적으로 따라 부르고, 리듬에 맞춰 소리를 낼 수 있다. [노래 모방, 리듬감]					• 잠자는 시간 중 잠들기 전에 반복되는 노래에서 아는 부분은 흥얼거리며 따라 한다. • 〈머리 어깨 무릎 발〉 같은 리듬 있는 노래의 후렴구를 따라 부른다. • 리듬에 맞춰 북을 친다. • 리듬 있는 음악을 들으며 마라카스를 흔든다.
	간단한 도구를 이용해 몸을 흔들며 움직일 수 있다. [움직임 표현, 도구 활용]					• 음악을 듣고 손과 발을 흔들며 좋아한다. • 영아체조 노래를 들으며 몸을 움직인다. • 음악을 들려주면 손목 방울을 흔들며 움직인다. • 탬버린을 잡고 흔들며 고갯짓을 한다.

	모방 행동을 즐긴다. [모방 행동]			• 장난감 전화기를 귀에 대고 어른처럼 전화하는 흉내를 낸다. • 아기 인형을 엄마처럼 안고 있다.
	일상생활의 아름다움(예: 소리, 노래, 자연물, 사물 등)을 경험한다. [아름다움 경험]			• 좋아하는 노래를 들려주면 반복하여 듣는다. • 실외에서 나뭇잎과 꽃 감상하는 것을 즐긴다.
2세	주변 환경의 아름다움(예: 소리, 움직임, 색, 모양 등)을 탐색할 수 있다. [아름다움 탐색]			• 스카프를 흔들면서 움직임에 따라 눈으로 쫓거나 고개짓을 한다. • 비오는 것을 바라보며, 빗소리나 모양에 대해 관심을 표현한다.
	친근한 노래를 따라 부르고 간단한 리듬과 소리를 만들 수 있다. [노래 표현, 리듬 및 소리 표현]			• 낮잠 시 들려주는 반복되는 노래에 따라 흥얼거리거나 따라 부른다. • 아는 노래를 부르다가 노래에 맞춰 마라카스를 흔든다. • 친근한 노래가 들리면, 손뼉 치기 또는 발을 굴러 소리를 낸다. • 탈것류 장난감을 가지고 놀면서 바퀴를 굴려 소리를 내다가 점차 리듬감 있는 소리를 낸다(예: 칙칙폭폭, 부릉부릉).
	노래 또는 리듬에 맞추거나 간단한 도구를 활용하여 몸으로 표현할 수 있다. [신체표현, 도구 활용]			• 익숙한 노래에 맞춰 가사에 맞는 행동으로 표현한다. • 노래의 리듬대로 엉덩이를 씰룩거린다. • 음악을 들려주면, 막대나 손수건 등을 흔들고 뱅글뱅글 돌며 움직인다. • 스카프를 흔들며 그 움직임에 따라 몸을 좌우 또는 상하로 움직인다.
	모방 행동과 상상놀이를 즐긴다. [모방 행동, 상상놀이]			• 인형에게 주사를 놓거나, 청진기를 귀에 꼽고 진찰하는 의사 흉내를 낸다. • 거울을 보며 화장품으로 화장을 하면서 엄마가 화장하는 흉내를 낸다.
	예술적 환경의 아름다움(예: 자연이나 생활의 소리, 음악과 춤, 자신과 친구의 표현과 작품 등)에 관심을 가지고 즐긴다. [즐기는 태도, 심미감]			• 친근한 노래, 자연의 소리 등을 녹음해서 들려주면 귀를 기울이며 반복해서 듣기를 즐긴다. • 좋아하는 음악이 들리면 하던 일을 멈추고 몸을 흔든다. 음악이 멈추면 다시 반복하기를 요구한다. • 친구가 음악에 따라 몸으로 표현하는 것을 서서 바라보다 따라 해 본다.

출처: 이미화, 엄지원, 정주영(2014).

(2) 3~5세 보육과정(누리과정)에 기초한 평가 예시문

경기도유아교육진흥원(2013)에서는 연령별 3~5세 누리과정의 내용 범주에 기초한 평가 예시문을 발표하였다. 음악교과와 관련한 내용은 예술경험영역에 해당되는 '음악적 요소 탐색하기' '음악으로 표현하기' '통합적으로 표현하기' '다양한 예술 감상하기' '전통 예술 감상하기'이며, 유아 개인의 음악적 능력에 따라 상·중·하로 평가하도록 제시하고 있다. 그중 '음악으로 표현하기'의 평가내용을 각 연령별로 살펴보면 다음과 같으며, 각 연령별 평가 예시문은 이 장의 끝부분에 제시하였다.

〈표 5-2〉 3~5세 누리과정에 기초한 예술경험영역 '음악으로 표현하기' 평가 예시문

연령	수준	내용
3세	상	• 간단한 노래 및 전래동요를 듣고 따라 부르기를 즐거워합니다. • 리듬악기로 간단한 리듬을 표현할 수 있으며, 간단한 리듬과 노래를 즉흥적으로 만들 수 있습니다.
	중	• 간단한 노래나 쉬운 전래동요를 듣고 따라 부를 수 있습니다. • 리듬악기에 관심을 가지고 자유롭게 소리를 내며, 간단한 리듬과 노래를 만드는 활동에 관심을 보입니다.
	하	• 정확하지는 않지만 간단한 노래나 전래동요를 듣고 따라 부르기를 시도합니다. • 리듬악기를 좋아하나 발 구르기, 입으로 소리 만들기와 같은 신체를 이용하여 리듬을 맞춰 보는 활동에 소극적으로 참여합니다.
4세	상	• 음정과 박자에 맞춰 노래를 부를 수 있으며 자신의 생각과 느낌에 따라 자유롭게 노래로 표현할 수 있습니다. • 전래동요에 관심을 가지고 즐겨 부릅니다. • 다양한 리듬악기의 소리 내는 방법을 탐색하고 친숙한 노래에 맞춰 연주하기를 좋아합니다. • 간단한 리듬과 노래를 즉흥적으로 만들어 즐겁게 연주할 수 있습니다.
	중	• 노래를 듣고 따라 부르기를 즐기며, 단순한 박자에 맞춰 부를 수 있습니다. • 전래동요에 관심을 가지고 부를 수 있습니다. • 다양한 리듬악기를 탐색하고 자유롭게 연주하기를 좋아합니다. • 여러 가지 소리와 리듬을 만드는 활동에 호기심을 보이며, 간단한 리듬을 연주할 수 있습니다.
	하	• 간단한 노래를 부를 수 있으나 노래를 부를 때 목소리 크기를 적절하게 조절하는 노력이 요구됩니다. • 전래동요를 듣고 따라 부를 수 있습니다. • 리듬악기를 다루면서 소리의 특성에 관심을 보이나, 간단한 리듬을 표현하는 것을 어려워합니다. • 간단한 리듬을 따라서 연주해 보는 경험이 요구됩니다.

5세	• 자신에게 친숙한 노래를 속도와 강약에 따라 변화를 주어 부릅니다. • 목소리를 적절하게 조절하여 노래를 부릅니다. • 배운 노래 전체를 정확하게 끝까지 부릅니다. • 흥미를 느끼는 내용이나 느낌에 대해 선율과 리듬을 변화시켜 노래할 수 있습니다. • 노랫말을 바꾸어 부르기 등 자신의 느낌을 표현합니다. • 좋아하는 리듬이나 가락을 넣어 부르기 등 다양한 방법으로 노래할 수 있습니다. • 일상생활 속에서 전래동요에 관심을 갖고 즐겨 부릅니다. • 전래동요의 재미있는 선율이나 리듬에 흥미를 보이며 즐겁게 부릅니다. • 다양한 음색의 리듬악기에 관심을 갖고 즐겁게 연주합니다. • 리듬막대, 핸드벨, 마라카스, 캐스터네츠, 탬버린, 작은북, 트라이앵글 등 리듬악기의 사용법을 알고 즐겁게 연주합니다. • 다양한 악기들의 소리 내는 방법, 쥐는 방법을 알고 익숙하게 연주합니다. • 손의 힘을 조절하여 리듬악기의 강약을 연주할 수 있습니다. • 리듬악기로 배운 리듬을 정확하게 연주할 수 있습니다. • 배운 리듬의 박자와 리듬을 다르게 하면서 새로운 소리를 만듭니다. • 국악기와 다른 나라 전통악기의 소리를 비교하고 새로운 소리를 만들 수 있습니다. • 리듬악기의 특징을 알고 다양하게 연주할 수 있습니다. • 다른 유아들이 만드는 소리를 듣고 함께 소리를 연합하여 연주할 수 있습니다. • 자신의 흥미나 경험을 살려 즉흥적으로 간단한 멜로디를 만들 수 있습니다. • 자신의 느낌이나 생각에 대해 간단한 리듬을 만들며 즐겁게 연주합니다.

출처: 경기도유아종합진흥원(2013) 재구성.

앞에서 살펴본 바와 같이, 3, 4세는 상·중·하 3개의 수준으로 기술되어 있으나 5세는 수준의 구분 없이 기술되어 있다. 또한 3, 4세는 연령별 누리과정에 따른 종합평가 예시문도 제시하고 있다.

〈표 5-3〉 **연령별 누리과정에 따른 3, 4세 예술경험영역 종합평가 예시문**

연령	수준	내용
3세	상	• 자연과 주변 환경에서 접하는 여러 가지 소리에서 셈여림, 빠르기, 리듬에 관심을 보이며 간단한 노래와 전래동요를 듣고 따라 부르기를 즐깁니다. • 신체를 이용하여 주변의 다양한 움직임을 자유롭게 상상하여 표현할 수 있으며, 우리나라 전통 예술에 관심을 보입니다. • 리듬악기로 간단한 리듬을 표현할 수 있으며 다양한 감상 활동을 통해 예술 표현에 관심을 보입니다.
	중	• 자연과 주변 환경의 소리와 음악에 관심을 가지며, 반복되는 리듬이나 간단한 노랫말로 이루어진 전래동요를 따라 부를 수 있습니다. • 주변의 움직임을 단순하게 표현하거나 또래의 움직임을 따라 하며 대상의 모양과 움직임을 사실적으로 표현할 수 있고, 자신이 경험해 본 우리나라 전통 예술에 관심을 보입니다.

4세	하	• 자연과 주변 환경의 소리와 음악적 요소를 탐색해 보는 경험이 필요하며, 간단한 노래를 듣고 따라 부르려고 노력합니다. • 신체를 이용하여 주변의 움직임이나 자신의 생각과 느낌을 표현해 보고 우리나라의 전통 예술에 관심을 가질 수 있도록 일상생활과 관련된 다양한 경험이 요구됩니다. • 리듬악기를 좋아하여 탐색하기를 즐기나 리듬을 맞춰 보는 활동에 소극적으로 참여하며 다른 사람의 예술 표현을 소중히 여기는 태도가 요구됩니다.
	상	• 주변의 다양한 소리와 음악을 들으며 셈여림, 빠르기, 리듬 등에 관심을 가지고 차이를 구별할 수 있으며, 리듬악기의 소리 내는 방법을 탐색하고 친숙한 노래에 맞추어 연주하기를 좋아합니다. • 음정과 박자에 맞춰 노래 부를 수 있으며 자신의 생각과 느낌에 따라 자유롭게 노래로 표현할 수 있고 전래동요도 관심을 가지고 즐겨 부릅니다. • 간단한 리듬과 노래를 즉흥적으로 만들어 즐겁게 연주하며, 자신의 생각과 느낌을 창의적인 움직임과 춤으로 표현할 수 있습니다. • 자발적으로 예술 활동에 참여하여 생각과 감정을 다양한 방법으로 표현하며 주변의 다양한 소리와 음악을 들으며 셈여림, 빠르기, 리듬 등에 관심을 가지고 차이를 구별할 수 있습니다. • 우리나라 전통춤, 미술작품, 음악 등 전통 예술에 관심을 가지고 감상하기를 즐깁니다. • 우리나라의 전통 예술과 다양한 음악, 춤, 미술작품, 극놀이 감상을 즐기고 전래동요도 관심을 가지고 즐겨 부릅니다.
	중	• 다양한 소리, 음악의 셈여림, 빠르기, 리듬 등에 관심을 가지고 반응하며, 다양한 리듬악기를 탐색하고 자유롭게 연주하기를 좋아합니다. • 노래를 듣고 따라 부르기를 즐기며, 단순한 박자에 맞춰 부를 수 있습니다. • 여러 가지 소리와 리듬을 만드는 활동에 호기심을 보이며, 간단한 리듬을 연주할 수 있고, 자신의 생각과 느낌을 움직임과 춤으로 자유롭게 표현합니다. • 예술 활동에 참여하여 생각과 감정을 표현하고 자연과 주변 환경에서 들려오는 다양한 소리와 음악의 셈여림, 빠르기, 리듬 등에 관심을 보입니다. • 우리나라 전통춤, 미술작품, 음악 등 전통 예술에 관심을 보입니다. • 우리나라의 전통 예술과 다양한 음악, 춤, 미술작품, 극놀이를 감상하며 전래동요에 관심을 가지고 부릅니다.
	하	• 주변의 소리나 움직임에 반응을 보이나 음악의 셈여림, 빠르기, 리듬 등을 구별하기 어려워하고 리듬악기로 간단한 리듬을 표현하는 것이 서투릅니다. • 간단한 노래를 부를 수 있으나 노래를 부를 때 목소리 크기를 적절하게 조절하는 노력이 요구됩니다. • 간단한 리듬에 따라서 연주해 보는 경험이 필요하며 자신의 생각과 느낌을 움직임과 춤으로 표현하지만 제한적입니다. • 예술 활동에 관심을 가질 수 있도록 다양한 경험이 필요하며 자연과 주변 환경의 소리나 움직임에 관심을 보이지만 음악의 셈여림, 빠르기, 리듬 등을 구별하기 어려워합니다. • 우리나라의 전통 예술 활동에 관심을 가질 수 있는 다양한 경험이 요구됩니다. • 우리나라의 전통 예술과 다양한 음악, 춤, 미술작품, 극놀이를 감상하는 다양한 경험과 관심이 필요합니다.

출처: 경기도유아종합진흥원(2013) 재구성.

(3) 음악 능력 검사

음악 능력 검사(The Primary Measures of Music Audiation: PMMA)는 유아의 음악 소질을 측정하기 위한 것으로 Gordon(1979)이 개발하였으며, 유치원부터 초등학교 3학년까지의 아동을 대상으로 하는 검사도구이다. PMMA 검사는 음감 능력과 리듬감 능력의 2개 하위요인을 갖추고 있으며, 각 40문항씩 총 80문항으로 구성되어 있다. 음감 능력 검사를 먼저 시행한 후 리듬감 능력 검사를 시행해야 하며, 그 간격이 적어도 2주가 넘지 않아야 한다.

검사방법은 유아가 한 쌍으로 이루어진 두 개의 짧은 음악을 들은 후, 두 음악이 서로 같으면 응답지에서 표정이 같은 한 쌍의 얼굴에 표시하고, 두 음악이 서로 다르면 서로 표정이 다른 한 쌍의 얼굴에 표시하는 방식이다. 때문에 글이나 숫자, 악보를 모르는 유아도 쉽게 응답할 수 있다. 채점 방식은 정답일 경우 한 문항당 1점으로 채점되며 점수가 높을수록 음감과 리듬감이 높음을 의미한다.

[그림 5-1] PMMA 검사지 응답의 사례

(4) 음악적 성향 검사

음악적 성향 검사는 방은영(2008)이 제시한 것으로 3~5세 유아 대상의 교사 평정 척도 검사이다. 구체적인 내용은 음악에 대한 흥미와 유능성, 가치, 의지의 네 가지로 구성되며 총 20문항이다. 각 문항은 전혀 그렇지 않다, 그렇지 않다, 보통이다, 그렇다, 매우 그렇다로 평정되며 각 문항당 1~5점으로 전체 점수는 20~100점이다.

〈표 5-4〉 **음악적 성향 검사 문항**

내용	문항
흥미	1. 음악활동에 대해 흥미를 보이고 즐거워하는가?
	2. 새로운 음악 교수 자료와 방법에 대해 관심을 보이는가?
	3. 음악활동의 내용과 방법 등에 대해 관심을 보이는가?
	4. 노래 부르기와 신체표현 외에 다른 방법을 사용하여 음악표현하기를 좋아하는가?
	5. 음악활동 시 제시된 활동에 자발적으로 참여하는가?
유능성	6. 음악활동 시 머뭇거림이 없이 적극적으로 표현하는가?
	7. 음악활동의 전개과정에서 자신만의 독특한 표현방법을 나타내는가?
	8. 노래 부르기, 신체표현하기, 악기 다루기 등을 유창하게 잘하는가?
	9. 음악적 요소들(리듬, 박자, 빠르기, 멜로디 등)에 대한 감각이 있고 잘 표현하는가?
	10. 음악활동 시 교사와 또래로부터 칭찬을 받을 때가 많은가?
	11. 또래의 음악표현에 관심을 보이는가?
	12. 음악활동 시 교사의 (언어적/비언어적) 설명 및 활동수행방법을 잘 이해하고 유능하게 반응하는가?
가치	13. 음악가에 대해 행복감을 표현하는가?
	14. 음악과 관련된 모든 활동에 즐거움을 표현하는가?
	15. 음악활동에서 자신이 느낀 즐거움을 또래와 함께 공유하는가?
의지	16. 음악활동에서 자신의 아이디어를 자주 표현하는가?
	17. 자기주도적으로 음악활동에 필요한 재료(악기 및 소품)를 선택하는가?
	18. 일과 중 스스로 음악활동을 시도하는가?
	19. 음악활동에 몰입하고 지속하는가?
	20. 차후 음악활동에 대한 지속적인 기대감을 보이는가?

출처: 방은영(2008).

(5) 음악 흥미도 검사

김향숙(2016)은 교사가 평정하는 3~5세 유아 대상 음악 흥미도 검사도구를 개발하였다. 음악 흥미도 검사도구는 노래 부르기, 음악 감상하기, 음악 관련 신체표현하기, 악기 연주하기, 음악 만들기의 영역으로 구성되며 각 하위요소는 음악에 대한 즐거움, 호감도, 주의, 지속성, 적극성으로 구성된다. 총 25문항으로 각 문항은 전혀 그렇지 않다, 그렇지 않다, 보통이다, 그렇다, 매우 그렇다로 평정되며, 각 문항당 1~5점으로 전체 점수는 25~125점이다.

〈표 5-5〉 **음악 흥미도 검사 문항**

내용		문항
노래 부르기	즐거움	노래 부르기를 즐겁게 한다.
	호감도	노래 부르기 활동을 좋아한다.
	주의	노래 부를 때 음악요소(예: 셈여림, 빠르기 등)에 집중하여 부른다.
	지속성	음악활동 후에도 노래를 부르거나 흥얼거리지 않는다.
	적극성	노래 부르기 활동 시간에 적극적으로 참여한다.
음악 감상 하기	즐거움	음악을 들을 때 즐거워한다.
	호감도	음악감상 활동을 좋아하지 않는다.
	주의	음악을 들을 때 음악요소(예: 빠르기, 음높이 등)에 주의하여 듣는다.
	지속성	음악활동 후에도 노래나 음악을 지속적으로 듣는다.
	적극성	음악감상 활동 시간에 적극적으로 참여한다.
신체 표현 하기	즐거움	음악에 맞추어 신체표현을 할 때 즐거워한다.
	호감도	노래나 음악에 맞추어 신체표현 하는 것을 좋아한다.
	주의	음악요소(예: 빠르기, 셈여림 등)에 주의를 기울이며 신체표현을 한다.
	지속성	음악활동 후에도 음악과 관련된 신체표현을 지속적으로 한다.
	적극성	음악에 맞춰 신체표현 하는 시간에 적극적으로 참여한다.
악기 연주 하기	즐거움	악기 연주(악기 다루기)를 할 때 즐거워한다.
	호감도	악기 연주(악기 다루기) 활동을 좋아한다.
	주의	음악요소(예: 셈여림, 빠르기 등)에 주의하여 악기를 연주한다.
	지속성	음악활동 후에도 악기 연주(악기 다루기)를 지속적으로 한다.
	적극성	악기 연주(악기 다루기) 활동 시간에 적극적으로 참여한다.
음악 만들기	즐거움	음악 만들기를 할 때 즐거워한다.
	호감도	음악 만들기 활동을 좋아한다.
	주의	다양한 음악요소(예: 셈여림, 빠르기 등)에 주의하여 음악을 만든다.
	지속성	음악활동 후에도 음악 만들기를 지속적으로 한다.
	적극성	음악 만들기 활동 시간에 적극적으로 참여한다.

출처: 김향숙(2016).

(6) 관찰기록

교사는 유아의 특성과 변화 정도를 파악하기 위하여 그들의 실제 놀이 모습을 일지에 기록할 수 있고, 놀이 결과물과 작품 등을 일상적으로 수집할 수 있다. 유아의 놀이를 관찰할 때에는 유아의 말, 몸짓, 표정 등에서 드러나는 놀이의 의미와 특성에 주목하여 이 중 필요한 내용을 기록한다. 메모나 사진 등 교사가 할 수 있는 가장 쉽고 편한 방법으로 기록해야 지속적인 관찰기록이 이루어진다.

최근에는 교사의 관찰기록을 도와주는 교사용 프로그램이 개발, 보급되면서 그동안 어렵게만 여겨졌던 관찰기록을 보다 쉽고 자유롭게 실행할 수 있게 되었다. 교육부는 2020년 유아관찰기록프로그램 '관찰기록을 담다'를 개발하여 관찰기록안내서『관찰을 관찰하다』와 함께 현장에 보급하였다. 해당 프로그램의 메뉴는 관찰기록을 위한 '기본정보'(우리 반 유아의 이름, 성별, 나이 등의 기본정보 등록), '기록저장'(관찰을 통해 수집한 사진, 유아의 대화 등을 글과 사진으로 저장), '기록활용'(다양한 형식의 템플릿을 활용하여 앞서 기록저장에 담긴 사진 및 글을 활용하여 출력물로 제작)으로 구성되어 있으며, 각 메뉴는 교사가 자유로운 분량과 형식으로 사용할 수 있다. 유아관찰기록안내서『관찰을 관찰하다』(교육부, 2020)에는 관찰기록에 대한 교사의 고민은 물론 관찰과 관찰기록의 구체적인 방법, 누리과정과의 연계 방안, 유아관찰기록프로그램의 활용방법이 자세히 나와 있다. 해당 프로그램과 안내서는 교육부에서 운영하는 아이누리포털사이트(www.i-nuri.go.kr)에서 회원가입 없이 누구나 다운로드 가능하다. 프로그램을 활용한 구체적인 관찰기록 작성 방법은 이 책의 '부록 4'를 참고하면 된다.

다음은 유아관찰기록프로그램 '관찰기록을 담다'를 활용한 관찰기록의 예시이다. 해당 프로그램을 활용하면 이미 만들어진 템플릿에 교사의 관찰 내용, 유아의 놀이 과정 사진, 대화 등을 놀이의 흐름에 따라 자유롭게 기록할 수 있다.

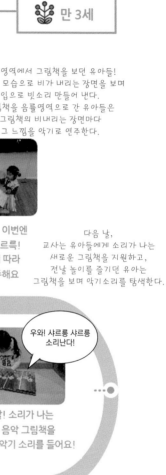

만 3세

음악그림책으로 즐기는 연주놀이

자유놀이가 우리반 전체의 놀이로 확장되다

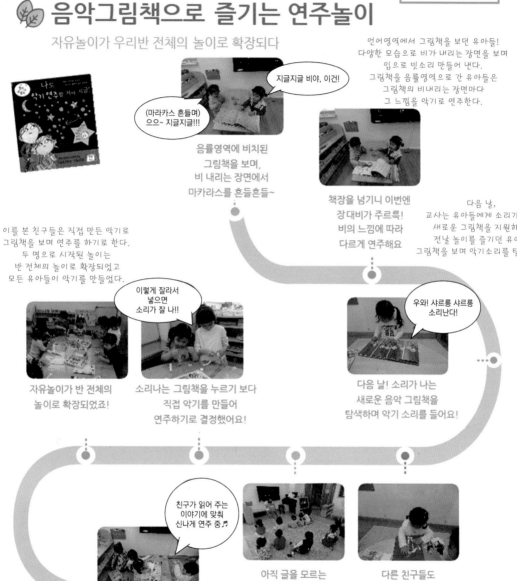

언어영역에서 그림책을 보던 유아들!
다양한 모습으로 비가 내리는 장면을 보며
입으로 빗소리 만들어 낸다.
그림책을 음률영역으로 간 유아들은
그림책의 비내리는 장면마다
그 느낌을 악기로 연주한다.

지글지글 비야, 이건!

(마라카스 흔들며)
으으~ 지글지글!!!

음률영역에 비치된
그림책을 보며,
비 내리는 장면에서
마라카스를 흔들흔들~

책장을 넘기니 이번엔
장대비가 주르륵!
비의 느낌에 따라
다르게 연주해요

다음 날,
교사는 유아들에게 소리가 나는
새로운 그림책을 지원하고,
전날 놀이를 즐기던 유아는
그림책을 보며 악기소리를 탐색한다.

이를 본 친구들은 직접 만든 악기로
그림책을 보며 연주를 하기로 한다.
두 명으로 시작된 놀이는
반 전체의 놀이로 확장되었고
모든 유아들이 악기를 만들었다.

이렇게 잘라서
넣으면
소리가 잘 나!!

우와! 샤르릉 샤르릉
소리난다!

자유놀이가 반 전체의
놀이로 확장되었죠!

소리나는 그림책을 누르기 보다
직접 악기를 만들어
연주하기로 결정했어요!

다음 날! 소리가 나는
새로운 음악 그림책을
탐색하며 악기 소리를 들어요!

친구가 읽어 주는
이야기에 맞춰
신나게 연주 중♬

(그림책 읽으며)
그때
뽀로롱 뽀로롱
소리가 났어요!

친구들과 즐기는
신나는 연주놀이

아직 글을 모르는
만3세 아이들!
내용이 궁금해지자
함께 읽자고 요청했어요

다른 친구들도
음악 그림책에 관심을
가지기 시작했어요

유아관찰프로그램을 활용한 유아 음악놀이 관찰기록 예시

이러한 관찰기록 자료는 유아의 음악 놀이와 활동을 평가하는 자료가 됨과 동시에 유아의 특성과 변화 정도를 파악하는 데 활용할 수 있다. 교사는 개별 유아를 정기적으로 관찰하여 변화의 정도를 파악하는 것도 중요하지만, 배움이 나타나는 또래 간의 놀이나 활동 등 유아가 일상에서 놀이하며 배우는 자연스러운 상황에서 어떠한 경험을 하고 있는지 관찰하고 기록해야 한다. 관찰기록에 나타난 유아의 실제 대화나 행동기술 등을 통해 해당 유아가 음악활동을 하면서 보이는 음악적 지식과 태도, 음악에 대한 성향이나 발달 정도를 파악할 수 있다.

다음 사례는 실제 현장에서 이루어진 만 4세반 유아 음악놀이 관찰기록과 이를 활용한 음악적 성향 검사의 예시이다.

어! 파도소리가 난다!

모래놀이를 하던 유아들. 그때 아연이가 삽으로 모래를 퍼내 바위를 덮고 있던 비닐에 뿌린다. 모래가 비닐에 부딪히며 소리가 났고, 놀이가 전개되었다!

수연: (모래를 뿌리며) 지아야 여기 봐! 자, 촤악~촤악~ 바다 소리 같지?
지아: 어? 진짜잖아? 우리 지난주에 경포 갔을 때, 거기서 이런 소리 났잖아!
수연: (계속 모래를 뿌리며) 어, 맞아! 촤악! 우촤촤악~

강릉에 살고 있는 유아들. 지난주 다 함께 경포 해변으로 모래놀이를 다녀왔다. 그 기억을 떠올리며, 파도 소리를 계속 만들어 낸다.

지아: (모래를 뿌리며) 여기는 쌍파도가 친다!! 촤악~ 촤악~
수연: (삽에 듬뿍 모래를 모아 뜨며) 대왕 파도 준비 중입니다! 자, 파도가 갑니다 ~촤악~촤악~

다른 유아들, 두 친구가 들려주는
파도 소리를 듣더니, 모두 모래놀이
도구를 하나씩을 들고 모여들어
파도 소리를 만든다.

현재: (삽으로 모래를 뿌리며)
　　　최강파워 파도!!! 촤악~
수연: 어, 엄청 센 파도 소리다!
유희: 근데 이거는 태풍 올 때
　　　나는 소리 아니야?
아이들: 아하하하!!

유아 음악놀이 관찰기록 예시

평가항목		응답		
평가일시: 20○○. 8. 11. 수　유아명: 이리듬　유아연령: 만 4세		매우 그렇다	그렇다	전혀 그렇지 않다
흥미	1. 음악활동에 대해 흥미를 보이고 즐거워하는가?	✓		
	2. 새로운 음악 교수 자료와 방법에 대해 관심을 보이는가?	✓		
	3. 음악활동의 내용과 방법 등에 대해 관심을 보이는가?		✓	
	4. 노래 부르기와 신체표현 외에 다른 방법을 사용하여 음악 표현하기를 좋아하는가?	✓		
	5. 음악활동 시 제시된 활동에 자발적으로 참여하는가?	✓		
유능성	6. 음악활동 시 머뭇거림이 없이 적극적으로 참여하는가?	✓		
	7. 음악활동의 전개과정에서 자신만의 독특한 표현방법을 나타내는가?	✓		
	8. 노래 부르기, 신체표현하기, 악기 다루기 등을 유창하게 잘하는가?	✓		
	9. 음악요소(리듬, 박자, 빠르기, 멜로디 등)에 대한 감각이 있고 잘 표현하는가?		✓	
	10. 음악활동 시 교사와 또래로부터 칭찬을 받을 때가 많은가?		✓	
	11. 또래의 음악표현에 관심을 보이는가?	✓		
	12. 음악활동 시 교사의(언어적/비언어적) 설명 및 활동수행방법을 잘 이해하고 유능하게 반응하는가?		✓	
가치	13. 음악가에 대해 행복감을 표현하는가?	✓		
	14. 음악과 관련된 모든 활동에 즐거움을 표현하는가?	✓		
	15. 음악활동에서 자신이 느낀 즐거움을 또래와 함께 공유하는가?	✓		
의지	16. 음악활동에서 자신의 아이디어를 자주 표현하는가?	✓		
	17. 자기주도적으로 음악활동에 필요한 재료(악기 및 소품)를 선택하는가?	✓		
	18. 일과 중 스스로 음악활동을 시도하는가?	✓		
	19. 음악활동에 몰입하고 지속하는가?	✓		
	20. 차후 음악활동에 대한 지속적인 기대감을 보이는가?	✓		

관찰기록을 활용하여 실시한 음악적 성향 검사 예시

구체적으로 살펴보면, 한 유아가 모래놀이를 하다 비닐을 붙인 벽에 모래를 뿌리게 되었고, 우연히 그 소리가 '바다 소리' 같다는 느낌을 갖게 된다. 다음 날 해당 유아는 친구들에게 같은 방법으로 바다 소리를 만들어 들려주고, 그 소리를 들은 유아들은 저마다의 방식으로 바다 소리를 만들며 놀이를 전개하였다. 이때 교사는 이러한 유아들의 놀이과정을 관찰하여 사진과 대화 등으로 기록하였다. 관찰기록을 통해 교사는 유아가 놀이과정에서 소리 탐색 및 감상하기, 창작하기와 같은 음악교육 내용을 경험하였으며, 또래에 비하여 음악적 성향이 뛰어남을 알게 되었다. 이를 바탕으로 해당 유아의 음악적 성향에 대하여 보다 구체적으로 파악하기 위하여 표준화된 검사지를 활용하여 평가하였고, 그 결과 해당 유아가 실제로도 음악에 대한 흥미와 유능성, 가치, 의지 등의 항목에서 높은 수준을 보임을 알 수 있었다.

이처럼 유아교육현장에서는 평정척도와 관찰기록의 방식을 따로 또 같이 사용하며 유아를 평가할 수 있다. 평가는 방법과 절차의 과정이 까다롭고 복잡하다는 인식이 있다. 그러나 평가의 과정과 결과 모두 유아는 물론 교사와 교육과정 자체에도 매우 중요하므로 교사 스스로에게 적절하고 유용한 방법을 찾아 습관화하는 과정이 필요하다.

관찰기록! 연습해 볼까요?

음악놀이를 하는 영아와 유아의 모습이 담긴 동영상을 보고, 간단하게 관찰 기록을 남겨 보아요.

♪음악은 즐거워! 삼촌의 악기 연주에 맞춰 신나게 춤을 추는 영아!

〈악기 연주에 맞춰 춤 추는 영아의 동영상〉

이름:	나이:	성별:

관찰내용(영유아 대화 및 놀이상황):

나의 의견:

♪ 일상이 뮤지컬? 나의 마음을 노래로 만들어 부르는 유아!

이름: 나이: 성별:

관찰내용(영유아 대화 및 놀이상황):

〈나의 마음을 노래로
만들어 부르는 유아
의 동영상〉

나의 의견:

2) 교사의 자기평가

음악활동 후 교사는 자신이 계획한 활동내용, 교수-학습자료 등이 진행에 적절하였는지, 상호작용은 긍정적이고 수용적으로 이루어졌는지, 진행상의 문제점은 없었는지, 준비가 미흡한 점은 없었는지, 유아의 반응은 어떠하였는지 등을 평가한다. 이를 통해 교수-학습방법에 대한 피드백을 얻어 다음 활동에 반영해야 한다. 교사는 음악 놀이와 활동 계획에 따라 교육활동이 실행되었는지를 평가·기록하기 위하여 활동 계획 시 설정했던 목표의 성취여부, 활동 전개과정에서 계획과 다르게 진행된 점, 음악활동에 사용된 활동자료의 적절성 등에 대하여 평가·기록할 수 있다. 이와 관련된 구체적인 평가항목은 다음 〈표 5-6〉과 같다.

〈표 5-6〉 교사의 자기평가

자기평가항목		응답		
활동명:	평가일시:	매우 그렇다	그렇다	전혀 그렇지 않다
• 활동 전 미리 계획을 하였는가?				
• 목표에 부합하는 활동을 하였는가?				
• 활동 전에 도구를 미리 준비하였는가?				
• 활동 중 유아들과 함께 활동에 참여하였는가?				
• 과제 수행이 어려운 유아를 위하여 적절한 도움을 주었는가?				
• 음악활동의 교수목표가 무엇인지를 유아에게 알려 주었는가?				
• 열정과 에너지를 가지고 열심히 임하였는가?				

• 유아가 노력하고 향상되었을 때 칭찬과 격려를 아끼지 않았는가?			
• 개별적 발달과 창의성 발달 도모를 위해 충분히 주의를 기울였는가?			
• 유아가 자발성을 갖도록 도와주었는가?			
• 유아가 지속적으로 동기부여를 받게 하고 움직임의 질과 양을 고려하였는가?			
• 활동을 잘 마무리하였는가?			
• 제시한 활동의 효율성을 평가하였는가?			
• 음악활동 시 발생한 문제들을 어떻게 처리했는지 평가하였는가?			

이러한 교사의 자기평가도 보다 구체적으로 접근할 수 있다. 다음에서는 교사가 계획하고 실행한 음악활동을 전반적으로 살펴보는 '음악활동에 대한 평가'와 음악교수에 대한 교사의 자신감이 음악활동에 어떻게 반영되었는가를 살펴보는 '음악활동에 대한 교수효능감'의 두 평가 방법을 알아보겠다.

(1) 음악활동에 대한 평가

음악활동에 대한 평가는 교사가 활동의 효과를 판단하기 위하여 자신이 준비하고 실행한 수업이 유아에게 어떤 영향을 주었는지를 평가하고자 하는 것이다. 교사는 준비된 평가항목에 체크를 하고, 그 밖에 기억해 두어야 할 사항은 '기타' 항목에 기술함으로써 다음 음악활동에 반영할 수 있다. 이에 대한 평가내용을 구체적으로 제시하면 〈표 5-7〉과 같다.

〈표 5-7〉 음악활동 평가

음악활동 평가항목		응답		
활동명:　　　　　　　　　　　평가일시:		매우 그렇다	그렇다	전혀 그렇지 않다
• 유아의 연령, 흥미, 발달 수준에 적합하였는가?				
• 생활주제와 연관된 활동내용이었는가?				
• 신체, 언어, 인지, 정서, 사회성, 창의성, 음악성 발달을 촉진하는 활동이었는가?				
• 의도한 교육목표에 어느 정도 도달하였는가?				
• 유아가 스스로 탐색, 표현, 감상활동에 참여하였는가?				
• 충분한 시간이 제공되었는가?				

• 그림 자료, 노랫말 자료, 악기, 악보, 음향 등 사용한 교수자료는 적절하였는가?			
• 음악적 요소를 찾아 활용하도록 확산적인 질문을 사용하였는가?			
• 소리 탐색 및 감상하기, 노래 부르기, 악기 다루기, 신체표현, 창작하기 등 다양한 활동이 이루어졌는가?			
• 음악활동을 다른 영역의 활동으로 확장하도록 유도하였는가?			
• 기타:			

(2) 음악활동에 대한 교수효능감

교사의 음악적 신념인 음악 교수효능감은 음악을 가르치는 교사로서의 능력에 대한 자신감이라 정의할 수 있다. 교수효능감은 교사가 인식, 판단, 행동하는 모든 과정에 영향을 주어 실제 교수 행동에 연결된다. 교사 스스로 더 좋은 교육을 하려는 의지와 동기를 강화하는 데 긍정적 영향을 미치므로 유아의 음악 성취도를 예언해 줄 수 있는 교사의 중요한 내적 요인이 된다.

박주연(2014)은 교사 평정의 음악 교수효능감 검사도구를 개발하였는데, 개인적 음악 교수효능감과 음악교수 결과기대의 두 영역으로 구분하였다. 개인적 음악 교수효능감의 하위영역은 음악활동 계획(5문항), 음악활동 전개(10문항), 음악활동 평가(3문항)로 구성되며, 음악교수 결과기대에 대한 하위영역은 음악적 이해(11문항), 음악적 표현(9문항)으로 구성되어 있다. 총 38문항으로 구성된 음악 교수효능감 검사도구의 일부는 다음 〈표 5-8〉과 같으며, 구체적인 내용은 참고문헌(박주연, 2014)에서 확인할 수 있다.

〈표 5-8〉 음악 교수교능감 검사도구

영역	하위영역	내용	척도				
개인적 음악 교수 효능감	음악 활동 계획	나는 개별 유아의 음악적 발달 특성을 고려하여 음악활동을 계획한다.	1	2	3	4	5
		나는 항상 교육과정(예술경험영역)의 내용을 토대로 음악활동 교수-학습 계획안을 작성한다.					
	음악 활동 전개	나는 음악활동을 통해 유아가 음악개념(예: 리듬, 선율, 셈여림, 빠르기 등)을 탐색하고 느낌을 표현할 수 있는 기회를 제공한다.					
		나는 노래 부르기, 음악감상, 악기 연주, 신체표현, 즉흥연주와 같은 음악 제 영역을 균형적으로 활동할 수 있다.					

음악 활동 평가	나는 음악활동 후 유아들의 음악활동을 진단하고 음악적 표현에 관한 피드백을 제공한다.					
	나는 음악활동을 통해 유아들의 음악활동 참여 정도나 태도에 대하여 평가한다.					
음악교수 결과기대	음악적 이해	교사가 유아의 음악적 발달 수준을 고려하여 음악활동을 전개하면 유아는 음악활동에 흥미를 느끼고 즐겁게 참여한다.				
		유아가 음악개념(예: 리듬, 선율, 빠르기, 셈여림 등)에 대한 이해가 부족한 것은 교사가 유아에게 음악개념을 탐색하거나 표현할 기회를 제공하지 않기 때문이다.				
	음악적 표현	교사가 유아에게 알맞은 노랫말과 음역, 가락 진행의 노래를 선정하면 유아의 음악적 표현력이 향상된다.				
		교사가 유아에게 다양한 악기를 사용하여 소리를 낼 수 있는 경험을 제공하면 유아는 악기를 이용한 음악적 표현력이 향상된다.				

출처: 박주연(2014).

3) 유아의 자기평가

교사는 음악 놀이와 활동을 한 후 유아의 전반적인 활동 참여에 대한 유아 스스로의 평가를 주도해야 한다. 유아는 글이나 그림, 이야기 발표, 교사와의 개인 면담 등을 통해 음악 놀이와 활동 참여에 대한 자신의 소감을 표현할 수 있는데, 이러한 과정이 유아의 자기평가를 의미한다. 교사는 대그룹 혹은 소그룹 형태로 유아들이 음악놀이 참여에 대한 생각과 느낌을 서로 이야기나눌 수 있도록 안내하며, 가능한 연령에서는 그림이나 글로 표현하도록 한다.

음악활동에 대한 유아의 구체적인 평가를 원할 경우에는 개인 면담을 활용하여 유아의 생각을 접할 수 있다. 교사가 유아에게 구체적 질문이 적힌 질문지를 준비하여 읽어 준 후, 교사가 체크하거나 유아가 직접 그림(활짝 웃는 얼굴, 보통 얼굴, 찡그린 얼굴)에 색칠을 하게 한다. 이러한 평가는 교사와 유아 간 직접적인 상호작용을 통해서 자료를 수집하는 방법으로, 유아의 흥미나 태도뿐만 아니라 전반적인 발달에 관한 정보를 얻는 데 유용하며 추후 교사의 음악활동 계획에 중요한 자료로 활용된다. 유아가 직접 응답할 수 있는 자기평가항목은 다음 〈표 5-9〉와 같다.

〈표 5-9〉 **유아의 자기평가**

평가항목		응답		
활동명:　　　　　　　　　　유아 이름:		😀	😊	😠
• 활동에 집중하며 열심히 참여했나요?				
• 짝과 함께 혹은 집단으로 함께 활동할 때 잘 협력했나요?				
• 다른 친구들이 음악활동하는 것을 관찰했나요?				
• 선생님이 제시한 음악활동에 대해 다양하게 표현했나요?				
• 활동의 진행 순서에 따라 참여했나요?				
• 가장 재미있었던 부분은 어디였나요? 왜 그렇게 생각했나요?				
• 제일 잘했던 부분은 어느 곳인가요?				
• 가장 어려웠던 부분은 어디인가요? 왜 그렇게 생각했나요?				
• 바꾸어서 하고 싶은 부분이 있나요? 어느 곳인가요?				
• 오늘 해 본 활동을 그림으로 그려 본다면 어떻게 표현할 수 있을까요?				

※ 맞다고 생각하는 곳에 ○표 하거나, 얼굴 표정을 그림으로 표현해 주세요.

매우 그렇다: 😀　그렇다: 😊　전혀 그렇지 않다: 😠

팀파니를 찢어야 끝나는 음악, 평가할 수 있을까?

> 사람들은 귀에 익은 음악이 좋은 것이라고 생각한다.
> 나는 그것이 음악이 발전하는 데 가장 큰 걸림돌이라고 생각한다.
>
> - 찰스 아이브스

지금 보고 있는 그림은 무엇일까요? 사람이 악기를 찢고 들어가는 모습이 담긴 이 그림! 바로 팀파니를 찢어야 끝나는 음악의 악보 일부입니다. 이 곡의 정식 이름은 〈팀파니와 오케스트라를 위한 협주곡(Concert Piece for Timpani and Orchertra)〉으로 아르헨티나 출신의 현대음악가 마우리치오 카겔(Mauricio Kagel)의 1992년 작품입니다. 음악은 단순히 듣는 것을 넘어 보여 주는 것도 중요하다는 그의 작품들 속에는 재미난 퍼포먼스들이 자주 등장하지요.

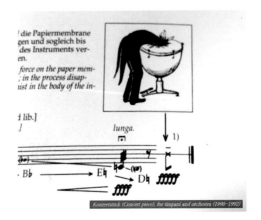

〈팀파니를 찢는 연주자가
등장하는 동영상〉

마우리치오 카겔의 〈팀파니와 오케스트라를 위한 협주곡〉 악보 일부

특히 이 곡은 악보 말미에 써 있는 글과 그림으로 팀파니 연주자가 어디에서 어떤 행동을 해야 하는지 정확하게 나타내고 있습니다. 물론 퍼포먼스에 등장하는 팀파니는 진짜 팀파니가 아닌, 종이를 덧대어 놓은 것이라 진짜 악기가 상할 일은 전혀 없답니다. 악보 속에 들어가 있는 보이는 음악! 한번 감상해 볼까요? 퍼포먼스가 끝나자 관객석에서는 즐거운 웃음과 박수가 쏟아져 나옵니다. 하지만 반대로 신성한 음악에 대한 장난이라고 화를 내는 사람들도 있었죠. 여러분은 어떠셨나요?

우리는 현대인임에도 '현대'라는 단어가 붙는 예술 장르에 난해함을 느낍니다. 암호로 가득한 현대문학, 유아가 그린 것만 같은 현대미술, 그리고 편안한 마음보다는 우스꽝스럽고 괴기한 느낌이 들게 하는 현대음악까지 말이죠.

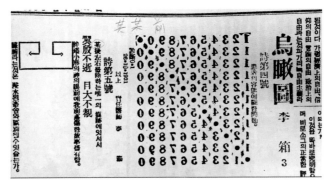

시인 이상의 작품 〈오감도(烏瞰圖)〉(1934). 中 시제4호(詩弟四號), 시제5호(詩弟五號).
〈오감도〉는 이상이 1934년 7월 24일부터 8월 8일 『조선중앙일보』에 연재한 시로 총 15편의 시가 발표되었다. 이상과 『조선중앙일보』는 총 30편의 시를 게재할 예정이었으나, 신문 독자들의 기괴하다, 난해하다는 비난이 이어져 2주 만에 연재가 중지되었다. 문자뿐만 아니라 뒤집힌

숫자, 불특정한 기호와 기하학적인 그림도 등장한다. 시에 대한 틀과 고정관념을 깨고 자신이 사고하는 바를 표현하였다. 당시에는 큰 비난을 받았지만, 지금 보면 새로운 시의 범주를 개척한 것으로 큰 의미가 있다.

TV프로그램 〈JTBC 속사정 쌀롱〉 1회 그림 편 中

잭슨 폴락의 기법이 담긴 그림 한 점. 미술관에 전시된 이 작품을 본 관람객들은 진지한 관람평을 말하며 고가의 예상가격을 제시한다. 하지만 반전이 등장! 이 작품은 실험카메라를 위해 개그맨 장동민이 그린 작품이었다. 당연히 작품을 돈으로 환산할 수는 없지만, 현대미술을 대단하고 어렵고 난해하게 바라보는 사람들의 시각을 엿볼 수 있는 재미난 실험이었다.

하지만 늘 그렇듯 새로운 것들은 익숙함에서 빗겨나 있습니다. 모두가 잘 알고 있는 모차르트도 바흐의 음악에 익숙했던 당대에는 가볍고 과장됐다는 혹평을 받았으니까요. 조금은 난해할지 모르지만, 이 또한 지금 우리 시대가 가진 다양체의 산물 아닐까요?

참고하세요!

3~5세 누리과정에 기초한 예술경험영역 평가 예시문

– 음악적 요소 탐색하기

연령	수준	내용
3세	상	• 자연과 주변 환경에서 접하는 여러 가지 소리에서 셈여림, 빠르기, 리듬 등에 민감하게 반응합니다.
	중	• 자연과 주변 환경의 소리와 음악에 관심을 갖습니다.
	하	• 자연과 주변 환경의 소리와 음악적 요소에 관심을 가지고 탐색해 보려는 태도가 요구됩니다.
4세	상	• 주변의 다양한 소리와 음악을 들으며 셈여림, 빠르기, 리듬 등에 관심을 가지고 차이를 구별할 수 있습니다.
	중	• 자연과 주변 환경에서 들려오는 다양한 소리와 음악의 셈여림, 빠르기, 리듬 등에 관심을 보입니다.
	하	• 자연과 주변 환경의 소리나 움직임에 관심을 보이지만 음악의 셈여림, 빠르기, 리듬 등을 구별하기 어려워합니다.
5세		• 소리의 크기나 세기에 민감하게 반응하고 지속적으로 관심을 보입니다. • 소리의 강약, 속도, 리듬에 관심을 갖고 탐색합니다. • 친숙한 환경 속에서 들리는 소리에 귀를 기울이며 흥미를 갖고 탐색합니다. • 두 가지의 음악을 듣고 차이점을 탐색할 수 있습니다. • 음악을 들으며 리듬, 음의 고저, 음색의 변화, 크기, 대조 등에 관심을 가지고 탐색합니다. • 다양한 악기를 다루며 소리의 특성을 탐색합니다. • 악기 소리를 듣고 셈여림, 빠르기, 리듬의 변화 등을 탐색할 수 있습니다.

– 통합적으로 표현하기

연령	수준	내용
3세	상	• 예술활동에 참여하여 생각이나 감정을 통합적으로 표현하는 것을 좋아합니다.
	중	• 음악, 춤, 미술, 극놀이 등 예술 활동에 관심을 가지고 참여합니다.
	하	• 예술 활동에 관심을 가지고 참여할 수 있도록 다양한 예술 경험이 요구됩니다.
4세	상	• 음악, 움직임과 춤, 미술, 극놀이 등을 통합하여 표현하는 것을 즐깁니다. • 자발적으로 예술 활동에 참여하여 생각과 감정을 다양한 방법으로 표현합니다.
	중	• 음악, 움직임과 춤, 미술, 극놀이를 통합하여 표현하는 활동에 참여합니다. • 예술 활동에 참여하여 생각과 감정을 표현합니다.
	하	• 음악, 움직임과 춤, 미술, 극놀이를 통합하여 표현해 보는 다양한 경험이 필요합니다. • 예술 활동에 관심을 가지고 참여해 보는 경험이 요구됩니다.

5세	• 음악에 어울리는 다양한 움직임과 춤을 만들어 표현할 수 있습니다. • 음악을 들으며 떠오르는 생각과 느낌을 미술활동으로 표현할 수 있습니다. • 극놀이에 어울리는 상황을 음악으로 표현할 수 있음을 알고, 어떤 음악이 어울리는지 듣고 찾을 수 있습니다. • 극놀이에 필요한 소품, 배경, 의상 등을 미술활동으로 만들 수 있습니다. • 음악, 움직임과 춤, 미술, 극놀이 등을 통합하여 다양하게 표현하기를 즐깁니다. • 음악, 움직임과 춤, 미술, 극놀이 등이 통합된 예술 활동에 지속적으로 참여하며 몰입하여 활동합니다. • 음악, 움직임과 춤, 미술, 극놀이 등이 통합된 예술 활동에 참여하여 창의적으로 표현하는 과정을 즐깁니다.

– 다양한 예술 감상하기

연령	수준	내용
3세	상	• 다양한 감상활동을 통해 예술 표현에 관심을 가지고 다른 사람의 표현도 존중할 수 있습니다.
	중	• 자신과 또래의 작품에 관심을 가지고 감상하며 예술적 표현이 각각 다름을 인식합니다.
	하	• 예술 감상 활동에 흥미를 보이지 않으며 자신과 다른 사람의 예술 표현을 소중히 여기는 태도가 요구됩니다.
4세	상	• 다양한 음악, 춤, 미술작품, 극놀이에 관심을 가지고 감상하기를 즐깁니다. • 나와 친구의 예술 표현에 차이가 있음을 알고, 다른 사람의 예술 표현을 존중할 수 있습니다.
	중	• 다양한 음악, 춤, 미술작품, 극놀이 등에 관심을 가지고 감상합니다. • 나와 친구의 예술 표현에 관심이 있으며, 예술 표현을 존중합니다.
	하	• 다양한 음악, 춤, 미술작품, 극놀이 등을 감상하는 것에 관심이 요구됩니다. • 나와 친구의 예술 표현을 존중하고 소중하게 생각하는 태도가 필요합니다.
5세		• 자신이 좋아하는 예술작품에 대해 집중하여 감상할 수 있습니다. • 자연이나 주변 환경에서 아름다움을 찾아 감상할 수 있습니다. • 다양한 미술작품을 보며 아름다움을 느끼는 감상활동에 즐겁게 참여합니다. • 다양한 음악을 들으며 아름다움을 느끼는 감상활동에 적극적으로 참여합니다. • 다양한 춤을 감상하고 자신의 생각과 느낌을 표현할 수 있습니다. • 다양한 극놀이를 보고 재미와 즐거움을 느낄 수 있습니다. • 다양한 음악, 춤, 미술작품, 극놀이 등을 듣거나 보고 즐기는 활동에 능동적으로 참여합니다. • 각자의 생각이 다르듯이 표현이 다름을 알고 다른 사람의 표현을 소중히 여길 줄 압니다. • 나와 다른 사람의 표현이 서로 다름을 인식하고 그 차이를 존중하는 태도를 보입니다. • 친구들의 독특한 개성과 표현을 존중하고 노력을 칭찬할 줄 압니다. • 나와 다른 사람의 예술 표현을 존중하고 작품을 소중히 여깁니다.

- 전통 예술 감상하기

연령	수준	내용
3세	상	• 우리나라 전통 예술에 관심을 보입니다.
	중	• 자신이 경험해 본 우리나라 전통 예술에 관심을 보입니다.
	하	• 우리나라의 전통 예술에 관심을 가질 수 있도록 일상생활과 관련된 다양한 경험이 요구됩니다.
4세	상	• 우리나라 전통춤, 미술작품, 음악 등 전통 예술에 관심을 가지고 감상하기를 즐깁니다.
	중	• 우리나라 전통춤, 미술작품, 음악 등 전통 예술에 관심을 보입니다.
	하	• 우리나라의 전통 예술 활동에 관심을 가질 수 있는 경험이 요구됩니다.
5세		• 옛 건물, 의복, 생활용품 등 전통 예술에 관심을 보이며 우리만의 색과 패턴, 질감의 아름다움을 느낄 수 있습니다. • 동양화, 민화, 공예품, 전통 문양 패턴 등 전통미술 작품에 관심을 갖고 아름다움을 찾을 수 있습니다. • 다양한 장르의 전통음악에 관심을 보이며 즐겨 듣습니다. • 전통악기에 관심을 갖고 지속적으로 연주합니다. • 우리나라의 전통 예술에 관심을 갖고 적극적으로 참여하여 활동합니다.

만약 어린이가 태어난 날부터
좋은 음악을 듣고 그것을 연주하는 법을 배운다면,
그들은 감성과 절제력, 인내심을 발전시키고
아름다운 마음을 가질 수 있다.

— 스즈키 신이치

제6장

유아음악교육의 통합적 운영

#유아음악교육 교수-학습방법 #통합적 운영의 실제

이 장에서는 유아음악교육 교수-학습방법에 대한 통합적 운영을 중점적으로 알아
보도록 하겠습니다. "현재 유아교육기관에서는 유아들에게 음악을 어떻게 가르치
고 있을까요?" 이 질문을 머릿속에 떠올리며 내용을 살펴봅시다.

■ **개요**

유아를 위한 음악교육 교수-학습방법에 대하여 음악 영역 내에서의 통합, 예술 영역 내에서의 통
합, 음악과 타 영역과의 통합, 가정 및 지역사회와의 통합 등 통합적 운영을 중심으로 살펴본다.

■ **학습목표**

1. 유아를 위한 음악 교수-학습방법에 대하여 안다.
2. 유아음악교육 교수-학습방법에 대한 통합적 운영 방안에 대하여 이해하고, 이를 설명할 수
   있다.

유아교육에서의 통합(integration)은 "유아의 과거와 현재 경험을 통합시켜 재구성하며 이를 다시 미래의 경험으로까지 통합시키는 일, 유아와 교사의 경험을 연결시켜 통합시키는 일, 유아 개개인이 갖고 있는 지식이나 개념을 통합하여 재구성하는 일, 교육내용과 활동 간 연계 및 통합, 가정과 학교, 지역사회 간 통합, 유아 발달 영역 간 통합, 영역별 활동 간 통합을 통한 전인교육"을 의미한다(중앙대학교 사범대학 부속유치원, 1989). 따라서 유아교육기관에서의 통합적 운영은 교육과정에 있는 모든 영역을 고루 다룸과 동시에 학습자에게 의미 있는 학습경험을 증진시킬 수 있는 가치 있는 교수-학습 원리라 할 수 있겠다.

유아음악교육의 통합적 운영이란 음악을 하나의 매체로 하여 음악과 밀접한 관계를 가지는 다양한 놀이와 활동이 전개되는 것을 의미한다(유덕희, 1994). 유아기의 음악교육은 음악의 특정 영역에 치우친 제한된 음악성이 아니라 폭넓고 다양한 음악 능력을 개발할 수 있어야 하며, 이를 위해 음악의 여러 영역이 서로 긴밀한 연관을 가지고 통합적으로 운영되어야 한다. 다음에서 통합적 음악교육을 '음악 영역 내에서의 통합' '예술 영역 내에서의 통합' '음악과 타 영역과의 통합' '가정 및 지역사회와의 통합'의 네 가지 접근 방법으로 나누어 살펴보겠다.

1. 음악 영역 내에서의 통합

유아의 음악 경험이 되는 소리 탐색 및 노래 부르기, 악기 다루기, 신체표현하기 등의 음악교육 내용은 개별적으로 분리되지 않고 통합적으로 이루어진다. 하나의 음악 놀이에 하나의 음악교육 내용이 포함되는 것이 아니라, 교사의 목표설정이나 유아의 놀이 진행 과정에 따라 다양한 교육 내용이 통합적으로 이루어질 수 있는 것이다.

예를 들어, 유아는 '아리랑 노래 부르기' 놀이를 하면서 우리나라의 전통가락을 감상하고, 그 가락을 장구로 연주하며, 자신의 연주에 따라 아리랑을 부를 수 있다. 또한 지역이나 부르는 사람에 따라 다른 아리랑을 비교 감상하며 그 차이를 느낄 수 있고, 이를 춤과 같은 신체표현으로 나타낼 수도 있다.

다음은 드뷔시 〈바다〉 中 '바람과의 대화'라는 음악을 주제로 다양한 음악 영역을 통합하여 이루어지는 놀이들을 제시하였다.

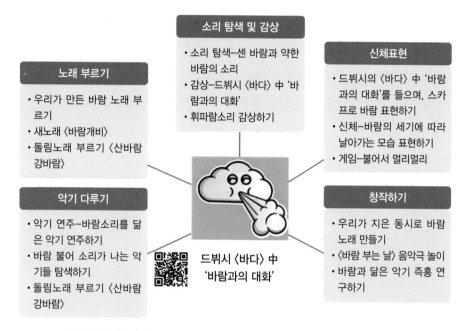

소리 탐색 및 감상
• 소리 탐색-센 바람과 약한 바람의 소리
• 감상-드뷔시 〈바다〉 中 '바람과의 대화'
• 휘파람소리 감상하기

노래 부르기
• 우리가 만든 바람 노래 부르기
• 새노래 〈바람개비〉
• 돌림노래 부르기 〈산바람 강바람〉

신체표현
• 드뷔시의 〈바다〉 中 '바람과의 대화'를 들으며, 스카프로 바람 표현하기
• 신체-바람의 세기에 따라 날아가는 모습 표현하기
• 게임-불어서 멀리멀리

악기 다루기
• 악기 연주-바람소리를 닮은 악기 연주하기
• 바람 불어 소리가 나는 악기들 탐색하기
• 돌림노래 부르기 〈산바람 강바람〉

창작하기
• 우리가 지은 동시로 바람 노래 만들기
• 〈바람 부는 날〉 음악극 놀이
• 바람과 닮은 악기 즉흥 연구하기

드뷔시 〈바다〉 中 '바람과의 대화'

음악 영역 내에서의 통합적 접근: 드뷔시 〈바다〉 中 '바람과의 대화' 주제 예시

이렇듯 유아의 음악경험은 서로 분리되지 않고 통합적으로 일어난다(Campbell, 1991). 그 과정에서 유아는 여러 가지 음악개념을 서서히 형성하고, 이를 자신만의 창의적인 방식으로 표현하며 음악에 대한 즐거움과 호기심은 물론 음악 능력의 향상을 도모한다. 따라서 교사는 분절된 활동보다는 다양한 음악교육의 영역을 동시에 경험할 수 있는 통합적인 음악교육의 운영을 지향해야 한다.

2. 예술 영역 내에서의 통합

유아가 상징적 체계를 이용하여 자신을 표현하는 예술 영역으로는 음악뿐 아니라 동작, 문학, 미술 등을 들 수 있는데, 유아음악교육에서는 모든 예술 영역이 통합적으로 나타난다. 특히, 음악과 동작의 요소는 서로 분리되어 나타날 수 없다. 유아가 음악에 대한 느낌을 표현할 때 가장 쉽게 접근할 수 있는 것이 몸의 움직임인 동작이며, 동작의 요소를 설명하기 위해 필수적인 것이 바로 음악이다. 가령 유아가 어떠한 음악을 듣고 이를 몸의 움직임으로 표현했다면, 음악개념과 동작개념을 동시에 경험하게 되었음을 의미한다.

다음의 사례에서는 각각 다른 리듬을 가지고 있는 여러 가지 음악을 감상하고 난후, 각 음악마다 떠오르는 동물을 동작으로 표현하는 영아들의 모습이 나타난다. 영아에게 있어 음악의 심미적 체험은 매우 중요하다. 영아는 음악을 듣는 것과 동시에 음악에 대한 자신의 느낌을 신체로 표현하는 통합적 과정을 반복적으로 즐김으로써 음악의 아름다움을 느낀다.

데구르르 구르는 공벌레   날개를 활짝 편 공작새   물을 내뿜는 코끼리

또한 음악은 문학이나 미술 등의 예술 영역과도 통합적으로 이루어진다. 그림책 〈비오는 날에〉를 감상한 후, 자신의 생각과 느낌을 악기연주로 표현하는 다음 사례를 보면, 유아들이 그림책을 읽으며 해당 장면에 어울리는 악기를 만들어 연주하는 일련의 과정이 매우 자연스러운 놀이로 일어나고 있음을 알 수 있다. 음악과 문학, 미술 등 여러 영역의 예술이 통합된 음악놀이의 형태는 교실에서 매우 빈번하게 나타난다. 음악 놀이, 미술 놀이, 그림책 놀이가 아닌 하나의 커다란 예술 놀이로서 그 의미를 가지는 것이다.

그림책 『비오는 날에』를 감상한 후, 자신의 생각과 느낌을 악기 연주로 표현하는 유아들

　이처럼 창의적이고 다양하며 자연스러운 자기표현의 폭을 넓히는 것은 음악뿐 아니라 모든 예술 영역에서 추구하는 공동의 목표이다. 그러므로 유아가 다양한 예술 영역의 경험을 통해 느낀 감정과 생각을 독특한 방식으로 표현하기 위해서는 충분한 시간과 넓은 공간, 여러 가지 소도구와 같은 물리적 환경이 필요하다. 또한 정답을 강요하지 않는 교사의 허용적인 태도와 창의적 탐색과 표현을 지지하는 상호작용, 다른 유아의 표현을 감상하고 서로의 표현을 존중하는 정서적 환경도 매우 중요하다. 이는 자발적으로 음악놀이에 참여하고, 더 깊게 몰입하고자 하는 유아의 내적동기를 자극하고, 유아로 하여금 통합적인 예술 경험의 과정에서 여러 가지 예술 능력을 기르도록 돕는다.

즐거운 예술놀이를 위한 매체 선택 팁!
예술 영역 내에서의 통합적 활용을 위하여 활용 가능한 매체는?

유아들과 즐거운 예술놀이를 통합적으로 운영하기 위해 그림책이나 영화, 미술작품 등 다양한 예술 매체를 활용할 수 있답니다. 다음 QR코드를 인식하여 재미난 매체들을 직접 경험해 볼까요?

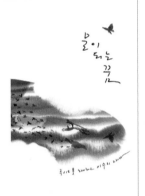  

그림책-『물이 되는 꿈』 (이수지 그림/루시드폴 노래)	영화-월트디즈니 〈환타지아 (Fantasia)〉	AR애플리케이션-구글 〈아트 앤드 컬처(Google Arts & Culture)〉
노래는 듣는 그림이고, 그림은 보는 노래라는 그림책 작가 이수지의 그림과 가수 겸 작곡가 루시드폴의 음악이 하나의 매체로 완성되었다. 물이 흐르는 듯한 효과를 위하여 아코디언 북으로 제작되었으며, 그림책의 QR코드를 검색하면 음악과 함께 그림이 움직이는 영상매체로 연결된다. 유아의 오감을 통해 심미감 형성에 도움이 된다.	이 영화는 필라델피아 오케스트라와 지휘자 레오폴드 스토코프스키가 함께 제작한 클래식 음악에 맞춰 움직이는 애니메이션을 담았다. 클래식 곡마다 다른 테마의 애니메이션으로 구성되어 있는데, 곡의 분위기나 리듬, 셈여림 등에 따라 환상적으로 펼쳐지는 애니메이션은 유아가 통합된 예술매체에 흥미와 호기심을 갖도록 자극한다.	전 세계 미술관 및 박물관을 VR로 실현시킨 구글의 애플리케이션. 최근에는 음반사와의 협력을 통해 다양한 음악과 예술작품을 함께 감상할 수 있으며, 음악 전시회를 통해 음악은 물론 음악의 탄생 배경, 지역적 특색에 맞춰 생겨난 하위 장르들도 감상 가능하다. 유아는 직접 방문할 수 없는 다양한 기관을 가상으로 방문할 수 있다.

3. 음악과 타 영역과의 통합

음악은 예술 영역뿐 아니라 다른 영역과도 통합하여 이루어질 수 있다. 특히 유아교육기관에서의 주제는 교육내용을 통합하고 유아가 습득해야 할 개념과 활동들을 하나로 묶는 역할을 함으로써 유아의 전체적인 발달을 자극하고 전인적 아동을 기르고자 하는 유아교육의 목적을 바람직하게 달성할 수 있도록 돕는다. 따라서 하나의 주제에 따라 이루어지는 음악과 타 영역과의 통합은 유아에게 유의미한 경험이 되며, 음악 영역에서 출발하여 타 영역으로 확장되는 놀이와 놀이를 통한 몰입을 돕는다.

예를 들면, 동식물과 자연, 음식, 색깔 등 유아의 일상생활과 밀접한 과학적 개념과 공간, 도형, 측정, 대수와 같은 수학적 개념은 유아의 노래에서 중요하면서도 흔한 주제로 다루어진다. 가족이나 명절, 특별한 날을 다룬 노래를 함께 부르며 춤을

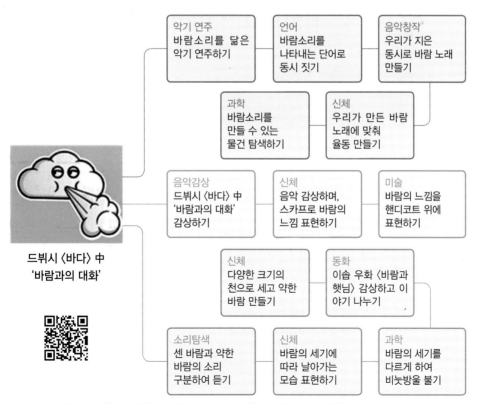

드뷔시 〈바다〉中
'바람과의 대화'

음악과 타 영역과의 통합적 접근: 드뷔시 〈바다〉中 '바람과의 대화'(제3악장) 주제 예시

추고 관련된 내용의 그림책을 감상하기도 한다. 유아의 일상생활과 하루 일과에서 도 정리 시간이나 모이는 시간, 간식 시간 등을 구별하기 위해 악기나 음악을 사용 하기도 한다.

유아는 온몸의 감각과 기억으로 세상을 만나고, 그 속에서 다양한 음악 경험을 한 다. 그리고 이러한 음악 경험의 축적은 유아가 단순한 경험에서 벗어나 세상을 살아 가며 만나는 수많은 문제를 해결하고 배워 가도록 돕는 앎과 삶의 방식인 놀이가 된 다. 때문에 유아가 음악을 감상하고 악기를 연주하며 노래를 부르는 것은 모두 놀이 의 과정이자 배움의 결과물이다.

유아의 음악놀이는 대체로 유아가 음악적 상황에 흥미와 관심을 가질 때 자발적 으로 이루어지는데, 이때 교사가 놀이의 흐름에 따라 교육적인 지원을 할 경우, 유 아의 음악 발달을 자극하는 음악활동으로 전개된다. 효율적인 유아 음악활동 운영 방안은 다음과 같다.

효율적인 유아 음악활동 운영방안

- 교사가 종, 탬버린, 실로폰, 피아노 등의 악기를 연주하거나 정해진 시간에 특정 음 악을 들려주면, 유아는 자연스럽게 교사에게 호기심을 가지고 그 주변으로 모여든 다. 이때 교사가 "어? 이게 무슨 소리일까요?"와 같이 흥미를 이끄는 발문을 한다 면, 교사의 이야기에 더욱 귀를 기울이며 모일 수 있다.
- 유아들이 조금씩 모여들면 교사와 모든 유아가 서로 얼굴을 마주 대할 수 있게 반 원이나 원형으로 자리를 잡는다. 또한 모인 유아의 이름을 노래로 부르거나 인사 노래를 함으로써 모두 함께 하는 음악활동이 시작되었음을 알린다.
- 음악활동을 희망하지 않는 소수의 유아들은 억지로 집단에 끌어들이기보다 노래 를 이용한 놀이 제안(악기놀이 할 사람 여기 여기 모여라♬) 등의 자연스러운 방법 으로 활동에 초대한다.
- 교사는 주의를 끄는 다양한 목소리로 흥미로운 음악 분위기를 만들도록 한다. 속삭 이거나 크게 말하는 등 목소리의 변화를 주거나 지시말에 운율을 얹어 노래로 불 러 주어 유아의 흥미를 불러일으킨다.

- 음악활동 전개 시에는 다양한 음악 영역을 고루 진행함으로써 유아가 싫증 내지 않고 즐겁게 활동에 참여하도록 유도한다. 예를 들면, 음악감상만 계속하면 지루해 하므로 음악감상 후 신체활동이나 악기 연주를 이어 감으로써 유아의 집중과 몰입을 높이고 이를 통해 보다 다양한 음악 경험을 할 수 있도록 돕는다.
- 음악활동을 위하여 반 전체 유아가 사용할 수 있도록 충분한 수량의 악기와 음악 자료를 준비하여 둔다.

악기나 음악자료를 넉넉히 준비하면 음악활동을 좀 더 원활하게 진행할 수 있다.

- 교사는 음악활동을 즐기는 유아의 개별 반응을 면밀히 관찰하여 교사가 무엇인가를 전달하거나 주도하기보다 유아가 주도가 되어 활동을 즐길 수 있도록 한다.

4. 가정 및 지역사회와의 통합

유아가 음악을 경험하는 최초의 환경은 가정이며 부모는 유아의 음악적 능력을 발달시키고 확장시키는 중요한 요인이다. 가정에서도 유아교육기관과 마찬가지로 유아가 자발적이고 자유로운 음악을 경험할 수 있는 허용적이면서도 풍부한 음악 환경이 필요하다.

유아기관은 가정과의 연계를 통해 교사와 부모가 상호 협조해야 한다. 이를 통해 유아는 일관성 있는 음악 환경 속에서 음악에 대한 흥미와 동기를 지속적으로 가질 수 있다.

다음은 음악교육을 위하여 교사와 부모가 상호작용할 수 있는 방법 중 교사가 부모에게 할 수 있는 방법이다(전인옥, 이숙희, 2008).

첫째, 음악활동 시간에 사용한 노래가사, 악보, 감상곡 등을 가정통신문을 이용하여 가정으로 보내어 유아와 부모가 함께 활동하도록 한다.

둘째, 부모에게 유아의 연령별 음악성 발달단계에 관한 정보를 제공하여 가정에서 이루어지는 음악활동이 유아의 음악성 발달단계에 맞는지 고려하도록 한다.

셋째, 부모를 부모 음악교육, 유아와 함께하는 음악활동 등에 참여시켜 예술 분야인 음악교육에 대한 인식이 기능중심이 아닌 유아중심, 과정중심이 되도록 하며, 전인적 발달을 돕는 음악의 필요성과 중요성을 인식하도록 한다.

넷째, 음악에 대한 유아의 성취 정도와 발전 과정을 간단히 적어 보내거나 유아에게 맞는 공연, 음반, 노래책, 악기목록, 상점별 가격안내서 등을 보내어 부모가 적절한 선택을 하도록 돕는다.

다섯째, 부모에게 쉬운 악기의 연주법을 알려주고 유아와 함께 활동하도록 한다. 악기 연주, 노래, 무용 등을 할 수 있는 부모를 초대하여 작은 음악회를 열어 유아로 하여금 음악을 감상하고 음악적 동기유발이 되는 시간을 갖는다.

부모님을 원으로 초대하여 유아와 함께 할 수 있는 다양한 음악적 경험을 제공한다.
(좌) 콩으로 마라카스를 만들거나, (우) 신문을 찢어 소리를 탐색한다.

가정에서의 음악활동은 자연스러운 생활 속에서 여러 가지 소리와 움직임을 탐색하고 즐거움을 느끼게 하는 것이 중요하다. 예를 들어, 어머니의 육성, 음식을 만드는 소리, 주전자에 물을 끓이는 소리, 식기를 부딪히는 소리 등과 같은 생활의 소리는 유아에게 다양한 소리의 세계를 경험하고 탐색하게 만들 수 있는 중요한 음악학습 자료의 역할을 한다.

다음은 가정에서 음악교육을 위하여 부모가 할 수 있는 방법이다.

가정으로 보내는 음악 관련 통신문
가정에서 할 수 있는 음악놀이 지원방법이 적혀 있다. 지역에서 열리는 음악회 소식 등 다양한 음악 관련 소식을 전할 수 있다.

기관에서의 음악 놀이와 활동을 알리는 알림장
가정에서는 키즈노트 등의 메신저형 알림장을 통해 기관에서 진행한 음악놀이에 대한 정보를 얻는다.

첫째, 유아의 음악 동기를 유발시킬 수 있는 음악회 포스터, 음악가, 악기 사진 등을 비치하여 가정의 음악 분위기를 조성한다.

둘째, 생활용품을 활용한 비구조적 악기 또는 타악기나 리듬악기와 같은 구조적 악기를 동시에 배치하여 소리 탐색과 악기 연주를 하며 음악에 대해 친숙하고 즐거운 마음을 갖도록 돕는다.

셋째, 음악을 들려줄 때에는 다양한 장르의 음악을 선택한다. 유아는 음악의 장르에 따라 강하고 약한 박의 느낌이 있음을 인식할 수 있다. 행진곡이나 록음악은 강한 박의 느낌을 지니고, 자장가나 분위기 있는 음악은 약한 박의 느낌을 지닌다는 것을 자연스럽게 아는 것이다. 따라서 동요나 클래식뿐 아니라 다양한 장르의 음악을 선정하여 유아가 음악의 기본 요소에 대해 경험할 수 있는 기회를 제공해야 한다. 단, 노랫말이 유해하거나 너무 긴 음악은 유아의 발달에 적합하지 않으므로 제외하는 것이 좋다.

넷째, 일상생활에서 음악을 들려준다. 유아와 차를 타고 이동하거나 잠자리에 들 때, 춤추며 놀이할 때 등 일상생활에서 자연스럽게 음악을 들을 수 있도록 한다.

다섯째, 부모와 함께 놀이하며 음악을 접하는 시간을 마련한다. 일상생활에서 음악을 자연스럽게 접하는 것도 중요하지만 놀이를 통한 음악활동 시간을 따로 마련해 주는 것도 좋다. 가령, 그림책을 읽은 후 책의 분위기에 어울리는 음악을 함께 감상한다든지, 오늘 나의 기분을 악기 연주를 통해 표현해 본다든지 하는 등의 놀이시간을 가질 수 있다.

주방용품을 두드리며 소리를 탐색하는 영아   목욕 중 소리나는 장난감을 누르는 영아

유아는 일상생활에서의 다양한 경험을 통해 음악 능력을 기른다.

유아의 음악 경험을 형성하는 또 다른 환경은 지역사회이다. 음악과 같은 전문 분야의 경우 지역사회의 전문단체나 전문 인력의 도움을 받아 폭넓은 음악 경험을 제공할 수 있다.

유아음악교육 시 교사가 지역사회의 음악자원을 활용할 수 있는 방법은 다음과 같다.

첫째, 일상생활의 다양한 소리를 경험하기 위해 공원, 마트, 비행장, 동물원, 농장, 버스 정류장 등으로 견학을 간다.

둘째, 유아의 음악 경험을 위하여 지역사회에서 진행 중인 음악회, 뮤지컬 등을 관람한다.

셋째, 지역사회의 음악 전문가를 기관으로 초대하여 음악에 대한 정보를 접할 수 있게 하고 음악 동기를 유발시킨다.

넷째, 음악과 관련된 물건을 파는 곳이나 만드는 곳을 방문하여 악기의 종류와 음색을 경험한다.

다섯째, 근처의 초등학교, 중학교 등을 방문하여 음악 수업 등을 참관하거나, 시립합창단의 리허설 장소에 방문하여 음악을 즐기는 사람들의 모습을 감상하며 음악에 대한 즐거움을 느낀다.

여섯째, 지역사회 내 다양한 기관을 통해 악기를 체험하거나 대여하는 곳에 대한 정보를 미리 수집한다.

 음악회 관람하기    지역축제 때 음악극 공연하기

지역사회에서 이루어지는 다양한 음악관련 공연을 유아와 함께 감상할 수 있다.

지나친 모성애로 힘들어한 음악가, 생상스

드라마 〈펜트하우스〉에는 비뚤어진 모성애를 가진 프리마돈나 천서진과 그의 딸 하은별이 주인공으로 등장합니다. 스스로의 재능과 능력보다는 엄마의 지나친 간섭으로 결국 모녀는 음악의 길이 아닌 파멸의 길을 걷게 되지요. 그런데 클래식에도 이와 비슷한 모자가 있었다는 거 알고 있나요? 비록 그 끝은 다르지만 말이죠. 바로 생상스와 그의 어머니 클레멘스의 이야기입니다.

카미유 생상스(Camille Saint Saens)는 프랑스의 작곡가이면서 당대에 손꼽히는 피아니스트이자 오르가니스트입니다. 우리에게는 〈동물의 사육제〉와 피겨여왕 김연아 선수의 쇼트프로그램곡 〈죽음의 무도〉로 익숙하지요. 태어나자마자 아버님이 돌아가신

생상스와 그의 어머니 클레멘스   드라마 〈펜트하우스〉 中 모녀의 레슨 장면

생상스는 화가였던 어머니 클레멘스와 피아니스트였던 어머니의 숙모 샤를롯 마송의 보살핌 속에 자랍니다. 실질적으로 두 명의 어머니를 모신 셈이지요.

음감이 매우 뛰어났던 생상스는 세 살 때 피아노곡 작곡을 시작했고, 일곱 살 때 라틴어를 완전하게 해독했습니다. 열 살 데뷔무대에서 모차르트 〈피아노협주곡 15번 내림나장조, K450〉과 헨델, 바흐의 곡 등을 연주하였는데, 특히 앙코르에서 베토벤 32개 피아노 소나타 중 청중이 원하는 곡이라면 무엇이든 연주하겠다고 신청곡을 받아 화제가 되었지요. 13세 때 파리 국립음악원에 입학한 그는 전 생애에 걸쳐 오페라와 발레음악, 영화음악, 관현악곡, 오르간곡, 실내악곡, 피아노곡, 합창곡, 가곡 등 총 437곡을 만든 다작의 작곡가였으며, 프랑스 음악의 진흥을 위한 후원과 비평 활동도 활발하게 하였습니다. 시나 연극에 관한 저술도 했고, 천문학, 음향학, 철학 등에도 전문적 내공을 지닌 팔방미인이었습니다.

그러나 천재였던 생상스는 어머니의 지나친 간섭에서 자유롭지 못했습니다. 음악적으로는 한없이 여유 있고 긍정적인 생상스였지만 일상에서의 모습은 적잖이 우유부단하고 소심했다고 전해집니다. 실제로 그는 어린 시절 매우 몸이 약하여 어머니의 보호 없이 다니기 어려웠는데, 일상생활은 물론 사생활에서도 강한 위엄을 나타낸 어머니 덕에 늦은 나이에 택한 결혼임에도 그 이전의 이성관계에 대한 행보는 알려진 것이 전혀 없습니다. 결혼 후에도 어머니의 영향으로 원만한 결혼관계를 유지하기 힘들어했는데, 두 아들이 죽은 이후 부인을 원망하며 잠적한 그는 편지 한 통으로 헤어짐을 고합니다. 다시 어머니와 살던 생상스는 어머니가 죽자 모든 재산을 고향에 기부한 채 파리를 떠나 '샤를 사노와'라는 가명으로 호텔을 전전하기도 합니다. 이후 알제리와 이집트 등의 나라에 머물며 이국적인 음악을 만들어 냈고 영국과 미국 등에서도 프랑스를 대표하는 작곡가로 존경을 받았으며, 86세의 나이에도 독주회를 이끌며 객석의 찬탄을 자아내었지만, 끝내 파리로 돌아오지 않은 채 알제리에서 객사합니다.

생상스의 작품 중에서 가장 널리 알려져 있는 것은 〈동물의 사육제〉입니다. '동물원의 환상'이라는 부제가 붙어 있듯이, 다양한 동물이 음악으로 묘사되어 있지요. 생상

▲생상스 〈동물의 사육제〉
동영상

출처: El Carnaval de los animales - Camille Saint-Saëns. Punkrobot Studio 유튜브 채널.
칠레의 애니메이션 스튜디오인 Punkrobot Studio에서 Piccolo Orchestra와 협업하여 제작한 생상스 〈동물의 사육제〉.

스가 이 작품을 작곡한 해는 1886년으로, 부인 앞에서 모습을 감춘 후 어머니와 함께 지내던 시절입니다. '동물원의 환상'이라는 부제에서 가리키는 동물은 음악가이고, 동물원은 파리의 음악계 사람들을 의미합니다. 다시 말해, 〈동물의 사육제〉는 음악계 전체를 풍자하는 곡으로, 해석하기에 따라서는 사랑에서 멀어져 간 사람, 생상스 자신의 인생을 풍자한 작품으로도 볼 수 있습니다.

엄격했던 어머니 밑에서 혼란을 겪은 생상스. 그러나 그는 자신의 능력으로 프랑스의 대표 작곡가이자 위대한 음악가로 지금까지도 많은 이들의 사랑을 받고 있습니다. 2021년은 생상스의 서거 100주년이 되는 해였는데요, 지금 생상스의 음악을 들으며 그의 삶을 떠올려 보기 좋은 시간인 것 같습니다.

출처: 니시하라 미노루(2007). 클래식 명곡을 낳은 사랑이야기. (고은진 역). 서울: 문학사상사. (원저는 2005년에 출판).

음악은 항상 우리 곁에 있어요.
귀 기울이기만 하면 돼요.

–영화 〈어거스트 러쉬〉

제7장

음악감상

#소리탐색 #음악감상

이 장에서는 주변의 소리를 탐색하는 활동으로 시작하여 음악적 형태를 갖춘 음악을 감상하는 것에 대해 알아보겠습니다. (조용히 눈을 감고) "무슨 소리가 들리나요?" "여러분은 주변에서 들리는 소리 중에 좋아하는 소리, 싫어하는 소리가 있나요?" 혹시 "싫어하는 음악, 위안이 되는 음악이 있나요?" 생각해 보세요.

■ 개요
음악감상의 내용과 연령별 능력 발달을 이해하고, 음악감상의 지도방법에 대해 살펴본다.

■ 학습목표
1. 소리 탐색과 음악감상의 내용을 안다.
2. 음악감상의 연령별 발달을 안다.
3. 음악감상 지도법에 대해 설명한다.

음악에 대한 관심과 흥미는 '듣기'에서 시작되고 음악 행위의 기초는 '감상'으로부터 시작된다. 음악감상은 음악을 듣고 이해하는 데 가장 기본적인 음악 행위로 음악의 흥미와 본질적 동기가 시작되는 활동이라는 점에서 음악 전체를 이끌어 가는 힘이라 할 수 있다. 음악감상의 중요성은 다음과 같다.

- 음악의 시작이다. 음악감상은 듣는 것에서부터 시작된다. 음악을 들음으로써 노래를 부를 수 있고, 악기 연주를 하거나 신체표현이 가능하기 때문에 음악감상의 듣기는 음악활동 중 가장 선행되어야 하는 활동이며 기초라 할 수 있다.
- 감수성과 표현력을 향상시킨다. 음악감상은 유아로 하여금 생각하고 상상할 수 있는 다양한 기회를 제공하며, 자신을 자유롭게 표현할 수 있도록 한다.
- 삶을 풍요롭게 한다. 유아는 음악을 들으며 음악을 의미 있는 경험으로 내면화하고 이러한 경험을 통해 삶의 가치를 확대해 나간다. 또한 음악을 듣는 가운데 음악적 즐거움을 가질 수 있으며, 음악을 애호하는 마음을 가지게 된다.

I. 음악감상의 내용

음악감상은 음악의 시작이라 할 수 있으므로 음악활동 중 먼저 살펴보아야 할 활동이라 할 수 있다. 유아에게 있어 음악감상은 일상에서의 다양한 소리 탐색으로 시작하므로 음악감상의 내용을 소리 탐색과 음악감상으로 구분지어 살펴보고자 한다.

1) 소리 탐색

소리 탐색은 소리가 지닌 음악요소의 특성을 인식하고 소리가 어떻게 나는지, 어떠한 소리가 들리는지에 대해 탐색하고 발견하는 활동이다. Changizi(2013)는 음악이 자연과 닮아 있으며, 음악이 자연을 흉내 낸다고 하였다. 이렇듯 자연 세계는 다양한 소리를 낼 수 있으며 인간 또한 꽤 많은 소리를 입이나 신체를 이용하여 흉내 낼 수 있다. 주변의 소리에 귀 기울여 보면 자연, 동물, 기계, 사람이 만들어 내는 소리 등 다양한 소리가 끊임없이 들리고 있다는 것을 쉽게 알 수 있다. 주의 깊게 소리를 듣는 능력의 발달은 다른 음악활동의 기초를 이루는 중요한 경험이다.

　유아는 어릴 때부터 주변의 소리에 깊은 관심을 나타내면서 다양한 소리를 모방하고 신체를 이용하여 소리를 만들기도 하며 악기나 사물을 사용해 스스로 소리를 발견하려고 끊임없이 시도하고 탐색한다. 유아는 주변의 소리를 들으면서 소리에 대한 민감성을 발달시키며 소리를 구분할 수 있는데, 특히 빠르기, 리듬, 박의 변화에 신체적 반응을 먼저 나타낸다. 이러한 듣고 움직이는 활동은 음악 반응의 기초로 유아의 음악 발달을 돕고, 다른 음악활동의 기초를 이루는 중요한 경험이다.

　유아음악교육에서 소리 탐색을 지도하기 위해서는 소리를 듣고 탐색하기, 기억하기, 변별하기, 묘사하기, 소리 만들기, 음악요소와 연결하여 듣기 등 단순히 듣는 것에 그치는 것이 아니라 듣고 다양하게 표현할 수 있는 기회를 제공하여야 한다(심성경 외, 2019). 이때 지나친 교사의 개입과 통제는 유아의 활발한 소리 탐색 활동에 방해가 된다(임혜정, 2009). 다음은 소리 탐색하기와 소리 변별하기, 모방하기, 소리 만들기의 예이다.

(1) 소리 탐색하기

　소리 탐색은 유아의 일상생활 안에서 이루어져야 하며 유아에게 익숙한 소리부터 점차 낯선 소리를 경험하도록 한다.

① 목소리

- 아기 목소리, 성인 남성의 목소리, 언니, 오빠 등 음색에 따른 목소리
- 기분 좋을 때, 화났을 때, 슬플 때 등 감정에 따른 목소리
- 귓속말, 멀리 있는 친구 부르는 소리 등 소리 크기에 따른 목소리

② 신체에서 나는 소리

- 손뼉 치기, 손가락 튕기기, 손바닥 비비기, 발 구르기, 발바닥끼리 마주치기, 다양한 부위 두드리기 등
- 하품, 재채기, 기침, 한숨, 입천장 치기, 훌쩍거리기, 코고는 소리, 씹는 소리, 침 삼키는 소리, 휘파람소리, 혀 굴리는 소리, 입술 떠는 소리 등

③ 생활 주변 소리

- 교통기관: 자동차, 오토바이, 기차, 자전거, 비행기, 헬리콥터, 경운기
- 기계소리: 전화벨, 세탁기, 청소기, 시계, 엘리베이터, 도어락, 장난감
- 그 외: 화장실 물 내리는 소리, 문 닫는 소리, 망치질, 도마 위 칼질 소리

④ 자연의 소리

- 동물소리: 동물의 다양한 울음소리(기분 좋을 때, 놀랄 때), 동물의 움직임 소리 (날개를 움직이는 소리, 동물이 달리는 소리), 곤충의 움직임 소리(날개 비비는 소리, 다리 비비는 소리)
- 비, 물, 바람, 천둥, 파도 등의 자연적 소리
- 눈 밟는 소리, 낙엽 밟는 소리, 물 위를 걷는 소리

(2) 소리 변별하기, 모방하기

변별하기 쉬운 소리부터 활동을 계획한다(조성연, 문혜련, 이향희, 2020). 큰 소리/작은 소리, 높은 소리/낮은 소리, 남자 목소리/여자 목소리 등 차이가 커서 유아가 변별하기 쉬운 소리부터 구분하는 활동을 한다. 교수매체를 함께 제시하여 소리의 차이를 이야기할 수 있다. 또한 소리의 차이를 구분하고 소리를 모방하여 표현한다. 소리를 분류하고 순서를 지어 보거나 자신의 느낌이나 생각을 악기로 표현해 본다.

(3) 소리 만들기

유아가 다양한 물체와 도구를 이용하여 소리를 만들어 내는 것은 자연스러운 현상이다. 다음은 그림카드를 이용한 소리 만들기 예이다.

- 이 그림은 어떤 모양일까?
- 이 그림을 보니 어떤 생각이 나니?
- 이 그림은 어떻게 소리를 내면 좋을까?

다양한 그림이 그려진 그림카드를 보고 소리 만들기를 한다. 먼저, 카드의 그림을 보고 이야기를 나눈 뒤 그림카드에 따라 소리를 낼 수 있는 사물을 이용하여 소리 만들기를 한다(참고 [그림 7-1]).

[그림 7-1]을 보고 교사는 다음과 같은 질문을 할 수 있다(피아노 등의 악기를 사용하거나 책상 등의 사물에서도 소리 만들기가 가능하다).

예 1) 교사: (주먹으로 피아노를 두 번 두드린다) 선생님이 연주한 소리가 몇 번일까요?

예 2) 피아노에서 1번 소리를 내려면 어떻게 하면 좋을까요?

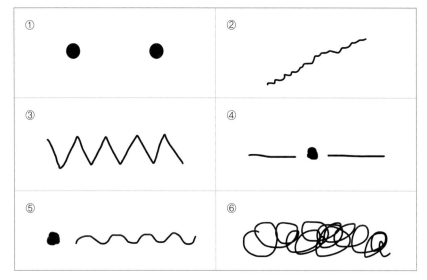

[그림 7-1] 소리 만들기 그림카드의 예

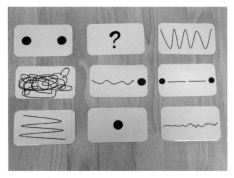

[그림 7-2] 소리 만들기 그림카드

[그림 7-3] 사물을 활용한 소리상자
왼쪽 위부터 시계방향으로 돌멩이, 물이 든 페트병, 플라스틱 병뚜껑, 쌀, 모래

2. 음악감상의 교수-학습방법

음악감상은 음악의 미적 특성과 의미를 이해하고 즐기는 행위로, 음악을 형성하고 있는 음악요소를 지각하고 감응하는 것이다. 음악감상은 음악을 느끼고, 이해할수 있는 가장 기본적인 음악활동이다. 주의 깊게 소리를 듣는 능력의 발달은 다른 음악활동의 기초를 이루는 중요한 경험이다. 유아는 음악을 들으며 음악을 좋아하는 마음을 가지게 되며, 음악을 보다 깊이 느끼게 된다. 즉, 음악감상은 유아가 능동적으로 음악을 듣고 탐색하며 이를 경험하고 이해하는 음악활동의 하나로, 음악적측면뿐 아니라 삶 전체에 있어서도 유아에게 가치 있는 경험이다.

1) 음악감상 지도방법

음악감상은 전이나 자유놀이 중 배경음악으로 들려주는 간접적 음악감상과 독립된 음악감상 활동을 위한 직접적 음악감상이 있다. 다음은 독립된 음악감상 활동을 위한 지도방법의 예(남기원, 김남연, 김명정, 2017; 하정희, 조영진, 강혜정, 2010)이다.

첫째, 도입 단계는 다양한 매체를 활용하여 감상곡을 소개한다. 유아의 흥미와 관심을 위해 감상곡의 제목이나 작곡가 등 감상곡에 관련된 퀴즈나 그림 등을 활용하여 간략히 소개하고, 감상 태도 등에 대해 이야기를 나눈다.

둘째, 전개 단계에서는 감상곡을 들어 본다. 이후 감상곡을 듣고 이야기를 나누는데, 음악을 듣고 떠올린 장면, 분위기, 인물 등 다양한 질문을 통해 경험에 대한 이야기를 나눌 수 있다. 또한 다시 감상곡을 듣는데, 음악을 반복하여 들음으로서 감상활동을 심화하고 음악요소를 충분히 경험하도록 하는 과정이다. 전개 단계에서는 다양한 방법으로 음악을 감상하고, 그것을 표현하는데, 표현방법으로는 신체표현, 미술표현, 악기표현, 이야기 나누기 등이 있다.

- **신체표현**(빠르기에 따라 걷기, 노래 들으며 지휘하기, 분위기에 따라 리본막대 흔들기 등)
- **미술표현**(빠르기에 맞추어 선 그리기, 주제에 따른 그림 그리기 등)
- **악기표현**(음색 듣고 악기 연주, 셈여림에 따른 악기 연주 등)
- **이야기 나누기**(곡의 주인공에 대한 이야기, 음악요소에 대한 이야기 등)

셋째, 마무리 및 평가 단계는 유아가 음악감상에 대한 느낌이나 소감, 음악감상 활동을 회상하고 평가하는 단계이다. 이후 연관된 활동으로 확장한다.

다음은 음악감상 활동을 계획할 때 교사가 고려할 사항이다(문금희, 이민정, 2007).

- 여러 가지 소리를 탐색해 볼 수 있는 기회를 주어야 한다. 유아는 스스로 소리를 만들어 보고, 소리의 차이를 구별해 보고, 소리를 모방해 보며 청감각이 발달하게 된다.
- 감상한 음악에 대한 느낌과 생각을 신체, 사물, 악기, 도구 등을 통하여 다양하게 표현할 수 있는 구체적인 기회를 제공하여야 한다. 유아의 감상을 추상적 사고 속에 제한하는 것이 아니라 느낀 것을 표상하도록 지원하여야 한다.
- 음악감상은 다른 음악활동과 통합적으로 이루어져야 한다. 즉, 감상한 음악은 노래 부르기, 연주하기, 신체표현하기 등의 촉진제가 될 뿐 아니라 깊은 감상 능력을 기르는 데 도움이 된다.
- 음악요소 및 원리를 체험해 볼 수 있게 한다. 곡은 모든 음악요소의 다양한 조합과 구조로 이루어진다. 음악감상 시 모든 음악요소를 분석하고 해석할 수 없지만, 주목할 수 있는 음악요소와 현상에 귀 기울일 수 있는 활동을 제공하여야 한다. 예를 들어, 주선율 노래 부르기, 박자에 맞추어 지휘하기, 셈여림/음높이/음색 등과 같은 음악요소에 따른 신체표현 및 악기 연주 등이다.
- 유아가 흥미 있게 감상에 참여하려면 곡 선정이 중요하다. 교사는 유아가 감상하기에 적합한 감상곡인지 곡의 종류와 악기 편성, 곡의 길이, 시대 및 문화적 특성, 악곡의 음악적 특성에 관해 사전 조사 및 충분한 이해가 필요하다.
- 음악감상에 있어 양질의 감상매체와 음악을 제공하는 것이 중요하다. 또한 다양한 연주자가 다양한 연주법(예: 독주, 중주, 합주)으로 연주하거나 시청각 매체를 사용하여 음악을 제시하는 것은 음악감상을 돕는 효과적 방법이다.

*음악의 연주 형태와 종류에 따른 분류를 감상 예시곡과 함께 본 장의 샵# 코너에 소개하였음.

2) 음악감상 지도 시 유의점

교사는 음악감상을 하기 전, 다음과 같은 점에 유의하여 곡을 선정하고 준비하여야 한다.

- 교사는 감상에 사용될 곡을 이해하고 있어야 한다. 교사는 감상곡의 작곡자, 음악에 관련된 배경이야기, 음악의 구성이나 연주되는 악기들을 이해하고 있어야 한다. 같은 곡이라도 다양한 빠르기나 원곡과는 다른 악기로 연주되는 경우가 많으므로 곡에 따라 이해가 필요하다.
- 감상곡의 길이는 3~4분 정도가 적합하다. 유아의 집중 시간은 길지 않으므로 짧은 곡을 여러 번 듣는 것이 좋다. 특히 감상곡이 길이가 긴 경우는 활동하고자 하는 부분의 음악을 편집하여 들려줄 수 있다.
- 감상곡은 친숙한 것에서 생소한 것(주제 또는 멜로디 등)으로, 단순한 곡에서 복잡한 곡(멜로디 또는 음악의 형식 등)으로 적합한 음악을 선택한다.
- 다양한 장르, 유형, 문화적 배경의 음악을 선정한다. 교사는 동요나 클래식 위주로 곡을 선택하는 경우가 많다. 유아는 음악적 선호가 아직 발달하지 않았기 때문에 다양한 음악을 제공할 필요가 있다. 동요, 전래동요, 클래식, 애니메이션 OST, 전통음악 등이 있으며 연주 형태에 따라 독주, 합주, 성악곡, 기악곡 등으로도 분류할 수 있다. 또한 유아의 발달이나 흥미, 생활주제에 따라 곡을 선정할 수 있다.
- 음악요소(음색, 셈여림, 빠르기, 선율, 리듬, 화음)와 관련하여 곡을 선정한다. 음악요소의 특징이 명확하게 드러나는 곡을 선정할 수 있으며 같은 곡이지만 빠르기가 다르거나(칸칸/〈동물의 사육제〉 중 '거북이') 음색이 다른 곡(같은 곡이나 다른 악기로 연주된 곡) 등 분위기를 비교해서 들을 수 있도록 한다.
- 감상곡의 이해를 도울 수 있는 교수자료를 준비한다. 작품에 관련된 그림책이나 영상, 그림 자료 등을 준비하여 유아의 이해를 돕는다. 다만, 영상을 통해 먼저 음악을 듣게 될 경우 영상 속 이미지가 먼저 자리 잡게 되므로 주의가 필요하다.
- 유아의 느낌과 생각을 자유롭게 표현할 수 있는 허용적인 분위기를 조성한다.

유아에게 음악감상은 바른 자세로만 앉아서 듣는 것이 아니다. 교사는 유아가 음악을 듣고 표현을 할 수 있도록 도와야 하지만 너무 강요를 해서는 안 된다.

3. 음악감상의 연령별 능력 발달

유아는 주변의 소리를 들으면서 소리에 대한 민감성을 발달시키며 소리를 구분할 수 있는데, 특히 빠르기, 리듬, 박의 변화에 신체적 반응이 먼저 나타난다. 이러한 듣고 움직이는 활동은 음악 반응의 기초로 유아의 음악적 발달을 돕고, 다른 음악활동의 기초를 이루는 중요한 경험이다. 다음은 음악감상의 연령별 능력 발달 내용이다(이옥주, 정수진, 윤지영, 2015; 이혜정, 2020; 하정희, 조영진, 강혜정, 2010; Campbell & Scott-Kassner, 1995; Pica, 2010).

1) 태내기

아기는 태어나기 전부터 들을 수 있는데, 임신 중 음악을 듣고 자란 아기는 음악을 듣지 않은 아기들에 비해 건강하고 정서적으로 안정되며 적극적이고 사회성이 발달되며 사고력과 집중력이 향상된다. 특히 태아는 자주 듣는 어머니의 소리를 잘 기억한다. 태아 때 좋은 음악을 많이 접했던 아이는 또래에 비해 감수성이 풍부하며 지능 발달이 빠르고 집중력도 뛰어나며 태내에서 들었던 음악을 출생 후에도 기억하고 좋아하여 음색, 음높이, 강약 등을 잘 기억한다. 사람의 감각 중에서 가장 먼저 발달하는 것은 청각으로, 뱃속에 있는 태아는 임신 5주가 되면 엄마의 몸 밖에서 나는 소리에 반응을 보인다. 임신 12주에는 리듬감각을 느끼며, 임신 18주에는 소리와 멜로디에 반응을 나타낸다. 임신 24주에는 청각 기능의 대부분이 활성화되어 소리를 들을 수 있고 임신 8개월이 되면 소리의 높낮이나 빠르기, 소리의 강약을 구별할 수 있다.

2) 출생 후~1세

영아는 생후 1주일이 되면 소리에 민감한 반응을 나타내는데, 소리를 듣고 고개를 돌리거나 눈을 동그랗게 뜨고 몸을 움직이거나 입을 움직이는 등의 반응을 보이며 아주 어린 신생아들도 소리 나는 쪽으로 고개를 돌린다. 2개월에는 엄마 목소리와 다른 사람의 목소리를 구별할 수 있으며, 3~6개월경에는 목소리에 반응을 한다. 4개월에는 조용한 음악과 신나는 음악에 따라 다르게 반응하며, 4~6개월경에는 자주 듣던 음악에 안정감을 느끼며, 항상 듣던 음악 선율의 흐름이 바뀌는 것을 알아차리며, 소리에 강한 관심을 나타내기 시작한다.

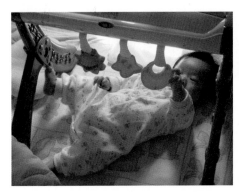

[그림 7-4] 소리 나는 놀잇감에 관심을 가지는 영아

4~8개월의 영아는 놀잇감으로 소리를 만드는 등 놀잇감 탐색을 좋아하며, 소리가 나면 소리 나는 쪽을 알기 위해 고개를 돌리고, 6개월 이후 시계 소리나 음악 놀잇감과 같은 리듬 있는 소리를 즐기며, 반복되는 소리와 TV나 라디오 등의 대중매체에서 들리는 소리에 민감하게 반응한다.

3) 1~2세

영아는 음악의 선호도가 생기며, 물체에서 나는 소리와 악기 탐색에 많은 흥미를 보인다. 10~18개월에는 음악에 대해 좋아하고 싫어하는 태도를 적극적으로 보이고, 1세부터 2세경에는 악기 연주곡보다는 동요 곡을 더 좋아하는 등 목소리에 대한 선호가 뚜렷하다.

[그림 7-5] 사운드북 버튼을 누르며 노래를 반복해서 듣고 있는 영아

[그림 7-6] 놀잇감을 흔들어 소리를 만드는 영아

4) 2~3세

2세가 되면 새로운 소리에 대한 변별력이 생기게 되며, 리듬이 분명한 음악이나 운율이 있는 동요를 좋아한다. 또한 음악을 들으며 간단한 음악게임과 손유희를 할 수 있고, 몇 분간 앉아서 조용히 주의집중하여 음악을 들을 수 있다. 가사가 있는 노래를 듣는 것을 좋아하며, 박자감이 정확하지 않지만 신체를 이용해 음악에 적극적으로 반응한다.

5) 3~4세

3세 유아는 빠른 음악과 느린 음악을 구별해서 표현할 수 있지만, 감상한 음악의 느낌을 언어로 표현하기는 어렵다. 생활 주변에서 자연스럽게 접하게 되는 소리(동물 울음소리, 일상생활소리, 목소리 등)를 비교적 짧은 듣기 경험으로 즐긴다. 주변에서 음악요소가 나타나는 소리(예: 똑똑—리듬 있는 반복, 딸랑딸랑—음색이 다른 소리)에 관심을 보이고, 반복되는 단어를 사용한 노래 듣기를 즐기며 반복된 구절을 따라 하며 즐거워한다.

6) 4~5세

4세 이후 유아는 음악을 듣고 자신의 느낌을 언어로 표현할 수 있다. 다양한 종류의 음악에 대한 호기심이 생기며 흥미 지속시간이 증가하는 등 비교적 오랫동안 집중할 수 있다. 또한 단순한 노래보다 노랫말이 있는 곡을 더 좋아한다. 5세 이후 유아는 음악의 개념 획득이 가능하며, 청각능력이 현저히 발달하고 음과 음 사이의 분별력, 음의 진행 방향, 반복되기 등을 구분 및 순서를 정할 수 있는 능력이 발달되기 시작한다(성경희, 1988). 5세 유아는 규칙적인 박을 알 수 있고, 빠르고 느림을 구별할 수 있다.

이처럼 유아의 음악감상은 소리에 대한 관심과 반응으로부터 시작되며, 유아가 성장함에 따라 소리를 구별하면서 즐기는 것이 나타난다.

4. 음악감상 활동의 예

교육기관에서 이루어지는 음악감상은 노래 부르기와 연주하기에 비해 미비하게 이루어지고 있으며, 음악감상의 방법에 있어서도 교사와 유아 간의 수동적 음악감상이나 언어적 상호작용이 주를 이루고 있다. 다음은 음악요소를 포함한 음악감상 활동안과, 음악감상을 도울 수 있는 감상곡의 예를 안내하고자 한다.

1) 음악감상 활동안

연령	0~1세	일과 구분	일상
활동명	엄마, 아빠 목소리를 들으며 자요		

활동목표
- 녹음된 엄마, 아빠의 목소리에 관심을 가진다.
- 낮잠시간에 편안하게 낮잠을 잔다.

활동자료
- 엄마와 아빠의 목소리로 부른 자장가 또는 하고 싶은 이야기가 담긴 녹음 파일, 플레이어 또는 휴대폰

음악요소   음색, 리듬

활동방법   ♫ 예비활동
- 엄마, 아빠가 담긴 사진이나 동영상을 함께 본다.
    - 누구의 엄마, 아빠일까?
    - 이제 잠을 자고 나면 엄마, 아빠를 만날 수 있어요.
    - 동영상에서 엄마, 아빠 소리가 나는지 들어 볼까요?

    ♫ 본활동
- 낮잠 준비를 한다.
    - ○○ 베개가 어디 있을까요?
    - ○○ 베개가 여기 있구나.
    - □□ 코끼리 베개도 □□를 기다리고 있어요.
    - □□ 코끼리 베개에 누워 볼까요?
- 녹음된 소리를 들려준다.
    - (플레이어를 재생하며) 어떤 소리가 들리는지 들어 볼까요?
    - 엄마가 자장 자장 노래를 불러 주시네.
    - △△ 아빠는 무슨 얘기를 하는지 잘 들어 보자.
- 녹음된 소리를 들으며 영아가 잘 수 있도록 일정한 박으로 토닥여 준다.
    - 엄마 소리를 들으며 자장 자장.
    - 아빠 소리 들으며 자장 자장.

확장활동
- 편안한 목소리가 담긴 자장가를 준비하여 들려준다.
    - 이 노래에서는 어떤 소리들이 들리는지 들어 보자.
    - 노래를 들으니 선생님은 너무 잠이 오네. 자장 자장 우리 ○○도 잠이 오는구나.
    - 잘자라, 우리 □□. 자장 자장.

활동의 예시

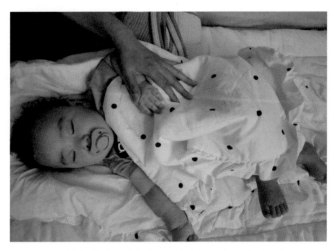

▲ 엄마, 아빠의 목소리를 들으며 낮잠을 청하는 영아

■ **영아 경험의 이해**

- 익숙한 부모님의 목소리를 듣고 엄마, 아빠의 목소리에 귀를 기울이며 편안하게 잠이 들었다.
- 우리 부모님의 목소리와 친구 부모님의 목소리를 듣고 구별하는 경험을 하였다.

■ **교사 지원**

- 공간: 낮잠을 자는 일과 시간 동안 자연스럽게 이루어지므로 따로 공간을 마련하지 않아도 된다.
- 자료: 엄마, 아빠의 목소리가 녹음된 파일은 등원이나 하원 시, 학부모에게 영아를 재울 때 불러 주는 자장가 또는 하고 싶은 이야기들을 간단히 녹음해 달라고 요청하면 쉽다. 또는 휴대폰으로 짧은 녹음 파일을 받아도 좋다.
- 일과: 영아에게는 낮잠시간도 중요한 일과이므로 자연스럽게 엄마, 아빠의 목소리를 감상하며 안정적으로 잠들 수 있도록 돕는다.
- 상호작용: 영아들이 처음 듣고는 울 수 있으나 낮잠시간 외에 놀이시간에 반복하여 들려주면 안정감을 갖는 데 도움을 줄 수 있으므로 지속적으로 들려준다.
- 안전: 플레이어나 휴대폰을 너무 영아 가까이에 하여 들려주지 않는다. 영아는 청각이 예민하여 너무 가까이에 두면 청각에 이상이 생길 수 있으니 유의한다.

연령	2세	일과 구분	놀이
활동명	음악감상 〈유모레스크〉		

• 자유놀이시간에 들리는 노래 감상하기
지완이가 자동차로 놀이를 하다 음악이 들리자, 고개를 이리저리 두리번거린다. 음악소리가 들리지 않자 자동차를 가지고 계속 하던 놀이를 한다.

• 음악을 감상하고 자연스럽게 몸 움직이기
음악이 다시 들리자, 지완이는 놀이를 멈추고 두리번거린다. 그때 음악에 따라 몸을 움직이고 있는 교사를 보고 웃는다. 지완이는 교사에게 달려가면서 팔과 다리를 같이 움직인다. 두 다리와 양손을 쭉 뻗은 후 음악에 따라 흔들거리기를 즐긴다.

• 함께 감상하고 함께 움직이기
교사가 음악을 좀 더 크게 틀어 주자 다른 곳에서 놀던 우빈이와 수아가 관심을 가지고 다가온다. 지완이와 선생님이 음악을 감상하며 놀이하는 모습을 보고 따라 한다. 음악의 형식과 빠르기가 변하자 우빈이는 콩콩 뛰며 몸을 움직이고 수아는 지완이와 손을 잡고 빙그르르~ 돌면서 움직인다.

■ 영아 경험의 이해

– 들리는 음악에 관심을 갖고 주의 깊게 들어 보며 소리를 탐색하는 경험을 하였다.
– 음악을 감상한 후, 음악의 빠르기와 흐름에 따라 몸을 움직여 보았다.
– 교사와 영아, 영아와 영아는 서로 교감하며 음악을 감상하였고, 그 느낌을 신체로 표현하며 놀이하는 예술적 경험을 즐겼다.

■ 교사 지원

– 자료: 영아가 관심을 보이면, 스카프나 리본 막대를 제공하고 음악을 들으며 스카프나 리본막대를 리듬에 맞게 흔들어 보는 활동을 할 수 있다.
– 일과: 특별한 활동시간을 만드는 것이 아니라, 영아가 놀이 중 자연스럽게 음악을 감상할 수 있도록 들려주며 새로운 놀이로 전개될 수 있도록 한다.
– 상호작용: 교사와 영아가 음악, 움직임을 통해 교감할 수 있도록 언어뿐 아니라 신체 움직임이나 표정 등 비언어적 상호작용을 충분히 지원한다.
– 안전: 너무 흥분하여 뛰어다니지 않도록 유의한다. 많은 영아들이 관심을 가지게 되면서 대집단 놀이로 전환된다면, 공간을 충분히 확보하여 안전하게 놀이하도록 돕는다.

연령	3세	일과 구분	놀이
활동명		소리 보물 찾기	

활동목표
- 다양한 소리를 탐색하고, 그 소리를 구분할 수 있다.
- 주변의 사물을 활용하여 소리를 만드는 경험을 즐긴다.

활동자료
- 여러 가지 크기의 뚜껑이 있는 빈 병(예: 생수병, 입구가 넓은 주스병 등), 주변에 있는 크기와 재질이 다양한 재료들(예: 작은 돌, 나무조각, 뽕뽕이, 스팽글 등), 스카프 또는 안대

음악요소   음색, 셈여림, 빠르기

활동방법   ♫ 예비활동
- 다양한 재료들을 빈 병에 넣고 각각의 소리가 어떤지 서로 비교하며 탐색한다.
  - 우리 이 병 안에 물건들을 넣어서 흔들어 볼까?
  - 어떤 소리가 나니?
  - 이번에는 돌멩이를 넣고 흔들어 보자. 어떤 소리가 날까?
  - 그 소리를 들으니 어떤 느낌이 드니?

♫ 본활동
- 소리를 듣고 기억한 후 같은 소리를 찾아본다.
  - 아까 우리가 들었던 재료들을 빈 병에 넣고 어떤 소리인지 맞춰 볼까요?
  - 이 소리는 어떤 재료의 소리일까?
- 소리를 듣고 어떤 보물을 넣어 온 것인지 알아맞힌다.
  - 어, 이 소리는 어떤 보물의 소리인 것 같니?
  - 왜 그렇게 생각하니?
- 술래를 한 명 정하여 눈을 가린 후, 나머지 친구들은 교실 안에서 보물(소리)를 빈 병에 담아 온다.
  - 술래를 어떻게 정하는 게 좋을까?
  - 원하는 대로 마음껏 빈 병에 보물(소리)들을 담아 오자.
- 소리를 듣고 어떤 보물을 넣어 온 것인지 알아맞힌다.
  - 어, 이 소리는 어떤 보물의 소리인 것 같니?
  - 왜 그렇게 생각하니?
- 보물(소리)을 찾아 본 느낌에 대해 이야기하며 활동을 마무리한다.
  - 이렇게 소리가 나는 보물을 찾아보니 어땠니?
  - 오늘은 없지만 집에 있는 물건들 중에서 어떤 소리가 나는지 궁금한 물건이 있니?
  - 다음에 함께 가지고 와서 들어 볼까?

확장활동
- 놀이하며 만든 마라카스를 다양한 방법으로 연주해 본다.
  - 우리가 만든 마라카스를 연주해 보자.
  - 소리를 크게, 작게 내면서 연주해 볼까??
  - 이번에는 빠르고, 느리게 흔들며 연주해 보자.
- 마라카스를 연주하며 노래를 불러 본다.
  - 이번에는 노래를 부르며 연주해 보자.
  - 우리가 알고 있는 노래 중 어떤 노래가 어울릴까?

활동의 예시

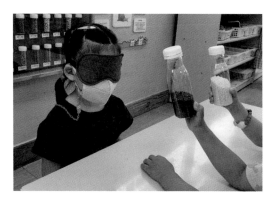

▲ 다양한 재료의 소리를 탐색하며 소리를 맞추고 있는 유아

■ 유아 경험의 이해

– 주변에 있는 다양한 사물들의 소리를 비교하며 탐색해 보았다.
– 소리의 특징을 기억해 두었다가 어떤 소리가 같은 소리인지 찾아보는 경험을 하였다.
– 놀이를 통해 직접 만든 놀잇감을 활용하여 노래를 부르며 악기를 연주하는 음악놀이를 즐겼다.
– 힘을 조절하여 소리를 크게/작게, 빠르게/느리게 하는 등 음악요소를 떠올리며 악기를 연주하는 음악 경험을 하였다.

■ 교사 지원

– 공간: 공간이 너무 넓어서 유아가 같은 소리를 찾기 어려워한다면 보물 찾기 공간을 좁게 제한해 줄 수도 있다(예: 첫 번째 서랍장, 미술 재료가 있는 공간 등).
– 자료: 다양한 소리가 날 수 있는 여러 가지 종류의 매체들을 교실 안에 배치해 두어 유아가 자연스럽게 재료들을 고를 수 있도록 한다.
– 일과: 가정에서도 일상에서 같은 놀이를 할 수 있도록 부모교육 자료를 내보낼 수 있다.
– 상호작용: 정답을 찾는 것보다는 다양한 소리들을 탐색하고 그 차이를 구별할 수 있도록 언어적 상호작용을 지원한다.
– 안전: 유아에게 크기가 너무 작은 재료를 삼키거나 콧구멍 등에 집어넣는 등 안전사고가 발생할 수 있으므로 유의한다.

연령	4세	일과 구분	놀이
활동명	인공지능으로 풍경에 어울리는 소리를 연결해요			

활동목표
- 다양한 소리를 듣고 소리와 관련된 자신의 생각이나 느낌에 대하여 의견을 나눈다.
- 인공지능이 탑재된 프로그램을 활용하여 청각과 시각을 통합하여 사고하는 경험을 갖는다.

활동자료
- 다양한 풍경사진, 이매지너리 사운드스케이프(Imaginary Soundscape) 프로그램, 컴퓨터 또는 태블릿 PC, 음악 플레이어

음악요소 음색

활동방법 ♫ 예비활동
- 음악을 듣고 어떤 장소나 풍경이 떠오르는지 이야기를 나눈다.
  - 이 음악을 들으니 어떤 장소나 풍경이 떠오르니?
  - 다른 친구들은 어떠니? 다른 장소가 떠오른 친구가 있니?
- 음률영역에 배치된 분위기가 다른 음악이나 효과음을 자유롭게 감상하고, 음악과 어울리는 풍경을 그림으로 그려 본다.
  - 여러분들이 자유롭게 음악을 듣고 떠오르는 풍경이나 장소를 그림으로 남겨 보아요.

♫ 본활동
- 이매지너리 사운드스케이프 프로그램을 자유롭게 탐색하며 놀이한다.
  - 사진에 어울리는 소리를 인공지능이 추천해 주는 프로그램이야. 이 프로그램으로 어떤 놀이를 할 수 있을지 생각해 보자.
  - 이 그림을 넣으면 어떤 소리가 날까? 왜 그렇게 생각했니?
  - 너희가 새로 알게 된 내용을 친구들에게도 이야기해 줄 수 있겠니?
- 사진을 보며 어떤 소리가 들릴지 미리 예측해 본 뒤, 사진을 프로그램에 넣어 우리의 예측이 맞는지 확인해 본다.
  - 우리 여기서 어떤 소리가 들릴 것 같은지 맞혀 보자!
  - 그럼 이 사진에서는 어떤 소리가 나올까?
- 특정 소리가 날 것 같은 사진들을 찾아 프로그램에 넣어 본 후, 과연 우리의 생각이 맞는지 확인해 본다.
  - 신나는 웃음소리가 날 것 같은 사진을 찾아서 넣어 볼까? 그럼, 어떤 특징을 가진 그림이어야 될 것 같니?
  - 너희가 생각한 것과 인공지능이 생각한 것이 같니? 왜 다르지?
  - 왜 인공지능은 이 소리가 이 사진에 어울린다고 생각했을까?"
  - 인공지능은 이 사진의 어떤 부분을 보고 그 소리를 생각했을까?
- 프로그램을 사용하여 소리를 연결해 본 경험에 대해 이야기한다.
  - 프로그램을 활용하는 건 어렵지 않았니?
  - 사진과 어울리는 소리를 찾는 과정이 어땠니?
  - 오늘 놀이한 것 중에서 기억에 남거나 재미있었던 부분을 소개해 줄까?

확장활동	• 놀이시간 틈틈이 유아가 직접 찍은 사진들을 프로그램에 넣어 어떤 소리가 나는지 탐색해 본다.

- 너희가 직접 찍은 교실 사진에서는 어떤 소리가 들릴 것 같니?
- 인공지능도 우리와 비슷하게 생각할까?
- 실제로 프로그램에 넣어 보니 어떤 소리가 들리니?
- 인공지능이 우리랑 다르게 생각한 이유도 한번 생각해 보자. 왜 이런 소리를 들려주었을까?

활동의 예시	- 이 사진에서는 수영장에서 놀이하는 어린이들 웃음소리가 들릴 것 같은데?

- 아니야! 헤엄치는 물소리가 들릴 수도 있어!
- 우리 이번에는 다른 사진을 넣어 볼까?

▲ 이미지에 따라 소리를 찾는 유아

■ 유아 경험의 이해

- 다감각의 연결과 통합 처리가 가능한 인공지능의 기능을 활용한 놀이를 경험하였다.
- 유아는 환경(시각)에 어울리는 소리(청각)를 창작하고, 유아가 연주하는 실제 악기 소리와 인공지능이 연주하는 소리가 어우러진 음악을 감상하며 심미감을 기르고 즐거움을 느낄 수 있었다.
- 음률놀이와 관련된 인공지능 기술을 일상생활에 활용하였다.

■ 교사 지원

- 공간: 여러 명의 유아가 자유롭게 놀이할 수 있도록 교실의 한구석이 아닌, 컴퓨터 영역을 따로 배치해 두는 것이 좋다.
- 자료: 유아가 다양한 소리를 들을 수 있도록 교사가 여러 종류의 사진을 미리 준비해 주면 좋다. 뚜렷한 특징이 드러나는 사진일수록 유아와 인공지능 모두 어울리는 음악을 잘 떠올릴 수 있다. 해당 프로그램은 다운로드 없이 인터넷 접속만으로 가능하므로 교사는 컴퓨터에 미리 해당 프로그램을 실행할 있도록 마련해 둔다.
- 상호작용: 유아가 어떤 대화들을 하고 있는지 살펴보고 필요한 사진이나 자료들을 바로 제공하거나 생각의 확장을 돕는 상호작용을 지원한다.

연령	5세	일과 구분	활동
활동명		나뭇가지와 나뭇잎에서도 소리가 나요	

활동목표
• 주변의 소리에 관심을 기울인다.
• 나뭇가지와 나뭇잎을 이용하여 여러 가지 소리를 만들어 본다.

활동자료
• 나뭇가지, 나뭇잎

음악요소 음색, 빠르기, 셈여림

활동방법 ♫ 예비활동
• 숲에서 들었던 다양한 소리들에 대하여 이야기를 나눈다.
　　– 숲에 갔을 때 어떤 소리들을 들었니?
　　– 그 소리에 대해 자세히 이야기해 볼까?
• 동물이 아니라 숲에 있는 나뭇가지나 나뭇잎의 소리를 들어 본 경험을 이야기 나눈다.
　　– 혹시 나뭇가지나 나뭇잎에서 소리를 들어 본 적이 있니?
　　– 언제 그 소리를 들어 보았니?
　　– 어떤 소리가 났었니?

♫ 본활동
• 나뭇가지로 어떻게 소리를 만들 수 있을지 자유롭게 탐색해 본다.
　　– 여기에 있는 나뭇가지를 자유롭게 움직여서 여러 소리들을 만들어 보자.
　　– 어떻게 움직이면 소리가 나니?
　　– 빠른 소리를 만들려면 어떻게 하면 될까?
　　– 내가 낸 방법과 소리를 친구들에게 소개해 볼까?
• 나뭇잎으로 어떻게 소리를 만들 수 있을지 자유롭게 탐색해 본다.
　　– 이번에는 나뭇잎으로 재미있는 소리들을 만들어 보자.
　　– 어떤 소리가 나는지 이야기해 볼까?
　　– 느린 소리를 만들려면 어떻게 하면 될까?
　　– 새로운 소리를 만든 친구들이 있니? 다른 친구들에게 소개해 보자.
• 숲에 있는 다양한 종류의 나뭇가지와 나뭇잎 그리고 기타 자연물들을 활용하여 자유롭게
　소리 만들기를 즐긴다.
　　– 우리 다른 자연물들로도 소리를 만들어 보자.
　　– 새롭게 만든 소리가 있다면 친구들을 불러 자유롭게 소리 만들기 놀이를 해 보자.
• 소리를 탐색하고 만들어 본 경험에 대하여 이야기를 나누며 활동을 마무리한다.
　　– 오늘 어떤 점이 가장 즐겁고 기억에 남을까?
　　– 살아 있는 동물 말고 바닥에 떨어진 나뭇잎과 나뭇가지에서 소리를 들어 보니 어땠니?
　　– 나뭇가지와 나뭇잎으로 소리를 만들어 본 건 어땠니?
　　– 어떤 소리가 가장 컸니?(혹은 작았니?)
　　– 가장 기억에 남는 소리가 있을까?

확장활동   • 내가 좋아하는 노래와 함께 자연물 악기 연주를 해 본다.
                  – 우리 각자 마음에 드는 자연물을 골라 소리를 만들어 볼까?
                  – 우리가 좋아하는 노래를 정해서 노래를 부르며 자연물로 연주를 해 보자.
                  – 또 다른 자연물로도 연주해 보자.

활동의 예시

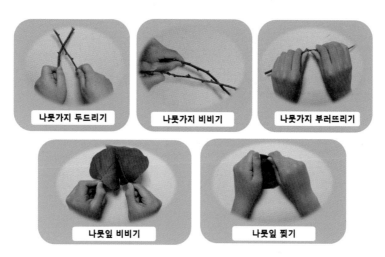

▲ 나뭇가지와 나뭇잎으로 소리를 만드는 방법

■ 유아 경험의 이해

– 자연물에서 나는 다양한 소리를 탐색하고, 소리를 만들어 보는 경험을 가졌다.
– 다양한 방법을 활용하여 창의적으로 나뭇가지와 나뭇잎을 이용한 소리를 만들어 보았다.
– 동물이 아닌 자연물에서도 소리가 날 수 있음을 알고, 이를 자신의 경험과 연계하여 활동을 즐겼다.

■ 교사 지원

– 공간: 교실로 자연물을 가지고 오기보다는 숲 놀이나 산책 시 자연스럽게 활동이나 놀이로 전개될 수
  있도록 한다.
– 자료: 숲에서 다양한 종류의 나뭇가지와 나뭇잎을 찾을 수 있도록 배려하고, 유아가 찾은 자연물에
  대하여 허용적으로 받아들인다.
– 관찰: 자연물의 특징에 따라 빠르게/느리게, 가볍게/무겁게, 탄력 있게/유연하게 등 각각 다르게 움직
  이는지를 관찰한다.
– 상호작용: 서로 다른 소리를 만들어 냈을 때 다른 친구들도 그 소리에 대하여 들을 수 있도록 주의를
  집중시키거나, 다른 친구에게 직접 소개할 수 있도록 상호작용한다.
– 안전: 숲에 있는 있는 그대로의 자연물을 활용할 때에는 서로 나뭇가지 등을 움직이다 찌르거나 긁히
  지 않도록 조심한다. 유아가 새로운 자연물을 찾기 위해 위험한 곳으로 가지 않도록 유아 스스로 안
  전에 유의할 수 있게 약속을 정하는 것도 좋다.

2) 음악감상곡의 예

1. 음색의 변화를 느낄 수 있어요(같은 곡을 다른 악기로 연주한 곡을 들어 보아요).
– 림스키 코르사코프 〈호박벌의 비행〉
(바이올린/리코더/멜로디언/피아노)

tvN 〈유 퀴즈 온 더 블럭〉   멜로디카맨

– 르로이 앤더슨 〈타이프라이터〉
활동 1) 음악을 듣다가 종치는 부분을 손뼉이나 트라이앵글로 같이 연주해 보아요.
활동 2) 타이프 치는 부분을 같이 따라 해 봐요.

타이프라이터

2. 표제음악
표제음악은 제목이 붙은 음악으로 곡의 내용을 설명하는 제목이 붙어 있어서 쉽게 곡의 내용을 알 수 있어요. 대표적인 표제음악으로 〈동물의 사육제〉가 있습니다.

– 생상스 〈동물의 사육제(Le carnaval des animaux)〉
총 14개의 곡으로 다양한 동물의 움직임을 음악으로 표현한 작품이다. 다음은 네이버 지식백과, 클래식 명곡 명연주 중 '생상스, 동물의 사육제' 내용을 재구성하였다.

1) 제1곡 '서주와 사자왕의 행진'
두 대의 피아노와 현악 5부로 편성되어 있다. 사자의 울음소리와 위풍당당한 걸음걸이를 표현한 곡이다. 피아노가 당당한 행진곡 리듬을 연주하는 가운데 여섯 번째 마디부터 등장하는 묵직한 현악 합주가 사자왕의 등장을 나타낸다. 행진곡 리듬의 간주 뒤에 주제가 세 번 반복되면서 셋잇단음 음형이 출현하는데 이 소리는 사자왕이 으르렁거리는 소리이다. 사자의 행진은 사자의 위풍당당한 걸음걸이로, 으르렁거리는 소리는 탬버린이나 마라카스 등으로 표현활동을 할 수 있다.

2) 제2곡 '암탉과 수탉'

클라리넷과 두 대의 피아노, 바이올린, 비올라 등으로 편성되어 있다. 서른다섯 마디에 불과한 아주 짧은 곡으로 피아노가 수탉을, 클라리넷이 암탉을 묘사하며 닭 울음소리를 묘사한다. 두 마리의 닭이 홰를 치며 다투는 듯한 분위기가 잘 살려져 있다. 닭의 모습을 신체로 표현하며, 부리로 쪼거나 날개를 푸드덕거리며 화난 모습을 묘사할 수 있다.

3) 제3곡 '당나귀'

두 대의 피아노로만 연주된다. 야생 당나귀가 힘차게 질주하는 모습을 표현한 곡이다. 길들여지지 않은 당나귀의 자유분방한 움직임이 16분음표만으로 오르락내리락하는 무궁동(8분음표나 16분음표, 32분음표 등 짧은 음표로 이루어진 선율이 끊임없이 움직이는 느낌을 주는 화려하고 짧은 곡)풍 악상으로 묘사되었다. 말과 당나귀의 생김새를 탐색하고, 말에 비해 짧은 다리를 가진 당나귀의 빠른 움직임을 표현할 수 있으며, 음의 오르내리는 활발한 움직임을 감상할 수 있는 곡이다.

4) 제4곡 '거북이'

한 대의 피아노와 현악 5부로 편성되어 있다. 스물두마디 소품이다. 거북의 느린 모습을 표현한 곡이다. 셋째 마디부터는 현악기군이 거북의 굼뜨고 태평스런 움직임을 연상케 하는 선율을 연주한다. 이 곡은 오펜바흐의 오페레타 〈천국과 지옥〉 중 '캉캉'의 곡을 인용한 것이다. 캉캉은 굉장히 빠르고, 거북이는 굉장히 느리기 때문에 빠르기를 비교해 들려주기 좋은 곡이다.

5) 제5곡 '코끼리'

두 대의 피아노와 더블베이스로 편성된 곡이다. 거대한 코끼리가 왈츠 리듬에 맞춰 춤을 춘다. 이 곡 역시 패러디를 사용하고 있다. 베를리오즈의 〈파우스트의 겁벌〉 중 2부의 7장에 등장하는 바람의 요정 실프스의 발레(Ballet des sylphes) 곡을 인용하였다. 코끼리의 무거운 발걸음 또는 코끼리가 춤추는 모습을 상상하며 표현할 수 있다.

6) 제6곡 '캥거루'

두 대의 피아노로만 연주되며, 전체 열아홉 마디의 짧은 곡이다. 화음이 오르내리며 독특한 리듬이 캥거루의 뛰어다니는 모습을 묘사하고 있다. 곡을 들으며 캥거루가 점프하는 모습을 표현할 수 있다.

7) 제7곡 '수족관'

플루트, 하모니움, 두 대의 피아노, 첼레스타, 현악 4부로 편성되어 있다. 물속을 헤엄치는 물고기들의 나긋나긋한 움직임이 첼레스타의 영롱한 선율로 묘사된다. 신비로운 느낌이 드는 곡으로 영화음악이나 드라마 OST에서 자주 들을 수 있는 곡이다. 영화 〈찰리와 초콜릿 공장〉과 〈해리포터〉에서도 이 곡을 모티브로 한 곡이 있다. 물속의 신비한 느낌을 표현하거나 물속에서 헤엄치는 물고기의 자유로운 모습을 표현할 수 있다.

8) 제8곡 '귀가 긴 등장인물'

두 대의 바이올린으로 연주한다. 노새의 울음소리를 표현한 곡이다. 여기서 말하는 등장인물이란 당나귀(이번에는 집당나귀) 혹은 수탕나귀와 암말의 잡종인 노새를 가리킨다. 이 곡과 당나귀의 울음소리를 비교해서 들으면 음악을 이해하기 쉽다.

9) 제9곡 '숲 속의 뻐꾸기'

두 대의 피아노와 클라리넷으로 연주한다. 피아노의 단순한 화음이 숲의 적막함을 표현하는 가운데 클라리넷이 뻐꾸기의 울음소리를 흉내 낸다. 가만히 들어 보면 '뻐꾹' 소리를 들을 수 있으므로 유아들과 뻐꾸기가 몇 번 등장했는지 찾아보는 재미가 있다. 몇 번 나왔을까요?

10) 제10곡 '큰 새장'

플루트와 두 대의 피아노, 현악 5부로 편성되어 있다. 새들이 날아다니는 모습, 새들이 지저귀는 모습 등 새의 모습이 화려하게 전개된다. 큰 새장 속에서 분주하게 날아다니는 새들의 모습을 공간적으로 잘 묘사한 곡이다.

11) 제11곡 '피아니스트'

두 대의 피아노와 현악 5부가 연주한다. 〈동물의 사육제〉에 등장하는 유일한 인간이지만, 어쨌든 인간도 동물이라면 동물이다. 생상스는 이 곡에 대해 "연주자는 초보자가 치는 모양과 그 어색함을 흉내 내라."라고 지시했다고 한다. 어릴 적 피아노 학원에서 치던 〈하농〉이 떠오르는 곡이다. 유아와 피아노 건반모형에 피아노를 치는 것처럼 노래에 맞추어 손가락을 움직여 표현하는 활동을 할 수 있다.

12) 제12곡 '화석'

클라리넷과 실로폰, 두 대의 피아노, 현악 5부 편성이다. 전곡 가운데 마디 수로는 '피날레'에 이어 두 번째로 긴 곡으로, 전곡 가운데 가장 인용이 풍부한 곡이기도 하다. 처음에 실로폰이 연주하는 주제는 생상스 자신이 쓴 교향시 〈죽음의 무도〉의 주요 주제이며, 계속해서 프랑스 동요 〈난 좋은 담배를 갖고 있다네〉 〈아 어머니께 말씀 드리죠〉(모차르트의 변주곡으로 유명하며, 우리나라에는 〈작은 별〉로 알려져 있다)를 비롯해 여러 노래가 차례로 인용된다. 곡을 들으며 〈작은 별〉 노래 찾기를 해 볼 수 있다.

13) 제13곡 '백조'

첼로와 2대의 피아노로 편성된 곡이다. 여기서는 앞의 두 곡과는 달리 풍자적인 느낌이 전혀 없고 고전적인 우아함이 넘친다. 전곡 가운데 생상스가 생전에 출판을 허락한 유일한 곡이다. 백조의 우아한 모습을 표현하거나 노래를 들으며 편안하고 느린 표현을 할 수 있는 곡이다.

14) 제14곡 '피날레'

플루트, 클라리넷, 하모니움, 실로폰, 두 대의 피아노, 현악 5부 편성으로, 지금까지 사용된 악기 거의 전부가 등장한다. 오펜바흐 〈천국과 지옥〉의 피날레 선율이기도 하다. 이어 당나귀, 암탉, 캥거루, 노새 등 등장했던 동물 대부분이 연이어 모습을 보이면서 떠들썩하게 전곡을 마무리한다. 앞선 곡들을 다 들은 후 마지막 시간에 유아들과 음악 속 등장인물을 하나씩 맡아 동물 가면을 쓰고 다 같이 행진할 수 있다.

연주: 서울시향
어린이들을 위한 애니메이션이 결합된 연주곡

3. 음악동화
─프로코피예프 〈피터와 늑대('Peter and wolf, op.67)〉

어린이를 위해 프로코피예프가 만든 음악동화이다. 어린 소년 피터는 현악기, 새는 플루트, 오리는 오보에, 늑대는 호른, 사냥꾼들은 팀파니 소리로 각각 표현된다. 인터넷에 검색하면 다양한 버전의 〈피터와 늑대〉 음악을 찾을 수 있다.

1) 디즈니 음악세계 〈피터와 늑대〉: 애니매이션으로 구성되어 있어 유아들의 흥미를 돋을 수 있다. 다만, 한국어 더빙이 아니므로 교사가 자막을 읽어 주며 감상을 진행하여야 한다. (재생시간 약 15분)

2) 국립중앙과학관 〈피터와 늑대〉: 그림자극으로 구성되어 있으며 한국어 해설로 편히 시청할 수 있는 장점이 있다. (재생시간 약 12분)

〈피터와 늑대〉(디즈니)

〈피터와 늑대〉(그림자극)

3) 조수미가 들려주는 음악동화

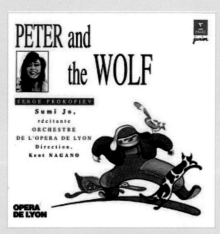

－지휘: 나가노(Kent Nagano)

－나레이션: 조수미(Sumi Jo)

－연주: 리옹국립오페라관현악단(Orchestre de l'Opera National de L)

1993년 프랑스의 클래식 레이블 '에라토'가 기획한 앨범으로, 이 앨범의 나레이션을 맡은 소프라노 조수미는 프로코피에프가 직접 대본을 쓴 〈피터와 늑대〉 이야기를 마치 동화구연을 들려주듯 재치 있는 목소리로 재미있고 흥미진진하게 풀어내고 있다. 1997년에 발매되었던 음반이 2015년 재발매되었다.

4. 참고도서

『1일 1 클래식 1기쁨』(클레먼시 버턴힐, 2019, 윌북)

영국의 BBC 클래식 방송 진행자이자 세계적인 바이올리니스트인 작가 클레먼시 버턴힐이 수년간 모아 온 보물 같은 작품을 바탕으로 만들어졌다. 불후의 고전부터 현대에 이르기까지, 이 책은 매일 클래식 음악 한 곡을 들려준다. 그리고 그에 얽힌, 천일야화처럼 흥미진진한 이야기가 한 편씩 실려 있다.

역사적으로 유의미한 날짜와 그날의 추천 음악, 계절에 어울리는 곡들로 구성되어 있다. 240여 명의 음악가와 366곡의 작품들과 곡에 얽힌 이야기를 들을 수 있다. 도서 안 QR코드를 입력하면 소개 음악을 들을 수 있어 교사가 따로 검색하지 않아도 되는 편리함이 있다.

『오늘부터 클래식』(김호정, 2021, 메이트북스)

대학에서 피아노를 전공하고 10년 넘게 일간지 음악 기자로 일한 저자가 클래식 음악을 이해하고 감상함에 있어 사람과 현장에 시선을 맞추었다. 국내외 주요 음악 이벤트 현장 가장 가까이에서 듣고 보고 느낀 이야기를 담은 책이다.

연주자들의 이야기, 유명 작곡가들의 치열하고 찬란했던 인생과 그것을 오롯이 담아낸 음악 이야기, 기사에서는 미처 전하지 못한 음악 현장의 뒷이야기, 알쏭달쏭한 클래식 궁금증과 클래식 음악의 이모저모를 마치 음악을 연주하듯 유려하게 담아낸 책이다. 도서 안 챕터마다 QR코드를 입력하면 곡을 들을 수 있어 작곡가와 곡에 대한 이야기를 전할 수 있다.

음악은 표현하는 매체에 따라 성악과 기악으로 나눌 수 있습니다. 성악은 사람의 목소리로 연주하는 음악을 말하며, 기악은 악기만으로 연주하는 음악을 가리킵니다.

다음은 연주 형태에 따른 성악과 기악의 특징과 종류에 대해 살펴보겠습니다. QR코드를 통해 이해를 도울 수 있는 곡을 감상할 수 있습니다.

1. 연주 형태

표현매체	연주 형태	특징	감상
성악	독창(solo)	혼자서 노래하는 것으로, 피아노 반주 또는 관현악이 반주함 곡: 오페라 〈투란도트〉 '아무도 잠들지 말라' 노래: 루치아노 파바로티	
	제창(unison)	여러 사람이 같은 가락을 노래하는 것 곡: 애국가	
	중창 (ensemble)	두 명 이상이 각각 다른 성부를 노래 부르는 것 곡: 뮤지컬 〈이순신〉 '나를 태워라' 노래: 이버리, 오세웅, 박유겸	
	합창(chorus)	많은 사람이 2성부 이상을 각각 다른 가락으로 동시에 노래하는 것 곡: 오라토리오 〈메시아〉 '할렐루야' 출처: 국립합창단	

	독주(solo)	한 사람이 악기를 갖고 연주하는 것이나 피아노 반주나 관현악 반주가 함께 하기도 함 곡: 쇼팽 〈녹턴〉 2번 연주: 임윤찬	
기악	중주 (ensemble)	2명~10명 정도가 서로 다른 악기로 다른 성부를 연주하는 것. 작은 규모의 기악 합주로 실내악이라고도 함 곡: 브람스 피아노 3중주 제1번 B장조 Op.8 4악장 연주: 정트리오(정경화, 정명화, 정명훈)	
	합주 (concerted music)	각 성부를 여러 개의 악기로 연주하는 것으로, 현악합주, 관악합주, 관현악 등이 있음 곡: 개선행진곡 연주: 코리안팝스 오케스트라	

2. 성악곡과 기악곡의 종류

표현매체	종류		성격	감상
성악곡	동요		어린이를 위해 만들어진 노래로 비교적 단순한 가사와 가락으로 구성되어 있다 곡: 아기염소 외 2곡 노래: 이시안	
	민요		국가나 민족의 입에서 입으로 내려오는 노래로 민족의 언어와 풍속 등의 민족적 생활과 정서를 담고 있다. 곡: 뱃노래(경기민요) 노래: 송소희	
	예술가곡		문학적인 시에 음악이 결합한 음악으로 시, 반주, 노래가 융합된 복합 예술 작품이다. 곡: 슈베르트 〈겨울나그네〉 '보리수' 노래: 피셔 디스카우	
	극음악	뮤지컬	노래, 무용, 연극이 조화를 이룬 현대적인 음악극이다. 곡: 뮤지컬 〈라이언 킹〉 'Circle Of Life' 출처: My Favorite Musical	
		오페라	노래, 연기, 의상, 무대장치, 관현악을 포함하는 종합예술로 이야기 전체를 노래로 표현하는 극음악이다. 곡: 오페라 〈라 트라비아타〉 '축배의 노래'	
		판소리	한 명의 소리꾼이 고수(북치는 사람)의 장단에 맞추어 노래(창), 말(아니리), 몸짓(발짓)을 섞어가며 음악적 이야기를 엮어가는 공연예술이다. 곡: 〈춘향가〉 '사랑가'	
		기타	창극, 가부키, 경극, 오페레타, 오라토리오 등의 극음악이 있다. 곡: 창극 〈수궁가〉 2막 1장 '옛다, 내 배 갈라라!'	

기악곡	교향곡	관현악으로 연주되는 다악장 형식의 악곡으로 기본적으로 4악장으로 이루어져 있다. 관현악으로 연주하는 형식 중 가장 큰 규모의 기악곡이다. 곡: 베토벤 교향곡 5번 '운명' 연주: 원코리아 오케스트라	
	소나타	2악장 이상으로 이루어진 기악곡을 총칭하며, 2악장 이상으로 이뤄진 독주곡 실내악곡, 관현악곡을 소나타 곡이라고 한다. 곡: 베토벤 피아노 소나타 8번 '비창' 2악장 연주: 조성진	
	연습곡	악기 연주의 기교를 체계적으로 연마하기 위해 작곡된 곡이다. 곡: 리스트 '라 캄파넬라' 연주: 손열음	
	협주곡	독주 악기와 관현악이 함께 연주하기 위해 만들어진 곡이다. 곡: 하이든 트럼펫 협주곡 3악장 연주: 인천시립교향악단	
	춤곡	춤을 추기 위해 연주되는 악곡을 총칭하며 춤곡에는 왈츠, 미뉴에트, 볼레로, 폴로네이즈, 폴카 등이 있다. 곡: 요한슈트라우스 2세 〈봄의 소리 왈츠〉 연주: 비엔나 필하모닉	
	행진곡	행진을 돕기 위한 반주용 음악으로, 걸으며 연주가 가능한 관악기와 타악기가 주로 사용된다. 곡: 엘가 '위풍당당 행진곡' 1번 D장조 연주: BBC교향악단	
	기타	녹턴, 랩소디, 모음곡, 세레나데, 발라드, 스케르초, 즉흥곡, 환상곡 등의 기악곡이 있다. 곡: 모차르트 세레나데 13번 1악장 연주: 바이에른 캄머필하모니	

Q: 뮤지컬과 오페라의 차이는 무엇인가요?

A: 오페라는 동작이 크지 않으며 성악에 중점을 두지만 뮤지컬은 대중적 노래와 연극을 이용하며 율동이 많고 연기와 노래에 비중을 둡니다.

노래의 비밀은 노래하는 사람의 목소리가 지닌 진동과
듣는 사람의 마음의 떨림 사이에서 발견된다.

—칼릴 지브란

제8장

노래 부르기

#노래선정 #새 노래 지도

이 장에서는 노래 부르기에 대해 알아봅니다. "지금 떠오르는 동요가 있나요?" "요즘 유아들은 가요를 즐겨 들을까요? 동요를 즐겨 들을까요?" "유아가 가요를 부르는 것에 대해 어떻게 생각하나요?" 지금의 생각과 공부한 후 생각이 같은지 다른지 이야기해 보세요.

■ **개요**

이 장에서는 새 노래 지도방법과 연령별 노래 부르기 능력 발달 그리고 유아의 노래 부르기 활동을 위한 곡 선정에 대해 살펴본다.

■ **학습목표**

1. 새 노래 지도방법에 대해 안다.
2. 노래 부르기의 연령별 발달을 안다.
3. 유아발달에 따른 노래 선정에 대해 이해한다.

노래는 자신의 생각이나 감정을 목소리를 활용하여 표현하는 것으로 인간만이 누릴 수 있는 가장 큰 즐거움이자 일상생활에서 자주 접할 수 있는 매우 친숙한 음악 경험이다. 노래 부르기는 유아가 자신의 목소리를 사용하여 독창적으로 표현하는 직접적이며 창의적인 음악활동이다.

첫째, 자신의 감정을 발산하거나 억제하여 감정의 균형을 유지하는 능력을 길러 준다. 유아는 자기의 감정 조절에 어려움을 느낀다. 하지만 노래를 통해 음의 고저, 셈여림 등의 음악요소를 경험하며 유아는 감정을 조절하는 능력을 기르게 된다.

둘째, 언어발달에 긍정적 영향을 미친다. 노래 부르기는 언어와 같이 자신의 느낌과 생각을 표현할 수 있기 때문에 다양한 어휘를 사용할 수 있는 기회를 제공하며 노래 가사를 읽는 능력을 통해 유아의 자신감을 높일 수 있다.

셋째, 노래 부르기를 통해 협동심을 기르게 되고 대인관계와 사회성을 경험하게 된다. 유아는 또래의 친구들과 함께 노래를 부르고 친구의 소리를 들으면서 음정이나 박자에 집중하게 된다. 이를 통해 유아는 친구와 하나의 소리로 맞추어 가는 과정을 경험하게 된다.

넷째, 유아의 생활 속에 여러 가지 정서가 담긴 노래가 함께 존재함으로써 정서적으로 풍요한 인간으로 성장하게 된다.

1. 노래 부르기의 내용

음악은 인간의 삶의 한 부분이며 살아가는 방법이다. 유아는 음악을 통하여 소리 내어 생각하고 사회화되며, 감정을 표출하면서 스스로 즐거움을 느낀다(Campbell, 1991). 유아는 언어를 습득하면서 발음이나 음정이 정확하지 않고 서툴지만 노래 부르기를 좋아한다. 노래 부르기 활동을 계획할 때는 유아의 흥미, 연령, 발달 수준, 음악요소, 생활주제 등을 반영한 노래를 선정할 수 있으며, 노래를 통한 활동은 노래 부르기, 노래 감상하기, 노래에 맞춰 동작 활동하기, 노래 부르며 연주하기, 노래를 음악극으로 표현하기, 노래를 활용한 음악게임 등으로 이루어질 수 있다(이숙희, 김미정, 2020). 다음은 음악요소를 반영한 노래 선정(황옥경, 2016)과 가사를 반영한 노래 선정의 내용이다.

1) 음악요소를 반영한 노래 선정

유아는 노래를 부르면서 박자, 빠르기, 음높이 등의 음악요소를 접하고 학습해야 할 필요가 있다.

(1) 박자

유아가 표현할 수 있는 적당한 박자와 리듬으로 된 노래를 선택해야 한다. 너무 복잡한 리듬은 정확한 표현이 어렵다. 유아가 잘 반응하는 박자는 $\frac{2}{4}$, $\frac{4}{4}$ 박자로 이는 다른 박자에 비해 경쾌하고 생동감을 줄 수 있으며 리듬이 안정되고 걸음걸이와 일치하기 때문이다. 그러나 때로는 유아의 조화로운 심성 발달을 위하여 3박자나, 2박자계의 겹박자인 6박자 같은 음악도 필요하다.

(2) 조성

유아는 밝고 활동적이므로 경쾌하고 밝은 느낌의 장조가 어울린다. 그러나 단조의 노래도 정서 발달의 균형을 이루기 위해서는 바람직하다. 조바꿈된 노래는 임시표가 빈번히 나타나 혼란을 줄 수 있으므로 조가 바뀌는 곡 선정 시 가락이 자연스러워야 한다.

(3) 형식/길이

최근 동요들은 대부분 세 도막 형식이나 곡의 규모가 큰 자유형식의 곡이 많이 발표되고 있는데, 이는 유아의 발달 수준과 동요의 특성에 대한 이해 부족 때문이라고 생각한다. 유아의 특성을 고려할 때 유아 동요는 너무 길지 않아야 하며 적합한 악곡의 형식은 한 도막 형식(큰악절 1개/8마디)이나 작은 세 도막 형식(작은악절 3개/12마디)이다. 그러나 반복되는 형식의 곡은 조금 더 긴 곡이라도 노래 부르기에 용이하다.

(4) 음역

음역이란 사람의 목소리나 음의 고저의 범위를 나타내는 것으로 유아가 가장 편안하게 노래할 수 있는 음역의 노래를 선택해야 한다. 유아에게 적절한 음정Interval은 단순해야 하며 온음계Diatonic Scale가 적절하다. 유아의 음악활동을 위한 곡 선정은 무엇보다 유아가 소리 낼 수 있는 음역 안에서 이루어진 선율이어야 한다. 유아의 음역은 제한되어 있기 때문에 너무 높거나 낮은 음으로 구성된 노래나 너무 빠른 노래를 부르기에 어려움을 보인다. 유아마다 개인차가 있지만 연령에 따라 충분히 소리를 낼 수 있는 적합한 음역의 선율이 선정되어야 한다. 다음은 안재신(2004)이 제시한 유아의 노래 부르기 음역이다. 각 연령의 첫째 마디는 유아가 부를 수 있는 최대음역이며 둘째마디는 유아가 편안하게 소리 낼 수 있는 편안음역이다.

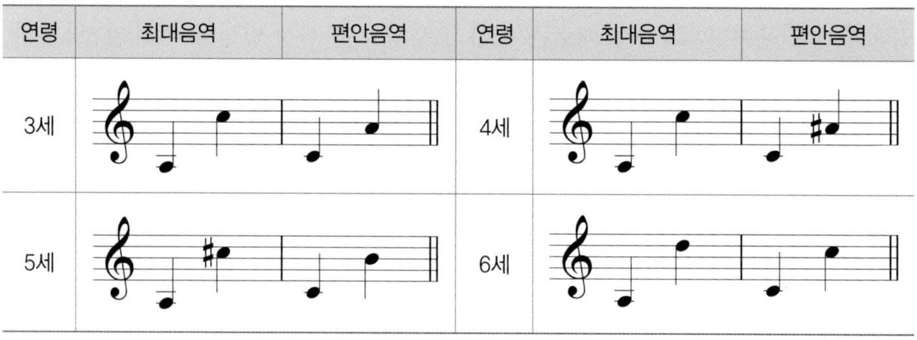

[그림 8-1] 유아의 음역

(5) 가락

유아 동요는 단순한 리듬과 가락으로 되어 있지만 지나치게 단순한 리듬이나 같은 음을 반복하면 지루해지기 쉽다. 리듬이나 가락도 빠르기에 따라 느낌이 다르므로 반복, 순차 진행, 가벼운 도약이 적절하게 사용되어야 한다. 다만, 어린 연령일수록 단순하고 반복적인 가락이 좋다. 노래 부르기에 있어서 반음계적 가락보다 온음계적 가락이 부르기 쉬우며 음의 연결이 노래 부르기에 자연스러워야 한다.

(6) 리듬

유아는 경쾌하고 생동감 있는 리듬에 잘 반응하며, 연령이 어릴수록 단순하고 반복적이며 규칙적인 박자감이 잘 느껴지는 리듬이 좋다. 박자에 있어서도 가장 많이 사용되는 것은 $\frac{2}{4}$박자, $\frac{4}{4}$박자이며 셋잇단음표나 당김음, 너무 빠르게 연결된 곡 등은 유아가 부르기 어렵고 가사 전달이 힘들 수 있다.

2) 가사를 반영한 노래 선정

유아에게 적합한 곡을 선정할 때는 가사의 내용도 고려할 수 있다. 가사는 선율과 더불어 노래의 필수적 요소로, 유아가 노래를 통하여 자신의 생각과 감정을 표현하도록 이끄는 언어적 도구이며 음악적 경험을 풍부하게 이끌고 음악적 이해를 가능하게 한다. 유아에게는 '이야기가 있는 노래' '자신과 관련된 노래' '친숙한 일상생활 경험을 다루고 있는 노래' '반복되는 리듬과 반복되는 가사로 이루어진 노래' '손유희가 있는 노래' 등이 적합하다. 하지만 가사 전달에 지나치게 치중하게 되면 유아에게 노래의 주제와 내용을 전달할 수 있지만, 음악 특성에 대해서는 흥미를 잃어버릴 수 있으므로 주의가 필요하다. 다음은 유아의 노래 부르기 활동에 적합한 가사(신동주, 김향숙, 김선희, 2021)의 내용이다.

- 일상생활에서 경험한 가사
- 아름다운 상상을 촉진하는 가사
- 이해할 수 있고, 실감할 수 있는 가사
- 새로운 것을 발견하고 기쁨을 체험할 수 있는 가사
- 유아의 세계 속에서 이루어진 가사
- 교육적으로 내용이 구체적이며 흥미로운 가사
- 음악적으로 내용이 체계적으로 구성된 가사

동요?

어린이를 위하여 동심(童心)을 바탕으로 지은 노래란 뜻으로 어린이
들이 노래 부를 수 있게 만들어진 노래이다. 동요는 구전(口傳)되어
온 전래 동요와 작곡ㆍ작사자가 분명한 창작 동요가 있다. 우리나라
최초의 창작 동요는 윤극영이 작사ㆍ작곡한 〈반달〉이다.

동요 〈반달〉

출처: 표준국어대사전, 파퓰러음악용어사전, 클래식음악용어사전

2. 노래 부르기의 교수–학습방법

노래 부르기를 지도할 경우 교사는 철저한 사전준비가 필요하며 유아가 노래를
충분히 느끼고 이해하도록 지도해야 한다. 만약 유아 수준에 적절치 못한 노래를 부
르거나 유아들이 충분히 느끼고 이해하지 못한다면 단지 소리를 내는 행위로만 그
칠 수 있다(황옥경, 2016). 다음에서 새 노래 부르기 지도방법과 노래 부르기 지도 시
유의점을 살펴보겠다.

1) 새 노래 부르기 지도방법

새 노래지도의 목적은 유아가 자신의 목소리로 노래 부르는 즐거움을 느끼고, 노
래하는 태도를 기르며, 자연스럽게 음악요소를 경험하면서 음악에 대한 잠재력을
촉진시키는 데 있다(이영둘, 2004). 유아교육기관에서 새 노래 지도는 주의집중–도
입–노래 듣기–함께 노래 부르기–신체표현하기–확장하기–마무리로 이루어지는
교수방법으로 진행할 수 있다. 또한 유아의 음악 감수성 발달을 위해 활용하는 다양
한 교수방법이나 교수매체, 교사의 발문 등도 포함한다. 이 외에 미리 들려주기–매
체를 활용한 동기부여–교사가 먼저 불러 주기–함께 노래 부르기–어려운 부분 교

정해서 불러 보기-반주에 맞추어 노래 부르기-다양한 방법으로 노래 부르기-평가하기 등의 단계가 주로 활용된다(유소영, 2021). 다음은 새 노래 부르기 활동의 구체적 지도방법이다.

첫째, 도입 단계는 노래 부르기 활동에서 유아의 흥미와 동기유발을 하는 단계로 다양한 매체(사진, 그림, 실물)나 수수께끼 등의 방법을 이용하여 유아의 흥미와 관심을 이끈다. 이야기가 있는 노래의 경우 이야기를 통해 가사 등을 들려줄 수 있다. 가사판을 이용할 경우 연령에 따라 그림과 글자를 적절하게 배치하여 유아들이 글자에 대한 어려움 없이 노래를 익힐 수 있게 한다.

둘째, 전개 단계에서는 다음과 같은 방법을 통해 노래 부르기를 할 수 있다.

(1) 노래 전체를 들려주기

교사의 정확한 목소리로 노래를 전체적으로 불러 준다. 교사가 음을 정확하게 표현하기 어려운 특수한 경우에는 청각 매체인 노래 음원을 들려줄 수도 있으나 되도록 교사가 직접 부르는 것이 좋다(노래에 자신이 없는 경우 매체를 틀어 놓고 교사가 부르는 방법도 있다). 노래를 듣고서 느낌이나 노랫말 등에 대해 짧은 이야기를 나눌 수 있다.

(2) 한 음절로 노래 부르기

노래에 귀 기울이며 허밍(음~)이나 '아' 등의 한 음절로 노래를 불러 본다. 멜로디를 익히기 위해 노래에 귀 기울이도록 한다.

(3) 부분적으로 노래 부르기

노래 전체를 들려주고 곧바로 노래를 부르는 경우 노래의 저음이나 고음에서 노래의 실수 빈도가 높다. 때문에 새 노래 지도 시 노래의 어려운 부분 등을 교사가 먼저 두 마디 정도 부르고 유아들이 따라 부르도록 지도할 수 있다.

(4) 다양한 방법으로 반복적 노래 부르기

새 노래 지도 시 노래를 익힐 경우 같은 방법으로 계속 노래를 부를 경우 유아가 지루해할 수 있으므로 다음과 같은 방법을 통해 반복하여 노래를 익힐 수 있다.

- 유아들이 원할 경우 2~3명 혹은 개별로 친구들 앞에서 노래 부른다. 유아교육 기관 교실에서 새 노래 지도 시 일반적으로 대그룹 형태의 수업이 진행된다. 하지만 노래 부르기 활동에서 유아들이 개별적으로 노래 부르기는 유아의 음악적 정확성에 긍정적 영향을 미친다.
- 속도나 크기에 변화를 주어 노래를 부른다. 유아는 열심히 불러 보자고 하면 무조건 소리를 크게 지르는 경우가 있다. 성대에 무리가 가지 않도록 고운 목소리로 노래 부를 수 있도록 지도한다.
- 가사를 바꾸어 불러 본다. 가사를 바꾸어 부르는 것은 유아의 창의적 사고를 기를 수 있다. 가사를 바꾸어 부를 때는 단어 또는 한 소절을 바꾸어 부르다가 점차 소절을 늘려 가며 가사 전체를 바꾸어 부를 수 있다. 벨크로를 사용하여 가사를 바꿔 부를 수 있는 가사판을 활용할 수 있다.
- 노래에 손유희를 만들어 노래를 부른다.
- 문답식의 노래의 경우 묻고 답하는 형태로 노래를 부른다(예: 〈여우야 여우야 뭐하니〉〈남생아 놀아라〉).

셋째, 마무리 및 평가 단계는 유아의 노래 부르기에 대한 느낌, 노래 부르기 활동을 회상하고 평가하는 단계이다. 노래를 부른 뒤, 단순히 "재밌었니?"를 묻는 것이 아니라 "기억나는 재미난 노랫말이 있었니?" 등의 개방형 질문을 통해 자연스럽게 이야기를 나눈다. 또한 다음 활동을 고려하여 노래의 내용을 사용하여 전이를 고려할 수 있으며, 노래를 활용한 확장활동을 계획하고 경험할 수 있다.

새 노래는 하루에 완벽하게 익히기 어려우므로 교사는 유아가 자주 접할 수 있도록 시간을 제공한다. 또한 교사는 활동 안에서 순서 바꿔 부르기, 질문과 응답으로 주고받으며 노래 부르기 등의 적절한 개별화 교수법을 시도해야 하며, 상황에 따라 하나의 방법을 고집하지 말고 가사, 리듬, 가락 등 곡의 특성에 따라 적절한 방법으로 노래 부르기를 선택해야 할 것이다.

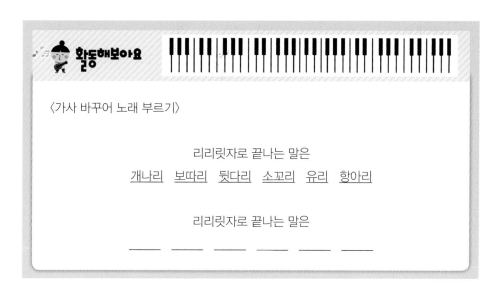

〈가사 바꾸어 노래 부르기〉

리리릿자로 끝나는 말은

<u>개나리</u>　<u>보따리</u>　<u>뒷다리</u>　<u>소꼬리</u>　<u>유리</u>　<u>항아리</u>

리리릿자로 끝나는 말은

―――　―――　―――　―――　―――　―――

2) 노래 부르기 지도 시 유의점

　노래 부르기는 음악교육에서 교육적 가치가 높은 활동으로 주목받지만 유아교육 현장에서 단순 반복이나 획일적 지식 전달의 수단으로만 적용되고 있는 경우가 많다. 따라서 교사는 유아에 대한 관심과 이해뿐 아니라 음악에 대한 지적 인지를 통해 곡의 선정 능력을 기르고, 노래 부르기의 좋은 모델이 되어야 한다. 노래 부르기 지도 시 유의점은 다음과 같다.

　첫째, 교사는 노래 부르기 활동 전 노래를 숙지한다. 교사는 유아에게 노래를 지도하기 전 반복적으로 불러 본다. 교사가 가사나 리듬, 음정, 박자 등을 틀릴 경우 유아들도 따라 틀리게 된다. 또한 노래를 미리 불러 봄으로 유아가 어려움을 느낄 박자나 가사 등을 미리 예측 · 고려하여 지도할 수 있다(하정희, 조영진, 강혜정, 2010). 교사는 노래 부르기의 모델이 되기 때문에 노래의 가사나 느낌을 이해하고 리듬과 박자에 따라 노래 부를 수 있도록 미리 불러 보는 것은 중요하다.

　둘째, 노래 부르기를 할 때 교사의 시선은 유아를 보면서 지도한다. 교사가 즐거운 마음으로 노래하고 유아와 눈을 맞추면서 노래할 때 노래의 느낌과 분위기를 효과적으로 전달할 수 있다(Eliason & Jenkins, 2003). 따라서 교사가 반주를 하며 노래를 부를 경우 유아와 시선을 맞출 수 있는 디지털피아노, 기타, 우쿨렐레 등의 악기를 사용하는 것이 좋다. 또한 영상매체를 활용하여 노래를 부르는 경우 교사는 노래

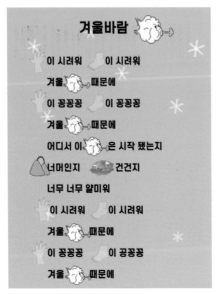

〈겨울바람〉

[그림 8-2] 가사판의 예

를 미리 숙지하여 매체보다 유아를 바라볼 수 있도록 한다.

셋째, 노래 부르기 활동의 매체와 교수방법을 선택한다. 교사는 노래의 흥미를 이끌기 위해 인형이나 소품을 활용할 수 있으며, 유아의 연령을 고려하여 그림으로 가사를 전달할 수 있다.

또한 노래 부르기를 할 때 단일한 방법보다 다양한 교수기술을 사용하여 유아가 흥미를 유지하며 재미있게 노래 부를 수 있도록 한다.

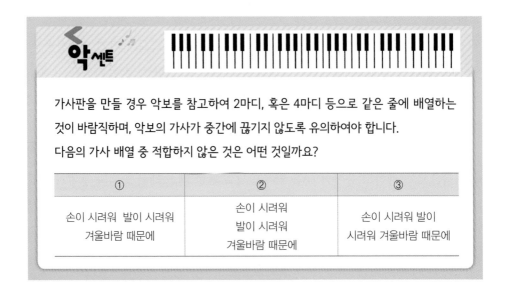

가사판을 만들 경우 악보를 참고하여 2마디, 혹은 4마디 등으로 같은 줄에 배열하는 것이 바람직하며, 악보의 가사가 중간에 끊기지 않도록 유의하여야 합니다.
다음의 가사 배열 중 적합하지 않은 것은 어떤 것일까요?

①	②	③
손이 시려워 발이 시려워 겨울바람 때문에	손이 시려워 발이 시려워 겨울바람 때문에	손이 시려워 발이 시려워 겨울바람 때문에

- 허밍(입을 다물고 코로 소리내기)으로 부르거나, 한 음절(아~, 이~, 오~, 라~)로 부르기
- 노랫말에 나오는 재밌는 의성어를 사용하여 부르기(수박파티-쓱쓱쓱, 아기염소-콩콩콩)
- 속도(빠르게, 느리게)나 크기(작게, 크게)의 변화를 주어 부른다. 빠르게 혹은 크게 노래를 부를 경우 박자를 무시하거나 소리를 지르는 경우가 있으므로 유의하여 지도한다.
- 손유희를 만들어 부른다(노래 전체에 동작을 만들기 어려울 경우 노래의 특징이 되는 의성어 또는 의태어 부분만 동작을 만들 수 있다).
- 교사와 유아, 유아와 유아가 한 소절씩 교대로 부른다(유아의 연령이나 박자를 고려하여 2마디 혹은 4마디씩 불러 본다).

넷째, 노래의 가사와 느낌을 이해하면서 부를 수 있도록 지도한다. 노랫말은 노래와 함께 이해할 수 있도록 지도하되, 노래와 분리하여 단어만 반복하여 가르쳐서는 안 된다(Wolf, 1992: 심성경, 2019에서 재인용). 노래 부르기는 새로운 단어를 읽고 익히는 활동이 아니다.

다섯째, 노래 부르기를 강요하지 않는다(Eliason & Jenkins, 2003). 대부분의 유아는 노래 부르는 것을 좋아하고 즐기지만 유아교육기관의 일과시간 중 노래 부르기를 항상 준비하고 즐거워하는 것은 아니다(하정희, 조영진, 강혜정, 2010). 노래 부르기에 다소 시간이 필요한 유아도 있으며 노래 부르기를 거부하는 유아도 있다. 교사는 유아에게 참여를 강요하지 말고, 자주 참여의 기회를 주어 스스로 자연스럽게 참여하도록 유도한다.

3. 노래 부르기의 연령별 능력 발달

유아는 언어발달과 함께 자발적 노래 부르기가 증가하고, 놀이의 일부로서 노래를 부르며 음악과 결합된 신체활동을 즐긴다. 이러한 유아의 음악적·전인적 발달을 도모하기 위해서는 유아의 발달단계에 적합한 교육이 필요하다. 다음은 노래 부

르기의 유아 능력 발달의 내용이다(심성경 외, 2019; 안미숙, 신원애, 2016; 이옥주, 정수진, 윤지영, 2015; 이혜정, 2020; 하정희, 조영진, 강혜정, 2010; Campbell & Scott-Kassner, 1995; Pica, 2010).

1) 출생 후~1세

인간은 태어나면서부터 목소리를 통해 자신의 의사를 전달한다. 영아는 말문을 트기 전 오랫동안 말소리를 학습하는데, 신생아는 배고픔이나 불편함, 아픔 등을 울음으로 표현하고 생후 3개월경이 되면 쿠잉을 시작한다. 생후 2개월경 영아는 어른이 부르는 노래의 강약, 선율 등을 알며, 2개월부터 4개월경 쿠잉, 옹알이 등의 소리를 즐겨 낸다. 4~6개월에는 불규칙한 리듬 패턴으로 옹알이를 하고, 5~6개월이 되면 음정을 모방하기 시작하여 뚜렷하게 음정이 있는 소리를 내기 시작한다. 5~8개월경에는 다양한 자음을 발성하여 음성과 음량이 다양해지며 소리의 높이나 강약에 따라 다르게 반응을 보인다. 영아는 6개월경 옹알이를 모음과 자음으로 발성화하고, 7~8개월경 영아는 문장으로 듣는 말소리에서 특정 단어가 반복적으로 들리면 그 단어에 주목하고, 9~10개월에는 이해를 하지 못하지만 어른의 말소리를 의식적으로 모방한다. 또한 성인이 끄덕거리거나 말을 걸면 때때로 소리를 내며 자신이 낸 소리를 즐긴다. 10개월경이 되면 주변에서 들리는 소리를 흉내 내어 목소리로 따라 하려고 하며, 자신이 내는 소리와 음악에 관심을 나타낸다. 9~12개월경에는 음악적인 발성의 옹알이 노래를 시작하며, 자신이 내는 소리와 음악에 관심을 가진다. 만 1세 이전의 영아는 무의미한 음성을 사용하여 노래를 흥얼거리고 아직 정확하게 노래를 부르지는 못하지만, 자발적 노래를 부르기 시작하고 분명하게 음높이를 사용하기도 한다.

2) 1~2세

1세경 영아는 목소리를 사용하여 음높이가 있는 가락을 만들기도 하며, 15개월에는 자발적 노래 부르기를 시작한다. 18개월이 되면 처음으로 2도(예: '도-레' 또는 '미-파' 등), 단 3도(예: '레-파' 또는 '미-솔' 등), 완전 4도(예: '도-파' 등) 등과 같이 다양하고 좁은 간격의 정확한 음정을 구사하기 시작하며, 노래의 특징적인 부분을 흥얼거린다. 이와 같이 영아는 자연스럽게 소리내기를 즐기고 자신의 목소리를 이용하여 음성을 만들고 노래를 부르기 시작한다. 또한 스스로의 음성을 자꾸 실험하고 시도하면서 높은 소리를 내기 위해 턱을 들거나 낮은 소리를 내기 위해 턱을 잡아당기는 등 자신의 음성을 조절하는 법을 깨닫고 이러한 자발적 시도들 안에서 규칙성을 찾는 등 소리를 만들기 위해 노력한다.

3) 2~3세

영아는 놀이를 하면서 자발적으로 노래 부르기를 즐기는데, 노래 전체 중에서 자신이 좋아하는 부분만을 반복해서 부른다. 찬트(chant)의 리듬과 반복을 좋아하며 소리와 형태를 반복하게 된다. 평균 5개의 다른 음('레'부터 '라' 사이 음역)을 노래할 수 있으며, 말놀이 식으로 즉흥적 노래를 부른다. 또한 여럿이 함께 노래를 부를 때 음정을 맞추기보다는 자기 마음대로 부른다. 소리와 음악에 대한 반응이 다양하게 나타나기 시작하며, 소리의 억양과 패턴을 모방한다. 주위에서 들었던 노래를 모방하여 부르기 시작하지만 음정과 박은 불안정하다.

4) 3~4세

3세경 유아는 제한된 음역에서 비교적 정확하게 노래를 부른다. 또한 정확한 음정과 반복되는 리듬, 가락, 패턴으로 노래를 자발적으로 만들어 낸다. 3세 유아는 익숙한 음의 노래를 구별할 수도 있으며, 크게/작게, 빠르게/느리게 등의 음악개념을 이해하고 리듬악기를 사용할 수 있다. 이처럼 유아는 몇 개의 음으로만 구성되었지만 자신이 만든 가락(멜로디)을 노래하기 시작하며, 특히 의성어나 의태어가 들어 있는 노래나 재미있는 노랫말이 들어 있는 노래를 좋아한다. 음의 고저와 속도를 변화시키며 노래 부르기를 할 수 있다. 유아는 혼자서 노래 만들기를 좋아하며, 노래를 다른 방법으로 부르는 것에 흥미를 가지며, 특히 이야기가 있는 노래를 더 좋아한다.

5) 4~5세

4세경 유아는 음의 고저, 음의 장단, 음색의 차이를 표현하려고 시도하는 등 음악 요소에 따라 노래를 변화시켜 부를 수 있다. 다양한 목소리로 노래 부르는 것이 가능하며, 말하는 목소리와 노래하는 목소리를 구분할 수 있다. 친숙한 곡에 노랫말을 만들어 부를 수 있으며, 기억력을 통해 노래 전체를 부를 수 있고, 리듬과 음의 고저를 더욱 정확히 사용한다. 또한 유아는 간단한 선율을 만들 수 있고, 노래를 부르면서 손뼉 치기, 춤추기와 같은 동작을 동반하는 경향이 있다.

6) 5세 이후

5세경 유아는 음에 대한 감각이 안정화되어 확장된 음역 내에서 정확하게 노래 부를 수 있으며, 음정에 대한 기억력의 발달로 음정을 비교적 정확하게 구사할 수 있게 된다. 유아는 자신이 좋아하는 노래를 갖게 되며, 동일한 노래를 다른 속도와 다른 음높이로 부른다. 혼자 부르기, 함께 부르기에 따라 노래의 강약과 속도에 주의해 가면서 노래를 부르기 시작한다. 실수를 피하기 위해 정확한 모방을 하려 노력하며, 자발적 노래를 부르는 빈도가 급격히 감소한다. 유아는 대부분 소리의 크고 작은 정도를 정확하게 분별하고, 소리의 높고 낮음과 길고, 짧음을 분별할 수 있다.

함께 노래 부르는 유아

뿐만 아니라 가락의 움직이는 높낮이에 따라 신체적으로 민감하게 반응할 수 있으며, 들려주는 소리를 정확하게 따라 낼 수 있다. 음악을 통해 유아는 음에 대한 변별력과 음을 찾아내는 인식력, 음을 범주화하는 분류 능력과 음을 차례로 나열할 수 있는 서열 능력, 음을 기억하고 재생하는 사고발달이 향상된다.

4. 노래 부르기 활동의 예

　노래 부르기는 유아가 좋아하는 활동이다. 획일적 방법으로 노래를 부르기보다 다양한 방법으로 노래 부르기를 지원해야 할 것이다. 다음은 음악요소를 포함한 노래 부르기 활동안과 일과 속에서 교사의 노래 부르기, 노래 부르기 온라인 매체의 예이다.

1) 노래 부르기 활동안

연령	0~1세	일과 구분	일상
활동명	놀면서 노래해요		

지아는 블록놀이를 하면서 블록을 다 쌓자마자 손을 흔들고 온 몸을 흔들면서 노래를 흥얼거린다. 그러고는 다시 집중하여 블록을 쌓는다. 또 블록쌓기가 완성되자 몸을 흔들거리고 손뼉을 치며 자발적으로 노래를 부른다.

지아: (블록을 하나씩 다 쌓은 후 손을 위로 높여 흔들며) ♬ 됐다~ 됐다~!!
(자신만의 멜로디로 노래를 흥얼거리며 온몸을 움직여 춤을 춘다.)
지아: (박수도 치고 나서 블록을 보며) 대한민국 짝짝짝! 짝짝! (손을 위로 높이 든다.)

상윤이가 자석 블록을 연결하여 자동차 모양으로 만들면서 〈로보카 폴리〉 노래를 부른다. 한참을 놀다가 큰 네모자석 위에 고래그림 카드를 올려놓으며 고래 노래를 뒷부분부터 반복하여 부른다.

상윤: (자석 블록을 서로 연결하며) 힘차게 불러 봐요~ 로보카 폴리♬~
상윤: (큰 네모자석 위에 고래그림 카드를 올려놓으며) ♬ 살고 있었대요~ 고래야 고래야 아주 아주 커다란 고래야~ 살고 있었대요~ 고래야 고래야 아주 아주 커다란 고래야 ~살고 있었대요~

■ 영아 경험의 이해

– 영아는 블록을 쌓은 성취감에 자신의 몸을 움직이며 자발적으로 노래를 흥얼거렸다.

– 놀이를 하다 우연히 만들어진 자동차 모양의 블록을 보고 자동차와 관련된 노래를 떠올려 자연스럽게 노래를 불렀다.

– 커다란 블록 위에 고래그림이 그려진 카드를 올려놓은 후, 이 두 사물을 통해 연상되는 고래 노래를 반복적으로 불러 보았다.

– 영아들은 놀잇감을 만지고 놀이를 하는 일상에서 자연스럽게 노래를 흥얼거리고, 놀이가 지속이 되고 몰입하면서 전곡이 아닌 일부분을 부르는 등 노래를 변형하는 경험을 하였다. 또한 놀이와 자신의 경험을 연결지어 연상되는 노래들을 떠올리며 흥얼거렸다.

■ 교사 지원

– 관찰: 교사는 영아가 혼자 놀이를 할 때에도 주의 깊게 관찰하여 그들이 어떠한 놀이 양상을 보이는지 살펴볼 필요가 있다.

– 일과: 일상에서의 놀이 과정을 통해 노래 부르기가 일어날 수 있다.

– 상호작용: 영아가 노래를 흥얼거리면 교사 또한 노래를 통해 상호작용을 지원해 준다. 함께 노래를 주고받으며 대화하는 방법도 좋다.

연령	2세	일과 구분	활동
활동명		당신은 누구십니까?	

활동목표　• 친구들과 함께 즐겁게 노래를 부른다.

　　　　　• 다른 사람에게 나의 이름을 말할 수 있다.

활동자료　• 〈당신은 누구십니까?〉 노래 음원

음악요소　가락, 리듬, 빠르기

활동방법　♬ 예비활동

• 놀이시간에 〈당신은 누구십니까?〉 노래를 자연스럽게 들어 본다.

　　– '당신은 누구십니까~ 나는 ○○○~ 그 이름 아름답구나'

당신은 누구십니까?

작자 미상

♬ 본활동

• 교사가 음과 박자에 맞추어 먼저 자신을 소개하는 듯이 노래를 부르고, 영아를 가리키며 함께 불러 본다.

　　– 당신은 누구십니까~ 나는 선생님~ 그 이름 아름답구나

　　– (영아를 손가락으로 가리키며) 당신은 누구십니까~

　　– 나는 ○○○~ 그 이름 아름답구나.

• 교사가 다른 영아도 손가락으로 가리키며 노래를 반복하여 불러 본다.

　　– 당신은 누구십니까~ 나는 △△△~ 그 이름 아름답구나

• 노래가 익숙해지면 영아가 다른 영아를 손가락으로 가리키면서 노래를 불러 본다.

　　– 이번에는 ○○가 다른 친구를 손가락으로 가리키면서 노래 불러 볼까?

확장활동　• 영아가 노랫말에 익숙해지면, 가사를 바꾸어 불러 본다.

　　– '그 이름 멋지구나'

　　– '그 이름 예쁘구나'

활동의 예시

▲ 교사와 함께 노래 부르며 상호작용하는 영아

■ 영아 경험의 이해

- 사람에게는 각자 정해진 이름이 있음을 정확하게 알게 되었다.
- 이름을 넣어 노래를 부르는 경험을 통해 나에 대해 긍정적이고 즐겁게 생각할 수 있게 되었다.
- 노래를 통해 자연스럽게 나를 친구들에게 소개하는 경험을 하였다.

■ 교사의 지원

- 관찰: 영아가 노래하는 것을 잘 관찰하였다가 영아가 노래를 잘 따라 하지 못할 때 박자에 느리게 변화를 주어 영아와 함께 영아의 이름을 부르며 천천히 노래를 부른다.
- 자료: 음원이 있다면 틀어 줄 수도 있다.
- 일과: 일과 중 놀이시간에 영아를 보며 '○○는 어디 있나요?' '○○는 무얼 하나요?'처럼 개사하여 노래에 익숙해지도록 돕는다.
- 상호작용: '당신은 누구십니까?'하고 물어보는 부분과 '나는 ○○○' 하고 대답하는 부분은 전체 가사가 익숙해질 정도로 충분히 노래를 불러 본 후에 나누어 부르는 것이 좋다.

연령	3세	일과 구분	활동
활동명	토끼 보는 날		

활동목표   • 노래를 듣고 즐겁게 따라 부른다.

• 토끼의 특징과 생활모습에 관심을 가진다.

활동자료   • 토끼의 움직임에 관한 동영상(토끼가 깡충깡충 움직이는 모습, 토끼가 배추를 먹는 모습), 〈토끼 보는 날〉 악보(김진영 작사, 작곡), 〈토끼 보는 날〉 음원, 〈토끼 보는 날〉 노랫말에 따라 그려진 그림 카드

음악요소   음색, 가락, 빠르기

활동방법   ♬ 예비활동

• 토끼의 움직임에 관한 동영상을 본다.

– 토끼가 무엇을 하고 있었니?

– 토끼가 먹이를 먹을 때는 어떤 모습이었니?

▲ 토끼 움직임에 관한 동영상 예시

♬ 본활동

• 〈토끼 보는 날〉 노래를 함께 듣는다.

• 〈토끼 보는 날〉 노래 그림 카드를 보며 노래의 노랫말을 살펴본다.

– 모두 잔디밭에 모여서 무엇을 할까?

– 토끼를 만져 보면 어떤 느낌이 들까?

– 토끼에게 먹이를 주면 어떻게 먹을까?

– 토끼가 먹이를 먹을 때 어떤 소리가 날까?

모두 잔디밭에 모여서
예쁜 토끼 보는 날

내가 만져 보면 어떨까
살금살금 다가가

푸른 배추 한 잎 주니까
오물오물 얌냠냠

- 다양한 방법으로 노래를 불러 본다.
  - 한 가지 소리로 불러 볼까?
  - 토끼가 뛰어가는 것처럼 빠르게 불러 볼까?
  - 선생님과(친구들과) 나누어서 불러 보자.

토끼 보는 날

2. 내가 만져 보면 어떨까
   살금살금 다가가
3. 푸른 배추 한 잎 주니까
   오물오물 얌냠냠

- 노랫말에 맞추어 움직임을 만들어 본다.
- 다 함께 불러 보며 활동을 마무리한다.

확장활동
- 노랫말을 바꾸어 노래를 불러 본다.
  - 모두 잔디밭에 모여서 '○○○ 토끼 보는 날'의 노랫말을 바꾸어 볼까?
  - 어떤 노랫말이 어울릴까?
- 바꾼 노랫말에 맞춰 몸을 움직이며 노래한다.
  - '커다란 토끼 보는 날~'로 바꾸었구나. 어떻게 표현할 수 있니?
  - '기어가는 토끼 보는 날~'은 어떻게 움직여 볼까?
  - 순서대로 돌아가며 자유롭게 노랫말을 바꾸고 몸을 움직이며 노래해 보자.

■ **유아 경험의 이해**

– 노래의 주인공인 토끼의 특성을 살펴 노랫말을 바꾸어 가며 노래를 부르는 경험을 하였다.
– 새로운 노래를 부르는 과정에 즐겁게 참여하였다.
– 바꾼 노랫말에 따라 몸을 움직여 보았다.

■ **교사의 지원**

– 공간: 노래를 부르며 움직일 수 있으므로 깡충 뛰어다니는 토끼의 특성을 고려하여 넓은 공간을 마련 하는 것이 좋다.
– 자료: 동영상과 음원은 유튜브에서 쉽게 검색할 수 있으나. 교사가 미리 찾아보고 적절한 것을 선정 하여 두었다가 수업시간에 활용한다.
– 관찰: 소극적으로 참여하는 유아는 없는지 살펴보고. 유아가 즐겁게 놀이할 수 있도록 '우리 모두 모 여 ○○이 토끼 보는 날'과 같이 이름을 넣어 주는 등의 지원을 해 준다.
– 상호작용: 유아가 자발적으로 노래를 부르며 움직임을 만들 수 있도록 언어뿐 아니라 함께 움직이며 신체적 상호작용을 지원한다.
– 안전: 유아가 너무 흥분하여 격한 움직임으로 다치지 않도록 유의한다.

연령	4세	일과 구분	활동
활동명	〈가을은〉 그룹별 노래 부르기		

활동목표
- 다양한 자료를 이용하여 노랫말을 이해하고 부를 수 있다.
- 가을 날씨의 변화와 색깔에 대하여 이해한다.

활동자료
- 〈가을은〉 가사판(김성균 작사, 작곡), 색깔 천, 커다란 그림자료(은행잎, 단풍잎, 하늘)

음악요소   가락, 음색

활동방법   ♫ 예비활동
- 가을이 되어 어떻게 날씨가 변했는지 이야기 나눈다.
    - 주변에서 볼 수 있는 것들이 무엇이 있는지 생각해 볼까?
    - 가을이 되니 어떤 것들이 변했니?

♫ 본활동
- 노래를 먼저 들려주고, 노래의 내용에 대하여 이야기를 나눈다.
    - 기억에 남는 노랫말이 있니?
    - 노랫말에서 가을을 어떻게 그리고 있니?
- 노랫말에 따라 각각 나뭇잎과 하늘의 색에 대하여 알아보고, 계절에 따라 변화된 색깔의 의미에 대하여 생각해 보며 노래를 따라 부른다.
    - 노랫말에서 나뭇잎과 하늘의 색이 어떻게 변하였니?
    - 왜 그렇게 변하였을까?
    - 우리 함께 노래를 따라 불러 보자.
- 그룹을 3개로 나누어 1~3절까지 각 절의 노래를 음색을 다르게 하여 부른다.
    - 우리 그룹을 3개로 나누어 볼 거야. 어떻게 나누는 게 좋을까?
    - 그룹별로 1, 2, 3절 중 원하는 구절을 선택하고, 어울리는 목소리를 정해 보자.
- 그룹별로 색깔 천을 나누어 주고, 노랫말에 따라 색깔 천을 자유롭게 흔든다.
- 은행잎, 단풍잎, 파란 하늘의 커다란 그림자료를 제시하고, 그룹별로 나누어 노랫말에 맞는 그림자료에 올라서서 음색을 다르게 하여 노래를 부른다.
- 그룹을 바꾸어 가면서 그림자료에 올라서서 노래를 부른다.
- 오늘 활동 중 어떻게 노래를 부르는 것이 가장 즐겁고 신났는지에 대하여 이야기를 나누며 활동을 마무리한다.
    - 그룹별로 노래를 불러 보니 어땠니?
    - 어떻게 노래를 부르는 것이 가장 재미있었니?
    - 힘들었던 점은 없었니?

확장활동
- 그룹별로 노랫말에 율동을 만들어 노래를 부른다.
    - 모둠별로 노랫말에 율동을 만들어 보자.
    - 이 부분은 어떻게 만들 수 있을까?
    - 만든 율동을 하며 노래를 불러 보자.

활동의 예시

▲ 그룹별 노래를 부르는 유아

▲ 노랫말에 따라 색깔 천을 던지는 유아

■ **유아 경험의 이해**

– 노랫말의 내용에 집중해 가며 노래를 부르는 경험을 해 보았다.
– 다양한 방법을 활용하여 노래를 불러 봄으로써 노래 부르기에 대한 즐거움을 가지게 되었다.

■ **교사의 지원**

– 공간: 공간이 넓은 강당을 활용하거나 실외에서 진행할 수도 있다. 교실을 사용할 때에는 가운데를 넓게 쓰기 위해 교구장을 벽면으로 배치하여 효율성을 높인다.
– 자료: 색별로 부직포만 있으면 간단하게 만들 수 있는 자료이므로 다양하게 제작하여 제공한다. 가사판은 실물자료로 만들기 힘들 경우 PPT를 활용하여 만들면 쉽다.
– 상호작용: 유아들이 노랫말에 따라 자유롭게 움직이며 노래를 부를 수 있도록 설명해 주고, 시범을 보이는 것도 좋다.
– 안전: 많은 유아가 한꺼번에 그림자료에 올라갔을 때 미끄러질 수 있으므로, 그림자료의 밑에 미끄럼 방지 테이프를 미리 붙여 사고를 예방한다.

연령	5세	일과 구분	놀이
활동명	\multicolumn{3}{c}{코다이 손기호에 맞추어 노래 부르기}

활동목표
- 코다이 손기호에 따라 노래를 부를 수 있다.
- 노래의 계이름에 대해 관심을 가진다.

활동자료
- 〈작은 별〉 가사판, 〈작은 별〉 계이름 판, 〈작은 별〉 코다이 손기호 판, 〈작은 별〉 음원

음악요소   가락, 리듬

활동방법   ♫ 예비활동
- 놀이시간에 〈작은 별〉 노래를 자연스럽게 들으며 불러 본다.
  - 알고 있는 노래니?
  - 이 노래를 언제 들어 보았니?
  - 혹시 이 노래의 계이름도 알고 있니?

♫ 본활동
- 코다이 손기호에 대하여 탐색한다.
  - 계이름에 따라 손모양이 달라지는 악보가 있대. 우리 같이 살펴보자.
  - '도'에서는 어떤 손동작을 하고 있니?
  - '미'라는 계이름은 어떠니?
  - 어렵거나 힘든 동작이 있다면 함께 해 볼까?
- 〈작은 별〉 계이름 판을 보면서 계이름을 알아보고, 코다이 손기호 판을 보며 리듬에 맞추어 손동작을 함께 해 본다.
  - 〈작은 별〉의 계이름을 읽어 볼까?
  - 코다이 손기호 판을 보며 계이름에 따라 손동작을 표현해 보자.
- 그룹을 나누어 연습을 해 본 후, 다른 친구들에게 발표한다.
  - 우리 그룹을 나누어 연습해서 친구들에게 들려주자.
  - 하면서 힘든 점이 있다면 함께 해결해 보자.
- 코다이 손기호에 대한 느낌과 생각을 이야기해 보고, 어떤 동작이 재미있었는지 함께 표현해 본다.
  - 코다이 손기호에 따라 노래를 부르며 움직이기 어렵지 않니?
  - 오늘 새로운 방법으로 노래를 불러 보니 어땠니?
  - 오늘 놀이한 것 중에서 기억에 남거나 재미있었던 동작을 소개해 줄까?
  - 다음에는 어떤 노래로 연주하고 싶니?

확장활동
- 계이름이 어렵지 않은 다른 노래들을 함께 선정하여 코다이 손기호 판을 만들어 노래 부르기를 해 본다.
  - 어떤 노래를 또 손기호로 함께 부르고 싶니?
  - 함께 노래들을 찾아볼까?

활동의 예시

▲ 코다이 손기호를 하며 노래 부르는 유아

■ 유아 경험의 이해

- 코다이 손기호라는 새로운 방법을 활용하여 노래 부르기를 즐길 수 있었다.
- 정해진 약속에 따라 몸을 움직이며 노래하는 과정을 즐겼다.

■ 교사의 지원

- 자료: 음률영역에 계이름 판, 코다이 손기호 판을 다양하게 준비하여 유아가 자유롭게 놀이할 수 있도록 지원한다. 실물자료가 어렵다면 PPT로 만들어 제공하면 쉽다.
- 관찰: 코다이 손기호는 정확한 표현을 요구하므로 유아의 움직임을 잘 관찰하였다가 어려워하는 친구가 있다면 확실하게 표현할 수 있도록 모델링을 보인다.
- 상호작용: 처음인 유아들을 위하여 틀린 표현도 격려해 주어야 끝까지 즐겁게 노래 부르기를 즐길 수 있다.

2) 일과 속에서 교사의 노래 부르기

노래를 일상적으로 부르는 교사는 교실의 하루 일과를 운영하며 노래를 응용할수 있다. 교사의 변형된 노래 활용은 유아교실에서 유아와 교사가 더불어 즐겁게 살아갈 수 있는 방편이 될 수 있으며, 교사의 노래의 창작적 변형과 활용을 통해 교사및 유아가 미적 체험과 창의성을 경험할 가능성을 가질 수 있다. 다음은 교사의 교실에서 부르는 변형된 노래 부르기(정경수, 손승학, 임부연, 2014)에 관한 설명이다.

첫째, 노래의 일부만 가져와 변형한다. 교사는 자신의 일과 운영 시 노래의 특수한 내용과 가사만을 발췌하여 사용할 수 있다. 특정한 멜로디를 포함한 노래의 일부는 주의를 자연스레 집중시키기도 하고, 교사 스스로 수업의 묘미를 창출할 수있다.

사례 1

교사는 이야기 나누기 대형의 아이들을 마주 보고 교사 자리에 앉아 있다. 교사는 파워포인트 이야기 나누기 자료를 보며 이야기를 하고 있다.

  교사: 어? 사진의 친구들이 무엇을 하고 있니?
  수민: 앉아 있네! (앉아 있는 채로 이야기한다.)

수민이의 이야기를 시작으로 사진을 본 아이들의 이야기가 들려 오며 교사에게 집중하는 아이들이 점점 줄어든다. 교사는 아이들을 둘러본다.

  교사: <u>그런데,</u> (노래 부르며) 선생님께서 친구들 앞에 서 계신다. 그렇지?

다시 유아들이 선생님과 이야기 나누기 자료에 집중한다.

사례 2

점심 식사를 준비하며 모둠별로 앉아 있다. 병아리 모둠 친구들의 목소리가 다소 크게 들린다.

교사: (병아리 모둠의 이야기하는 유아들 옆으로 다가가, 작은 목소리로)
　　　무슨 소리 무슨 소리 무슨 소리 들릴까? (노래 부르며)
아이들: (입을 다물며 주위를 둘러 본다.)

교사가 익숙한 노래 또는 유아들이 좋아하는 곡의 일부를 가져와 가사를 변형하여 노래를 부를 수 있다.

둘째, 가사를 개작하여 노래를 변형한다. 기존의 가사가 현재의 상황을 설명하는 데 불충분한 경우, 교사는 가사를 현재의 상황을 반영하여 부를 수 있다. 인상적인 멜로디로 유아들의 시선을 끌거나 약간의 변형으로 일과 운영에 유용하게 활용할 수 있다.

사례 1

교사가 새로운 교구를 소개한 후, 교구를 제자리에 갖다 놓을 것을 제안한다.

교사: 얘들아, 조작놀이영역이 어디 있을까?
유아들: (두리번거리는 유아들, 그냥 교사를 쳐다보는 유아도 있다.)
교사: 하~ 아직 모르는 친구들이 있구나! 선생님이랑 알아보았었는데, 오늘은 선생님이 조작놀이에 한번 가 볼게. 너희들은 눈빛만 가 보는 거야. 자! 선생님이 어디로 가는지 눈빛만 따라오는 거야. (일어나서 눈빛은 유아들을 맞추며 노래 부른다.) 어디까지 왔나? 칠판까지 왔네! 어디까지 왔나? (빠른 걸음으로 쌓기놀이영역 앞으로 간다.) 쌓기영역 왔네! 어디까지 왔나? (노래하며 빠른 걸음으로 조작놀이영역으로 간다.)
휴~(땀 닦는 시늉을 하며) 조작놀이 왔다!

※ 전래동요 〈어디까지 왔니?〉를 변형

사례 2

자유선택활동 시간이 끝나고 정리음악이 나오고 있다. 화장실을 다녀온 유아들이 정리를 시작하고 있다. 쌓기영역 유아들이 블록을 정리하는 데 시간이 다소 지체되고 있고, 색종이영역에 유아들은 종잇조각들을 줍고 있다. 교사는 교실을 돌면서 유아들에게 정리를 권하고, 전체를 둘러본다.

교사: (쌓기영역으로 와서) 민재는 <u>착하고 정리하고, 멋지고</u> (노래 부르며)

민재: (교사를 한번 보더니 블록을 바구니에 넣기 시작한다.)

교사: 한윤이는 <u>착하고 멋지고 정리도 잘하고!</u> (노래 부른다.)

셋째, 노랫말을 창작하여 노래를 변형한다. 기존의 노래 멜로디를 그대로 두고 가사를 새롭게 창작하여 노래를 변형하는 경우 유아가 참여하게 할 수 있으며, 더불어 익숙한 멜로디일 경우 다른 유아들도 동화되어 함께 참여할 수 있다. 또한 음절수에 맞추어 다른 유아 이름을 계속 바꾸어 활동이 가능하다.

미술활동에 대한 안내가 끝나고. 교사가 준비물을 나눠 주려고 한다. 교사는 유아들을 한번 돌아보다가 민재 쪽에서 고개를 한쪽으로 기울인다.

교사: <u>멋쟁이 김민재!</u> (짝짝짝) <u>다 함께 불러 봐.</u> (짝짝짝)

유아들: 김민재.

민재: (카펫에 엎드려 있다가 바로 앉으며 교사를 바라본다.)

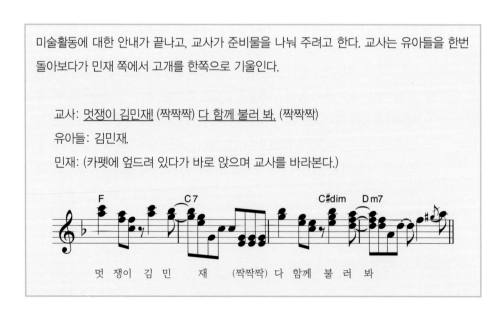

3) 노래 부르기 온라인 매체의 예

1. 뽀로로와 노래해요 시리즈
유아가 부르기 쉬운 음역대의 동요들로 구성되어 있다. 유명 동요 외에도 클래식에 가사를 넣은 노래, 기본생활습관과 지식전달 노래들도 수록되어 있다.

2. 지니키즈, 핑크퐁: Youtube
- 계절 동요(봄, 여름, 가을, 겨울 동요를 검색하면 계절에 따른 동요가 묶여 한번에 연속듣기도 가능하다.)
- 주제 동요(크리스마스, 가족, 친구, 동물, 생일 등 주제에 따른 노래들을 들을 수 있다.)

3. 주니토니: Youtube
이솝우화, 전래동화 등의 동화 스토리를 노래와 함께 구성하여 동화 스토리에 따른 노래 등을 감상할 수 있다.

4. 〈라이언 킹〉 ost 〈Circle of Life〉
애니매이션으로 유명한 〈라이언 킹〉 주제 노래를 오리지널 뮤지컬로 감상할 수 있다. 유아들과 애니매이션 원곡과 비교 감상해서 들을 수 있다.

〈Circle of Life〉

5. EBS 오페라 하우스
모차르트 〈마술피리〉, 〈피가로의 결혼〉, 비제 〈카르멘〉, 베르디 〈아이다〉 등 다양한 오페라를 감상할 수 있다. 유명 오페라를 어린이들이 볼 수 있도록 노래뿐 아니라 영상과 함께 한국어 내레이션이 나온다. 전체 작품이 40분가량이므로 나누어 듣기 혹은 원하는 곡만 골라 듣기를 추천한다.

6. 국립국악원: Youtube
국악기의 구조와 소개, 국악동요 애니메이션, 창작국악동요제 수상곡 등을 찾을 수 있다.

7. 고양이 이중창
별다른 가사 없이 고양이 울음소리로 표현된 재미난 곡으로 이중창을 감상할 수 있다. 파리나무십자가 소년합창단이 노래하였다. 유아들이 쉽게 이해할 수 있어 노래를 듣자마자 노래의 제목 동물을 바로 맞출 수 있다.

〈고양이 이중창〉

기억해 줘.
슬픈 기타 소리를 들을 때마다 내가 너와 함께 있다는 것을 알아줘.

—영화 〈코코〉

제9장

악기 연주하기

#악기탐색 #악기 만들기 #악기 연주

이 장에서는 악기 연주하기에 대해 알아보겠습니다. "여러분은 자신 있게 연주할 수 있는 악기가 있나요?" "우리의 삶에서 악기를 연주한다는 것이 어떤 의미가 있을까요?" 이 질문을 머릿속에 떠올리며 내용을 살펴봅시다.

■ **개요**

이 장에서는 악기 탐색, 연주하기, 악기 만들기를 통해 악기 연주하기의 내용을 살펴보며, 악기 연주하기의 연령별 능력 발달과 악기 지도방법을 중심으로 살펴본다.

■ **학습목표**

1. 악기 탐색에 대해 안다.
2. 유아의 연령별 악기 연주 능력 발달과 악기 연주 방법을 안다.
3. 악기 지도방법에 대해 설명한다.

악기는 생활 속에서 쉽게 경험할 수 있는 음악의 소재로 유아는 소리를 내는 모든 물체를 매우 흥미 있어 한다. 악기 연주하기는 유아의 음악에 대한 관심과 흥미를 길러 주고 즐기도록 하여 음악 선호를 발달시킬 수 있다. 악기 연주하기는 다음과 같은 중요성을 가진다(박명숙 외, 2017; 하정희 외, 2010).

첫째, 악기를 통해 소리를 창조할 수 있다. 유아는 항상 주변의 소리에 주의를 기울이는 탐색자이며 소리를 만드는 소리의 창조자이다. 유아는 무엇인가를 두드리고 흔들고 긁으면서 소리에 대한 흥미와 호기심을 가지고 소리를 만드는 것을 좋아한다. 유아의 상상력으로 구체적이고 적극적인 시도가 일어나며 여러 소리들이 나타난다. 어떻게 다루었느냐에 따라 어떤 소리가 나는지를 유아는 반복을 통해 알게 되고 이러한 과정을 통해 다듬어진 소리는 음악이 된다.

둘째, 악기 연주하기는 과학의 원리를 경험하게 한다. 악기는 실제 촉각적이며 시각적인 경험을 제공하기 때문에 유아 발달에 중요한 역할을 한다. 유아는 사물을 뒤지고 탐색하고 사물을 조작하여 소리로 만드는 과정을 통해 사물의 개념을 형성하고, 소리를 듣고 만드는 탐색과 놀이가 반복적으로 진행되면서 소리의 강약, 고저, 장단 등 소리를 경험하고 조절할 수 있게 된다. 유아는 소리를 탐구하는 과정에서 악기를 탐색하게 되는데 그 이유는 소리에 내포된 과학·음악적 탐구가 가능하도록 하는 가장 적합한 도구가 바로 악기이기 때문이다(윤은미, 2012).

셋째, 악기 연주하기를 통하여 유능한 연주자가 될 기회를 준다. 유아는 주변의 소리에 관심을 가지고, 소리를 만들어 내는 것을 즐긴다. 또한 영아는 발달함에 따라 신체와 눈의 협응력이 생기면서 사물을 통한 소리 만들기를 시작하는데 유아에게 주변의 모든 사물은 악기가 될 수 있으며 악기 연주를 통해 즐거움을 느낀다. 또한 악기를 자신의 의지대로 연주하며, 악기를 통해 자신의 능력이나 한계를 마음껏 극복하고 발휘할 수 있다.

이처럼 유아는 자신이 물건을 두드려 소리가 난다는 그 자체만으로도 만족하며 새로운 소리를 탐색하는 것에 즐거움을 느낀다. 또한 악기를 통한 소리 탐색은 상상력을 자극하는 음악활동으로, 모든 상상력의 기초가 된다.

1. 악기 연주하기의 내용

유아음악교육에서 악기 연주하기는 '악기 다루기' '악기 탐색' 등으로 불리기도 하며, 이 장에서는 악기 연주하기로 총칭하여 사용하고자 한다. 악기 연주하기는 악기 탐색과 악기 만들기, 악기 연주가 포함되며 이 절에서는 악기 탐색을 먼저 살펴보고 자 한다.

악기 연주를 위해서는 악기 탐색이 충분하여야 한다. 악기 탐색을 통해 악기에 대한 지식과 소리, 음에 대한 개념 및 소리가 만들어지는 현상 등에 대해 이해할 수 있다. 악기 탐색 시 교사는 먼저 악기의 이름과 사용법을 알려 주기보다 악기의 모양과 소리를 충분히 탐색할 수 있도록 한다(조성연 외, 2020). 다음은 악기 탐색을 돕기 위한 교사의 언어적 상호작용의 예와 악기 분류에 대한 설명이다.

- 이 악기를 본 적 있니?
- 이 악기의 모양은 어떻게 생겼니?
- 악기를 만졌을 때 느낌은 어떠니?
- 어떻게 하면 소리가 날까?
- 다른 방법으로 소리를 낼 수 있을까?
- 어떤 소리가 났지?

악기는 크게 무선율 악기와 선율악기로 분류할 수 있고, 악기의 연주 방법이나 재료에 따라 현악기, 관악기, 타악기 등으로도 나눌 수 있다. 또한 악기는 크기에 따라 음의 높이가 달라지는데 일반적으로 악기의 크기가 작고 짧을수록 높은 소리가 나며, 길고 클수록 낮은 소리가 난다.

⟨표 9-1⟩ **악기의 종류**

무선율 악기	신체악기	• 입을 이용한 소리 만들기: 입을 오므려 바람 불기, 혀 차는 소리, 입맛 다시기, 혀 굴리기, 입천장 두드리기, 휘파람 불기 등 • 손을 이용한 소리 만들기: 손뼉 치기, 손 비비기, 손가락 튕기기, 손가락 털기, 손등 치기 등 • 발을 이용한 소리 만들기: 발 구르기, 발바닥 비비기, 발바닥 맞부딪치기, 발뒤꿈치 치기 등 • 그 외 신체 소리 만들기: 배 두드리기, 무릎 치기, 어깨 치기 등
	리듬악기	탬버린, 캐스터네츠, 트라이앵글, 마라카스, 우드블록, 귀로, 방울, 쉐이커, 윈드차임, 카바사, 장구, 북, 징, 꽹과리, 소고 등
선율 악기	멜로디악기	실로폰, 멜로디카(멜로디언), 핸드벨, 유리잔, 붐웨커 등
	하모니악기	피아노, 기타, 우쿨렐레, 아코디언 등

높은 소리　　　　　　　　　　　　　　　　　　　　　　낮은 소리

악기의 크기가 커지고 길이가 길수록 낮은 소리를 낸다

현악기(줄의 진동을 이용하여 튕기거나 활로 그어서 소리 내는 악기)

바이올린	비올라	첼로	더블베이스

금관악기(연주자의 입술 진동으로 소리를 내는 관악기를 총칭하며 청동이나 기타 금속 등으로 만들어진 관악기를 말한다.)

트럼펫	트럼본	호른	튜바

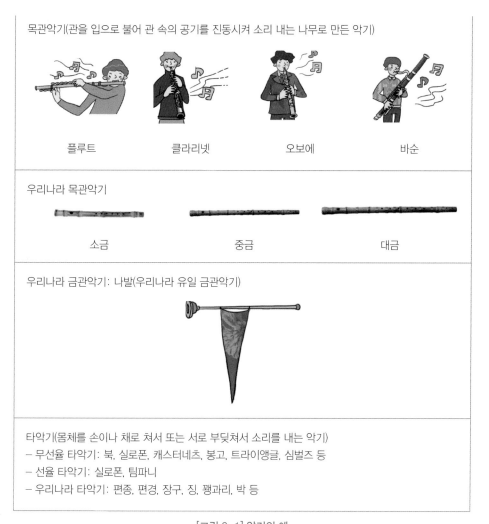

목관악기(관을 입으로 불어 관 속의 공기를 진동시켜 소리 내는 나무로 만든 악기)

| 플루트 | 클라리넷 | 오보에 | 바순 |

우리나라 목관악기

| 소금 | 중금 | 대금 |

우리나라 금관악기: 나발(우리나라 유일 금관악기)

타악기(몸체를 손이나 채로 쳐서 또는 서로 부딪쳐서 소리를 내는 악기)
- 무선율 타악기: 북, 실로폰, 캐스터네츠, 봉고, 트라이앵글, 심벌즈 등
- 선율 타악기: 실로폰, 팀파니
- 우리나라 타악기: 편종, 편경, 장구, 징, 꽹과리, 박 등

[그림 9-1] 악기의 예
출처: 음악미술개념사전. (https://terms.naver.com/list.naver?cid=42594&categoryId=42594&so=st4.asc)

2. 악기 연주하기의 교수-학습방법

일반적인 악기 연주하기는 노래나 감상곡을 경험한 후 음악의 특징에 맞추어 악기로 소리 내는 것이다. 연주 방법에는 익숙한 음악을 듣거나 아는 노래를 부르며 '자유롭게 연주하기', 곡의 특정 부분만 연주하는 '부분 연주하기', 유아가 연주할 부분을 나누어 연주하는 '분담 연주하기' 등이 있다. 다음은 유아의 악기 연주를 위한 지도방법이다(조성연 외, 2020).

1) 악기 연주 지도방법

첫째, 도입 단계에서 악기 연주를 위한 곡을 듣거나 동요를 부르며 악기 연주를 하고자 할 때는 노래를 미리 불러 본다. 친숙한 곡이나 알고 있는 노래를 함께 부른 뒤 이 노래로 악기 연주를 할 것임을 알려 준다. 이때 새 노래를 부르거나 처음 듣는 곡은 유아 악기 연주에 적합하지 않다. 다음으로 악기를 소개한다. 악기의 모양과 소리, 연주법, 느낌 등에 대해 이야기 나눈다.

둘째, 전개 단계에서 다음과 같은 순서로 악기 연주를 할 수 있다.

① 악기 연주를 위한 그림 악보를 제시하고 연주 방법에 대해 이야기 나눈다. 부분연주 또는 분담 연주를 할 경우 어느 부분을 연주할지, 어떤 악기가 적합한지에 대해 이야기를 나눈다.

② 그림 악보나 가사판을 보며 신체를 활용하여 연주한다(손뼉 치기, 발 구르기, 무릎치기 등). 신체로 연주할 부분은 악기로 연주할 부분과 동일하다. 신체를 활용한 연주는 악기 연주보다 용이하므로 악기 연주에 앞서 활동하기 적합하다.

③ 악기를 나누어 준다. 신체 연주한 부분을 악기로 연주할 것임을 알리고 유아들에게 악기를 나누어 준다. 대집단일 경우 2~3명의 유아가 바구니에 정리된 악기를 나누게 하면 유아들이 오래 기다리지 않고 혼잡을 피할 수 있다. 또한 합주를 위해 여러 악기를 사용할 경우 유아가 악기를 선택하도록 하며 악기별로 앉을 수 있도록 한다.

④ 그림 악보를 보며 악기로 연주한다.

⑤ 다양한 방법으로 연주한다. 다른 악기를 사용하거나 연주법을 바꾸어 연주한다(탬버린의 경우 북면치기에서 흔들기로 연주법을 바꾼다. 다양한 악기의 연주법은 이 장 부록의 악기 연주법에서 자세히 살펴볼 수 있다.

셋째, 마무리 및 평가 단계는 유아의 악기 연주에 대한 느낌이나 연주활동을 회상하고 평가하는 단계이다. 악기를 정리하고, 활동에 대한 생각과 느낌, 어려웠던 점 등을 이야기 나눈다. 이후 자유놀이시간에 연계할 수 있도록 한다.

2) 악기 연주 지도 시 유의점

악기 연주하기 활동을 진행하며 유의할 사항을 구체적으로 살펴보면 다음과 같다(박명숙 외, 2017; 조성연 외, 2020).

- 유아기는 소근육 발달이 제한되어 있기 때문에 리듬악기를 충분히 경험하는 것이 좋다.
- 유아가 다루기 어려운 악기는 직접 연주하기보다 소리 탐색활동으로 진행할 수 있다.
- 유아를 위한 악기는 양질의 것으로 다양하게 준비한다.
- 악기를 탐색할 수 있는 시간을 충분히 제공한다.
- 악기를 제공할 때 한두 가지의 악기부터 제공하면서 점차 악기의 수를 늘려 간다.
- 한번에 많은 악기를 소개하지 않는다. 새로운 악기를 접할 때 많은 악기가 있으면 충분한 탐색이 어려울 수 있다.
- 여러 악기를 사용할 경우 서로 악기를 바꾸어 연주하는 기회를 갖는다. 가능하면 모든 유아가 다양한 악기를 경험하는 기회를 가지도록 한다.

저요! 저요!
질문 있어요!

Q: 교실 안에 악기가 유아 수만큼 없을 때, 악기 연주를 어떻게 하면 좋을까요?

A: 앞서 밝혔듯이 악기는 구조화된 악기만 쓸 수 있는 것이 아닙니다. 신체악기 또는 재활용품을 활용한 악기도 가능합니다. 모둠을 나누어 신체악기 팀과 리듬악기 팀으로 나누어 연주 후, 바꾸어 연주할 수 있으며, 교실환경 안에 있는 것을 활용하여 악기 연주도 가능합니다. 종이막대를 만들어 두드리거나, 페트병에 돌멩이나 구슬, 비즈 등의 재료를 넣어 연주할 수도 있답니다. 소리 탐색-악기 만들기-악기 연주가 한번에 이루어지는 훌륭한 악기 연주 시간이겠지요?

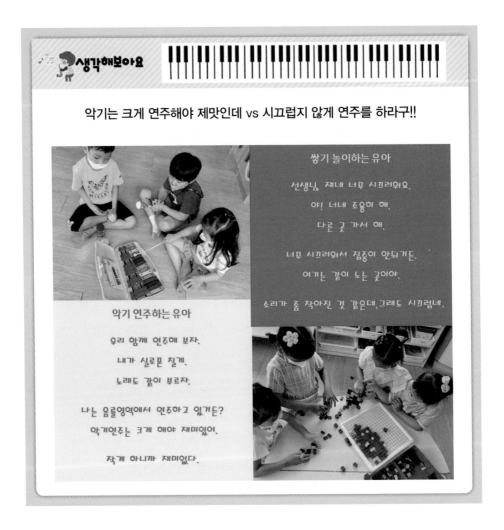

3. 악기 연주하기의 연령별 능력 발달

유아가 소리를 만들고 악기를 연주하는 능력은 어느 한순간에 이루어지는 것이 아니라 반복적이면서 나선형적인 음악 경험들이 축적되었을 때 가능해진다. 다음은 악기 다루기에 대한 유아 능력 발달의 내용이다(박명숙, 이상은, 심혜숙, 2017; 이혜정, 2020; 조성연, 문혜현, 이향희, 2020; 하정희, 조영진, 강혜정, 2010).

1) 출생 후~1세

영아는 공간에서 움직이기 위해 자신의 신체를 조절하는 데 힘쓰는 것과 마찬가지로 사물을 다루기 위해 자신의 팔과 손을 조절하는 데 힘쓴다. 물체를 향해 손을 뻗는 것은 전신의 균형을 잡아야 하는 일이기 때문에 손 뻗기 발달에는 시간이 걸린다. 1개월경에는 물건을 손에 놓아 주면 쥘 수 있고, 3~4개월경에는 물건을 잡으려 시도하지만 잡지 못한다. 5개월이 되면 손이 물체에 도달하는 오류가 감소되어 점점 정확해진다. 6개월~1세경의 영아는 소근육이 발달하여 딸랑이 등 소리 나는 장난감을 스스로 가지고 놀며 악기 탐색이 시작되는 등 소리 나는 사물에 관심을 갖는다. 6개월경에는 물건을 확실히 잡을 수 있으며 6~8개월경에는 잡기와 놓기를 통제할 수 있어 사물을 도구로 사용하기 시작하여 우유를 마시는 동안 우유병 등을 잡을 수 있으며, 1세경의 영아는 손을 도구로 사용하여 손가락으로 스스로 집어먹을 수 있다.

> 영아는 책을 손바닥으로 한 장씩 문지르며 넘기며(책장의 재질을 느끼는 듯), 책을 두드리다가 열었다가 닫았다가를 반복한다. 은비 옆에는 작은 보드북 한 권이 바닥에 세로로 세워져 있다. 책이 서 있는 것이 눈길을 끌었는지 그곳으로 기어가 책을 손에 쥐어 넘겨 보고 작은 보드북을 네 번 '탁탁탁탁' 두드린다. 그러고선 잠시 멈추고 다시 책을 두 번 두드린다.
>
> (11개월 영아의 사례)

2) 1~2세

18개월 이후 영아는 눈과 손의 협응력이 보다 발달하여 소리를 만드는 특별한 사물을 찾고자 하며 간단한 리듬악기뿐 아니라 냄비뚜껑이나 그릇, 숟가락 등의 생활용품을 두드려 소리 내는 것을 좋아한다. 영아는 음악적 소리를 내기 위해 리듬악기를 연주하지만 박자가 정확하지 않으며 리듬에 상관없이 악기를 흔들지만 활동시간이 짧다. 또한 종과 같은 흔드는 악기를 흔들어 소리 낼 수 있다.

언니가 피아노를 치자 다가가 관심을 보이며 피아노를 따라 치는 15개월 영아

생활용품의 소리를 탐색하는 18개월 영아

3) 2~3세

2세 영아는 음악의 박자에 맞춰 손뼉을 치거나 악기를 연주하려고 하며, 리듬악기와 멜로디악기에 대한 흥미가 증가하며 간단한 리듬이나 박자에 따라 악기를 다룰 수 있게 된다. 영아는 소리와 음악에 대한 집중력과 감상력이 증가하며, 소리와 음악에 대한 반응이 다양하게 나타나기 시작한다.

4) 3~4세

3세 유아는 박자에 몸을 맞추려는 능력이 생기면서 리듬에 맞추어 걷거나 손뼉

노래에 맞추어 마라카스를 흔들거나 규칙적으로 악기 두드리기가 가능한 3세 유아

노래를 들으며 박자에 따라 핸드벨을 연주하는 유아

치기, 리듬악기를 사용하여 음악의 박을 연주할 수 있으며, 기본 박자에 규칙적으로 반응할 수 있다. 또한 느린 박보다는 빠른 박을 더 쉽게 인식하고 즐긴다. 3세 유아는 타악기나 주변의 물건을 이용하여 리듬, 강약, 고저, 속도를 표현하는 것이 가능하며(분위기를 표현할 수 있다) 악기로 음악을 만들 수 있는 것에 흥미를 보인다. 소리의 차이를 인식하고 소리를 분류하거나 조직하기 시작한다.

5) 4~5세

4세 유아는 신체 협응력이 증가함에 따라 노래를 부르면서 손뼉 치기, 춤추기 등의 움직임을 동반하는 활동을 할 수 있으며, 여러 리듬악기를 사용하여 연주할 수 있다. 간단한 리듬합주를 들으면 사용된 악기의 소리를 알아낼 수 있으며, 그룹에 참가하여 함께 음악을 즐기는 능력이 커진다. 악기나 노래의 이중주에 관심을 나타내며, 기본 박 및 리듬에 대한 흥미가 강하고 간단한 리듬 패턴은 모방이 가능하다. 규칙적인 박에 맞추어 정확하게 박자를 맞출 수 있으며, 다양한 리듬악기를 사용하여 연주할 수 있다. 5세경에는 음악에 맞추어 움직이는 등 리듬과 움직임을 일치시킨다. 유아는 손가락 운동이 자유로워지면서 양손 연주가 가능하게 되며 간단한 화음도 연주할 수 있다.

이와 같이 유아는 소리를 내는 모든 물체에 매우 흥미 있어 하며, 기회가 되면 자발적으로 소리와 리듬, 음색을 탐색하며 즐기므로 활동에 대한 내재적 동기를 유발하는 환경에서 악기 연주를 통한 소근육 발달을 향상시킬 수 있다.

4. 악기 연주하기 활동의 예

악기 연주하기는 악기 탐색과 연주하기, 악기 만들기가 포함된다. 이 절에서는 악기 만들기의 예와 악기를 활용한 음악동화, 음악요소를 포함한 악기 연주하기의 활동안을 안내하고자 한다. 또한 악기 연주를 위한 올바른 악기 연주법은 이 장의 부록을 참고하길 바란다.

1) 악기 만들기의 예

유아들과 주변의 자연물이나 생활용품, 폐품을 이용한 악기 만들기 활동을 할 수 있다. 유아는 자신이 만든 악기로 연주하는 것을 즐거워하며 악기 만들기를 통해 다양한 재료의 소리를 탐색하고, 소리의 크기 등을 조절하는 경험을 하게 된다. 다음은 악기 만들기 예시와 주의점에 대한 내용이다.

(1) 탬버린

재료: 화분받침, 펠트지, 방울
화분받침에 펠트지를 씌워 마감처리를 한 뒤, 가장자리에 방울을 달았다.

주의할 점은 가장자리에 방울을 달 경우 글루건 등으로 고정 시 소리가 나지 않으므로 방울이 흔들리도록 여유를 주어 달도록 한다.

재료: 상자 뚜껑, 방울, 꾸미기 재료

상자 뚜껑에 손잡이를 만들고, 가장자리에 방울을 달았다.

방울이 적을 경우 소리가 크지 않으므로 충분한 양의 방울을 달거나 소리가 잘 들리는 크기의 방울을 다는 것이 좋다.

(2) 쉐이커 및 마라카스

마라카스

재료: 다양한 모양의 플라스틱 용기, 다양한 크기의 구슬, 손잡이용 스틱, 모루

플라스틱 용기에 크기별로 구슬을 플라스틱 용기에 넣은 후 스틱을 단단히 고정시킨 후 모루로 마감 처리를 한다. 크기가 다른 구슬을 용기별로 따로 넣어야 소리가 다른 마라카스를 만들 수 있다.

레인메이커

재료: 기다란 플라스틱 통, 곡물, 모루

기다란 플라스틱 통에 다양한 크기의 곡물을 넣어 소리가 순차적으로 떨어지도록 한다. 떨어지는 소리를 느끼기 위해서는 모루보다 딱딱한 종류의 장애물을 넣는 것이 효과적이다.

(3) 드럼, 장구

드럼

재료: 분유통, 스틱, 꾸미기 재료

분유통을 고정하여 드럼을 만들었다. 또한 스틱을 넣을 수 있는 보관함을 같이 붙여 스틱을 잃어버리지 않도록 하였다.

드럼

재료: 선물상자, 스틱, 꾸미기 재료

선물상자로 드럼을 예쁜 캐릭터로 꾸며 유아가 흥미를 가지도록 만들었으나 스틱 위에 커다란 폼폼이를 부착하여 소리가 잘 나지 않는 아쉬움이 있다.

장구

재료: 사발면 용기, 하드보드지, 끈

사발면 용기에 하드보드지를 부착하여 장구를 만들었다.

(4) 기타

인형 캐스터네츠

재료: 펠트지, 솜, 음료수 뚜껑

펠트지에 솜을 넣어 입체적으로 만든 후 입 안에 음료수 뚜껑을 부착한다. 부딪치는 부분을 잘 맞추어 소리가 나도록 조절한다.

심벌즈

재료: 냄비 뚜껑, 펠트지

냄비 뚜껑의 손잡이 부분에 펠트지를 이용해 꾸며 심벌즈를 만든다. 나사를 풀어 꾸민 후 다시 조립해야 마감 처리를 잘할 수 있다. 주의할 점은 심벌즈 소리가 나는 냄비 뚜껑 안쪽에는 펠트지를 붙이지 않아야 심벌즈 소리가 난다.

카바사

재료: 동그란 통, 골판지, 롤체인, 상자

동그란 통에 손잡이를 단 후, 골판지를 두른다. 이

후 롤체인을 둘러 소리가 나도록 한다. 보관이 용이하도록 보관함을 만든 후 이름을 적어 놓았다.

카바사의 경우 체인이 돌아가며 골판지와 부딪치며 소리를 내나 골판지의 경우 몇 번 이용 시 골판지가 무뎌지며 소리가 나지 않으므로 재료 선택에 유의하여야 한다.

오션드럼

재료: 구슬, 높이가 낮고 넓은 용기, 투명 필름

소리가 잘 날 수 있는 플라스틱이나 철제로 된 용기 안에 구슬을 넣어 좌우로 흔들며 바닷소리를 낼 수 있다. 투명 필름을 위에 덮어 마감 처리할 경우 너무 얇지 않은 것으로 골라야 찢어질 위험이 없다.

윈드차임

재료: 나무막대, 끈, 솔방울, 자개, 낚시줄

산책 시 주어 온 자연물과 소리 낼 수 있는 구멍 뚫린 자개를 엮어 윈드차임을 만든다. 바람이 잘 통하는 창가에 걸어 두면 유아들과 소리를 감상할 수 있다.

(5) 악기 만들기 예시

레인스틱

재료: 단단하게 코팅한 코팅지, 지름 5.5cm 소스통, 다양한 크기의 비즈, 시트지 및 마스킹 테이프, 수수깡, 골판지

1. 소스통 뚜껑만 분리하여 5개 준비한다. 나비모양으로 자른다.

2. 수수깡을 5cm 길이로 잘라 준비한다.

3. 뚜껑-수수깡-뚜껑 순서로 길게 이어 붙인다. 단, 구멍이 뚫린 부분과 안 뚫린 부분이 겹 쳐지도록 한다.

4. 맨 앞과 뒤에 구멍을 뚫지 않은 뚜껑을 붙여 마무리한다.

5. 만든 기둥을 코팅지 끝에 고정한 다음, 틈 없이 붙을 수 있도록 코팅지를 당겨 둥그렇게 말아 준다.

6. 다양한 크기의 비즈를 넣는다. 이때 비즈가 새지 않도록 글루건으로 위, 아래 마감을 꼼 꼼하게 해 준다.

악어칼림바

재료: 나무판, 실핀, 고무줄, 나무젓가락 또는 아이스크림 막대, 시트지, 글루건, 눈알, 가위, 색연필, 우드락

1. 나무판에 시트지를 붙인다.

2. 나무막대 한쪽 끝을 고무줄로 감아 준 뒤, 막대 사이로 실핀 8개를 넣어 준다.

3. 실핀을 음계에 맞게 길이를 조정한다.

4. 악어의 외형을 만든다.

5. 음계를 쓴 종이를 부착하면 완성!

2) 악기를 활용한 음악동화(함께 해봅시다! 조별활동)

(1) 토끼와 거북

토끼와 거북

개작: 이혜정

어느 날 토끼가 깡충깡충 뛰어와 엉금엉금 기어오는 거북을 보고 달리기 경주를 하자고 했어요.

땅! 출발 신호가 울리고 토끼와 거북은 달리기를 시작했어요.

토끼는 깡충깡충 뛰고 거북이는 엉금엉금 기어갔지요.

토끼는 졸졸졸 시냇물과 서걱서걱 수풀을 지나 커다란 아름드리나무 아래에 도착했어요. 거북은 느려서 보이지도 않았답니다.

토끼는 한숨 자고 가야겠다고 생각하고 나무 아래 벌러덩 누웠어요.

지나가던 산새들이 쪼로롱 쪼로롱 자장가를 불러 주었어요.

한편, 엉금엉금 땀을 흘리며 토끼를 따라오던 거북은 무척 힘이 들었지만 잠시도 쉬지 않고 열심히 기어갔어요.

거북도 졸졸졸 시냇물과 서걱서걱 수풀을 지나 커다란 아름드리나무 아래에 도착했어요. 그래도 쉬지 않고 거북은 열심히 엉금엉금 기고 또 기어갔어요.

다리도 쿡쿡 아팠고 물도 꼴깍꼴깍 먹고 싶었지만 꾹 참았어요.

어느덧 도착지점이 보였어요.

그때였어요.

갑자기 하늘에서 번개가 번쩍번쩍 하더니 우르르 쾅 우르르 쾅 하고 천둥이 쳤어요.

이 소리를 듣고 놀라서 잠에서 깬 토끼는 아차 하고 깡충깡충 달리기를 시작했어요.

자기 능력을 믿고 게으름을 피운 토끼는 후회했지만 이미 때는 늦었답니다.

(1) 동화에 나오는 의성어와 의태어를 표시해 보세요.

(2) 표시한 단어와 어울리는 악기를 찾아보세요.

(3) 동화를 실감 나게 읽으며 악기를 같이 연주해 봅시다.

※ 인물과 내용에 맞게 빠르기, 소리의 크기 등을 유의하세요.

(2) 곰사냥을 떠나자

곰사냥을 떠나자

곰 잡으러 간단다. 큰 곰 잡으러 간단다.
정말 날씨도 좋구나! 우린 하나도 안 무서워.
어라! 풀밭이잖아! 넘실대는 기다란 풀잎.
그 위로 넘어갈 수 없네. 그 밑으로도 지나갈 수 없네.
아, 아니지! 풀밭을 헤치고 지나가면 되잖아!

사각 서걱! 사각 서걱! 사각 서걱!

곰 잡으러 간단다. 큰 곰 잡으러 간단다.
정말 날씨도 좋구나! 우린 하나도 안 무서워.
어라! 강이잖아! 깊고 차가운 강물.
그 위로 넘어갈 수 없네. 그 밑으로도 지나갈 수 없네.
아, 아니지! 강물을 헤엄쳐 건너면 되잖아!

덤벙 텀벙! 덤벙 텀벙! 덤벙 텀벙!

곰 잡으러 간단다. 큰 곰 잡으러 간단다.
정말 날씨도 좋구나! 우린 하나도 안 무서워.
어라! 진흙탕이잖아! 깊고 질퍽이는 진흙탕.
그 위로 넘어갈 수 없네. 그 밑으로도 지나갈 수 없네.
아, 아니지! 진흙탕을 밟고 지나가면 되잖아!

처벅 철벅! 처벅 철벅! 처벅 철벅!

곰 잡으러 간단다. 큰 곰 잡으러 간단다.
정말 날씨도 좋구나! 우린 하나도 안 무서워.
어라! 숲이잖아! 커다랗고 컴컴한 숲.
그 위로 넘어갈 수 없네. 그 밑으로도 지나갈 수 없네.
아, 아니지! 숲을 뚫고 지나가면 되잖아!

바스락 부시럭! 바스락 부시럭! 바스락 부시럭!

곰 잡으러 간단다. 큰 곰 잡으러 간단다.

정말 날씨도 좋구나! 우린 하나도 안 무서워.

어라! 눈보라잖아! 소용돌이치는 눈보라.

그 위로 넘어갈 수 없네. 그 밑으로도 지나갈 수 없네.

아, 아니지! 눈보라를 헤치고 지나가면 되잖아.

휭 휘잉! 휭 휘잉! 휭 휘잉!

−중략−

출처: 그림책『곰사냥을 떠나자』(마이클로젠 글/헬린옥스버리 그림, 1994)

(1) 반복되는 밑줄 친 부분을 말리듬으로 만들어 리듬감 있게 읽어 봅시다.

(2) 동화에 나오는 의성어와 의태어를 표시해 보세요.

(2) 표시한 단어와 어울리는 악기를 찾아보세요.

(3) 동화를 실감 나게 읽으며 악기를 같이 연주해 봅시다.

※ 점점 커지는 글씨는 왜일까요? 이유를 생각하며 연주해 봅시다.

3) 악기 연주하기 활동안

연령	0~1세	일과 구분	놀이
활동명	\	냄비 소리, 국자 소리, 더 큰 소리	

역할놀이를 하던 유리
역할놀이를 하던 유리는 국자로 이것, 저것을 두드리다가 소리를 만들어낸다.
이를 보고 있던 준이가 다가와 옆에 놓인 주방도구를 가져와 쌓아두고 소리를 만든다.

숟가락 포크 소리 만들기
준이가 숟가락과 포크로 크게 소리를 내려고 주방도구를 두드리다가 멈춰서 웃고 다시 마주치기를 반복한다.

냄비로 소리 만들기
서율이가 냄비 뚜껑을 들고 소리를 만든다.
냄비 뚜껑, 국자로 소리를 만들어 낸다.

■ **영아 경험의 이해**

- 주방도구를 부딪치며 만들어 낸 소리를 좋아하며 소리의 크기와 소리의 멈춤과 진행에 대하여 자신만의 리듬으로 표현하는 것을 즐겼다.
- 역할놀이를 하다가 우연하게 소리를 만들어 낼 수 있다는 것을 발견하고 다양한 소리를 만들어 보는 것을 즐겼다.
- 도구를 달리하여 소리를 만들어 내고, 소리의 흐름과 멈춤을 경험하며 즐거워하였다.
- 같은 반 영아가 만들어 낸 소리에 관심을 가지고 서로의 모습을 바라보았다.

■ **교사의 지원**

- 공간: 보육실 가운데 넓은 공간이 확보될 수 있도록 하였다.
- 자료: 다양한 장르의 음악을 배경으로 준비하여 재생하였다. 영아가 잡을 수 있는 악기와 그 외에 다양한 소리가 가능한 주방도구(예: 알루미늄 냄비류, 스테인리스 그릇류 등)를 구비하여 비치하였다.
- 일과: 실내놀이 시간을 활용하였다. 소음으로 다른 영아에게 방해가 되지 않도록 하였다.
- 상호작용: 일상생활에서 사용되는 주방용 도구를 제공해 주고 역할놀이로 활용하거나 소리를 만들어 내는 복합적인 상호작용을 하였다.
- 소리의 크기, 리듬의 변화, 도구의 활용에 대하여 언어로 격려하였다.
- 멈춤과 지속을 경험할 수 있도록 언어로 지원해 주었다.
- 안전: 영아가 주방도구를 바닥에 대고 두드리거나 마주칠 때 소음이나 충격이 완화될 수 있는 매트를 준비하였다.

연령	2세	일과 구분	놀이
활동명		내가 만든 악기로 연주해요	

활동목표
- 내가 만든 악기를 연주해 보는 즐거움을 느낀다.
- 친구와 함께 노래 부르며 신나게 악기를 연주한다.

활동자료
- 직접 만든 '과일씨 마라카스', 다양한 가사판

음악요소 음색, 리듬, 셈여림, 빠르기

활동방법 ♫ 예비활동
- 간식시간에 먹고 남은 과일씨들을 간단하게 탐색해 본다.
  - 우리가 이번 주에 간식으로 먹고 남은 과일씨들이에요. 어떤 과일의 씨일까요?
  - 씨의 모양이 어떻게 생겼나요?
  - 만져 보니 느낌이 어때요?
- 빈 페트병에 과일씨를 넣고 마라카스를 만들어 자유롭게 흔들며 소리 내어 본다.
  - 흔들어 보니 무슨 소리가 들리는 것 같은데?
  - 어떤 소리가 나요?
  - 씨들이 통 안에서 위로 아래로 춤을 추는 것 같아요.
  - 노래 부르며 흔들어 볼 수도 있어요. "곰 세 마리가 한 집에 있어~".

♫ 본활동
- 영아가 놀이 중 앞서 만든 과일씨 마라카스를 흔들면 교사가 옆에서 자연스럽게 노래를 들려준다.
  - ○○가 만든 과일씨 마라카스를 흔들고 있구나.
  - 나비야~ 나비야~ 이리 날아오너라~
- 영아들과 함께 여러 노래를 부르며 리듬에 맞춰 과일씨 마라카스를 흔들며 연주해 본다.
  - 곰 세 마리가 한집에 있어~ 아빠곰 엄마곰 아기곰~
  - ㅇㅇ가 만든 마라카스에서는 '통통통' 소리가 나네.
  - 산토끼 토끼야 어디를 가느냐~
  - △△가 마라카스를 흔드니까 '딸그락딸그락' 소리가 나는구나.
- 노래의 리듬이나 빠르기, 셈여림을 다르게 하며 마라카스도 빠르게 혹은 천천히, 세게 혹은 약하게 흔들며 연주한다.
  - 어, 노래가 빨라졌네. 노래에 맞춰 악기를 흔들어 볼까?
  - 노래에서 쿵! 소리가 났어요. 우리 쿵! 소리가 날 때마다 마라카스를 바닥에 쿵! 하고 두드려 보자.

확장활동
- 〈그대로 멈춰라〉 노래에 맞추어 과일씨 마라카스를 신나게 흔들다가 멈추어 본다.
  (과일씨 소리가 들렸다가 멈췄다가 하는 과정을 영아들이 즐겁게 즐길 수 있다.)
  - 우리가 잘 알고 있는 〈그대로 멈춰라〉에 맞춰 마라카스를 흔들어 볼까?
  - 신나게 흔들다가 '그대로 멈춰라!'라는 말이 나오면 멈추어 보자.
  - 즐겁게 연주하다가~ 그대로 멈춰라!!!!

활동의 예시

▲ 직접 만든 마라카스로 자유롭게 연주하는 영아

■ 영아 경험의 이해

- 주변에 있는 다양한 사물들의 소리를 비교하며 탐색해 보았다.
- 소리의 특징을 기억해 두었다가 어떤 소리가 같은 소리인지 찾아보는 경험을 하였다.
- 놀이를 통해 직접 만든 놀잇감을 활용하여 노래를 부르며 악기를 연주하는 음악놀이를 즐겼다.
- 힘을 조절하여 소리가 크게/작게, 빠르게/느리게 등 음악적 요소를 떠올리며 악기를 연주하는 음악적 경험을 하였다.

■ 교사의 지원

- 공간: 영아들은 온몸으로 마라카스를 흔들며 연주한다. 때문에 마라카스를 흔들다가 옆 친구와 부딪힐 수 있으므로 넓은 공간을 확보한다.
- 자료: 직접 만든 마라카스 외에도 흔들면 소리가 나는 놀잇감(핸드벨, 손목방울, 카바사 등)을 추가로 지원하면 보다 풍성한 악기 연주를 즐길 수 있다.
- 일과: 곳곳에 직접 만든 악기를 놓아두어 영아가 일과 놀이 중 자연스럽게 악기를 연주할 수 있도록 돕는다.
- 상호작용: 영아들의 자유로운 연주에 긍정적으로 반응해 주며, 영아가 새로운 연주 방법이나 음악의 특징을 잘 살려 연주하였을 때에는 그 특징을 언어적으로 상호작용해 준다. 예로, "우리 ○○는 큰 음악소리가 들리니까 악기를 서로 쿵! 하고 부딪히며 소리를 내었구나."와 같이 할 수 있다.
- 안전: 다양한 과일씨가 많으나, 영아의 안전을 고려하여 자두씨와 복숭아씨 등 씨의 크기가 3.5cm 이상 되는 것으로 준비하도록 한다.

연령	3세	일과 구분	놀이
활동명	장난감 연주회		

활동목표
- 주변의 모든 장난감이 음악이 될 수 있음을 경험한다.
- 마음대로 소리를 만들어 연주하며 음악을 즐긴다.

활동자료
- 교실에 있는 여러 가지 종류의 소리가 나는 장난감, 참고영상-'하하의 뭐든지 뮤직박스_
  장난감 연주회'

음악요소 음색, 빠르기, 셈여림

활동방법 ♫ 예비활동
- 교실에서 소리가 나는 장난감들을 찾아본다.
  - 우리 교실에서 소리가 나는 장난감들을 찾아와 볼까?
- 유아들이 찾아온 장난감과 그 소리를 소개한다.
  - 어떤 장난감들을 찾아왔는지 함께 살펴보도록 하자.
  - 왜 이 장난감을 가지고 왔니?
  - 이 장난감은 어떤 소리가 나니?

♫ 본활동
- 찾아온 장난감들의 소리를 하나씩 자유롭게 탐색한다.
  - 우리가 찾아온 장난감이 어떤 소리가 나는지 살펴볼까?
  - 친구들이 찾아온 장난감들의 소리도 마음껏 들어 보자.
- 장난감들을 자유롭게 조작하여 소리를 만들어 본다.
  - 같은 장난감인데도 움직이는 것에 따라 어떻게 다른 소리가 나는지 볼까?
  - 이 장난감은 손으로 누를 때와 흔들 때 다른 소리가 나는구나.
- 참고영상 '하하의 뭐든지 뮤직박스_장난감 연주회' 편을 함께 감상하며, 장난감으로 훌륭
  한 연주회 놀이를 할 수 있음을 살펴본다.
  - 장난감으로 연주회를 한 친구들이 있다고 해서 소개해 주려고 해요. 함께 볼까요?
  - 우리도 이렇게 할 수 있을까?
- 음악을 함께 선정하고 음악에 따라 빠르기나 셈여림을 달리하며 자유롭게 장난감 소리를
  만들어 연주한다.
  - 이 음악에는 빠르게 누르는 게 어울릴까? 아니면 느리게 누르는 게 어울릴까?
  - 각자 어떤 부분에서 장난감 소리를 연주하면 좋을까?
- 가장 재미있었던 장난감 소리를 만들어 보며 활동을 마무리한다.
  - 오늘 활동 중에서 어떤 부분이 가장 제일 재미있었니?
  - 가장 신기한 소리가 나는 장난감은 무엇이었니?
  - 장난감으로 소리를 만들어 보니 어떤 느낌이었니?

확장활동   • 장난감 말고 신체를 활용해서도 재미있고 다양한 소리가 날 수 있음을 탐색해 본다.
           – 우리 몸에서도 재미있는 소리가 난대요. 어떤 소리를 만들어 볼까?
           – 다리나 팔을 이용해서도 소리를 만들 수 있을까?
           – 이번에는 몸통을 가지고 소리를 만들어 볼까?
      • 신체악기를 이용해서 다양한 소리를 탐색하고 연주해 본다.

활동의 예시

▲ 소리 나는 장난감으로 연주하는 유아

■ 유아 경험의 이해

– 주변의 사물과 신체를 활용해 소리를 탐색하고 만들어 봄으로써 일상에서 음악을 자연스럽게 접하였다.
– 음악에 따라 소리를 만들어 연주하기를 즐겼다.
– 친구들과 함께 음악활동을 경험하였다.

■ 교사의 지원

– 공간: 실내에서 해도 좋지만 실외에서도 실외에 있는 다양한 장난감들을 활용하여 소리를 만들어 탐색해 보는 경험을 할 수도 있다.
– 자료: 악기와 같은 음악매체 외에도 다양한 장난감을 모두 활용할 수 있도록 허용한다.
– 관찰: 유아가 장난감으로 소리를 만드는 모습을 잘 관찰한 후, 보나 다양한 방법으로 여러 가지 소리를 내어 볼 수 있도록 지원한다.
– 상호작용: 다른 친구가 가지고 온 장난감으로도 소리를 만들어 볼 수 있도록 친구들의 시선을 모아가며 상호작용한다. 유아들이 생각하지도 못했던 장난감을 활용하여 교사가 소리를 만들어 볼 수도 있다.
– 안전: 유아들이 너무 흥분하여 격한 움직임으로 장난감을 휘두르지 않도록 유의한다.

연령	4세	일과 구분	활동
활동명		악기 연주 악보를 만들어 연주해요	

활동목표　　• 직접 만든 리듬악기를 탐색하여 연주해 보고, 연주법에 어울리는 악보를 만들어 본다.
　　　　　　　• 악보에 적힌 방법대로 연주를 해 본다.

활동자료　　• 직접 만든 재활용 리듬악기, 커다란 전지(또는 이젤패드), 색연필

음악요소　　음색, 가락, 리듬, 화음

활동방법　　♬ 예비활동

• 다양한 종류의 재활용품을 활용하여 나만의 리듬악기를 만든다.
　– 어떤 재활용품들이 모였나 살펴볼까?
　– 내가 만들고 싶은 리듬악기를 떠올려 보고, 그 악기를 만드는 데 필요한 재활용품을 챙겨
　　악기를 만들어 보자.
　– 서로 다른 악기를 만들어도 상관없으니 자유롭게 만들어 보자.

• 만든 리듬악기를 각 악기의 연주법에 따라 자유롭게 연주해 본다.
　– ㅇㅇㅇ이는 종이와 병 뚜껑으로 캐스터네츠를 만들었구나!
　– 이건 어떤 방법으로 연주할 수 있니?
　– △△이는 깡통과 풍선으로 북을 만들었네요. 만든 북을 두드려 볼까?

♬ 본활동

• 내가 만든 리듬악기의 종류에 따라 소그룹을 만들어 모인다.
　– 마라카스와 같은 악기를 가진 친구들은 이쪽으로 모여 보자.
　– 이번에는 북과 같은 악기를 가진 친구들이 모여 볼까?
　– 또 어떤 악기들이 서로 비슷하다고 생각하니? 그 친구들끼리 모여 보자.

• 유아들끼리 소그룹별로 악기에 따라 어떤 방법으로 연주할 수 있는지 자유롭게 토론해
　본다(교사가 주도하기보다 소그룹별로 자유롭게 토론할 수 있도록 한다).
　– 탬버린은 어떤 방법으로 연주하면 좋을까?
　– 또 다른 방법은 없을까? 새로운 방법이 있으면 언제든 이야기해 보자.
　– 이야기 도중 나왔던 연주법은 잊어버리지 않도록 이젤패드에 적어 보자.

• 의견이 나온 연주법마다 상징하는 그림기호를 만들어 약속을 정한다.
　– 친구들이 이야기했던 연주법을 그림으로 표현해 볼 거예요.
　– 두드리기는 어떻게 표현할 수 있을까?
　– 이번에는 흔들기를 그림기호로 나타내 볼까?

　　♬ 악기 연주 악보 만들기 지도 팁
　　　– 악기 연주법에 따라 색과 모양을 다르게 하여 만들 수 있도록 한다.
　　　– 연주 구간의 길이도 길고/짧게, 높게/낮게 표시할 있음을 안내한다.
　　　– 다 함께 자유롭게 연주하는 구간을 포함하는 것도 좋은 방법일 수 있다.

- 소그룹별로 희망하는 노래를 정한 후, 가사와 연주법을 적어 악기 연주 악보를 만든다.
  - 커다란 종이에 소그룹별로 결정된 노래의 가사를 적어 보아요.
  - 중간에 연주법 기호를 넣어야 하니 너무 붙여 쓰지 않도록 해요.
  - 노래의 구간마다 원하는 연주법 기호를 그려 넣어 악기 연주 악보를 만들어요.
- 악기 연주 악보가 완성되면, 소그룹별로 나와 친구들과 악보를 보며 재활용품 리듬악기로 연주한다.
  - 소그룹별로 나와서 악보를 보며 악기를 연주해 줄 거예요.
  - 함께 감상해 보고, 응원도 해 주어요.
- 직접 악기와 악보를 만들어 본 경험에 대하여 이야기를 나누며 활동을 마무리한다.
  - 직접 악기와 악보를 만들어 보니 어땠니?
  - 어떤 점이 가장 재미있었니?
  - 힘들었던 점은 없었니?

확장활동

- 여러 악기를 가진 친구들이 모두 한꺼번에 모여 하나의 곡으로 합주를 해 본다.
  - 이번에는 하나의 곡을 정해서 다 함께 연주를 해 볼까?
  - 새로운 곡에 따라 다시 한 번 악기 연주 악보를 만들어 보자.
  - 완성이 되었다면, 모두 모여 함께 연주를 해 보자.
  - 다 함께 연주를 하니 어떤 기분이니?

활동의 예시

▲ 유아가 색 스티커로 만든 악기 연주 악보

▲ 재활용품 리듬악기로 연주하는 유아

■ 유아 경험의 이해

– 재활용품으로 악기를 만들어 봄으로써 악기의 생김새와 특징에 대하여 말할 수 있다.

– 다양한 방법을 활용하여 재활용품 리듬악기를 연주해 보았으며, 각각의 연주법에 따라 그림기호를 만들어 악보 만들기 활동을 전개하였다.

– 악기를 만들고, 연주법을 탐색하고, 연주법에 따른 그림기호를 결정하고, 노래를 정하고, 악보에 따라 연주를 해 보는 전 과정에서 교사가 아닌 유아가 주도성을 가지고 활동을 전개하는 경험을 하였다.

■ 교사의 지원

– 공간: 대·소집단 활동이 골고루 이루어지는 활동이므로 공간 배치를 효율적으로 해야 한다. 각 소집 단에서 자유롭게 악기 연주가 가능하도록 서로 떨어진 독립된 공간을 마련하여 주고, 대집단 시에는 가운데로 모여 활동이 전개되도록 한다.

– 자료: 그동안 교실에서 유아들이 배웠던 노래들을 목록으로 만들어 제시하면, 유아들이 소집단별로 노래를 선택할 때 도움이 될 수 있다. 또한 각 노래들의 음원파일도 함께 준비하여 악기 연주 시 배경 음악으로 재생할 수도 있다.

– 관찰: 유아들이 서로 토론하는 과정을 잘 관찰하여 활동의 흐름을 파악하고, 유아들이 활동 중 필요한 재료나 소품들을 바로 제공할 수 있도록 한다.

– 상호작용: 유아들의 자유로운 토론과정을 지지하며, 아이들의 사고를 확장하거나 오류를 함께 상의하 며 수정할 수 있도록 배려한다.

– 안전: 폐품악기를 만들 때에는 날카로운 면에 다치치 않도록 유아들과 안전에 대하여 이야기를 나눈 후 진행한다.

연령	5세	일과 구분	놀이
활동명		인공지능으로 음악을 연주해요	

활동목표
- 놀이를 통해 딥러닝 기반 인공지능의 특징을 경험할 수 있다.
- 놀이 과정에서 유아가 원하는 음과 빠르기로 인공지능과 상호작용하며 창의적으로 음악을 연주한다.

활동자료
- 인공지능 듀엣(AI Duet) 프로그램(딥러닝 기반 음률 프로그램)

음악요소 음색, 빠르기, 리듬, 셈여림, 화음

활동방법 ♫ 예비활동
- 딥러닝 기반 음률 프로그램인 인공지능 듀엣 프로그램을 탐색하며 사용법을 익힌다.
  - 인공지능 듀엣에서 어떤 소리가 나니?
  - 인공지능 듀엣으로 연주하려면 어떤 버튼을 눌러야 할까?
  - 인공지능 듀엣을 사용하면서 새롭게 알게 된 점은 무엇이니?
- 스스로 상상력을 발휘하여 프로그램을 마음껏 탐색하면서 음악을 다양하게 변형하여 연주해 본다.
  - 인공지능 듀엣으로 무엇을 해 보고 싶니?
  - 원하는 대로 음악을 연주하려면 어떻게 하는 것이 좋을지 자유롭게 해 보자.

♫ 본활동
- 다양한 연주를 시도해 보고, 그에 따라 인공지능 듀엣 프로그램이 어떻게 음악을 연주하는지 살펴본다.
  - 우리가 같은 음을 칠 때마다 인공지능이 같은 음을 연주하니? 아니면 다른 음을 연주하니?
  - 인공지능 듀엣은 어떻게 우리가 연주한 소리와 어울리는 음악을 연주하는 걸까?
  - 인공지능이 스스로 공부해서 우리가 연주하는 소리와 어울리는 음악을 만들어 내는구나.
  - 인공지능이 우리랑 다르게 생각한 이유도 한번 생각해 보자. 왜 이런 연주를 들려주었을까?
- 빠르게/느리게, 크게/작게 등 변화를 주어 연주를 한 후, 인공지능 듀엣 프로그램이 들려주는 연주와 비교해 본다.
  - 빠르게 연주했어. 듀엣이 어떤 음악을 들려줄까?
  - 이번에는 크게/작게를 반복하면서 리듬을 만들어 볼까? 어떻게 되었니?
- 인공지능 프로그램을 사용하며 놀이하는 과정에서 불편했던 점이나 고치고 싶은 점을 함께 이야기 나눠본 후, 실물 놀잇감으로 직접 몸을 움직이며 음률놀이를 보완한다.
  - 우리가 인공지능과 함께 음악을 만들어 보았는데 어땠니?
  - 어떤 점이 좋았니? 어떤 점이 불편했니?
  - 불편했던 점을 앞으로 놀이하면서 어떻게 바꿀 수 있을까?
  - 그럼 ○○가 이야기한 것처럼, 우리가 악기를 더 가져와서 연주공연을 해 볼까?
- 프로그램을 사용하여 연주를 해 본 경험에 대해 이야기한다.
  - 프로그램을 활용하는 건 어렵지 않았니?
  - 이렇게 인공지능으로 연주를 해 보니 어땠니?

　　　　　　　　　　－ 오늘 놀이한 것 중에서 기억에 남거나 재미있었던 부분을 소개해 줄까?

　　　　　　　　　　－ 다음에는 어떤 방법으로 연주하고 싶니?

확장활동　　• 인공지능 듀엣 프로그램으로 연주한 결과물을 녹음해 두었다가 동생반 친구들에게 들려
　　　　　　　주며 공유한다.

　　　　　　　　　　－ 인공지능과 함께 연주회를 하려면, 어떤 것을 준비해야 할까?

　　　　　　　　　　－ 우리가 인공지능과 한 연주를 어떻게 동생반 친구들에게 들려줄 수 있을까?

　　　　　　　　　　－ 우리들과 인공지능은 또 함께 어떤 연주를 만들어 볼 수 있을까?

활동의 예시

▲ 인공지능 듀엣 프로그램으로 연주하는 유아

　　　　　－ 난 빠르게 쳐 볼게. 인공지능이 어떻게 연주하는지 볼까?

　　　　　－ (한 유아가 건반을 좌에서 우로 훑으며 연주하며) 얘들아, 이것 좀 봐봐!

　　　　　－ 그건 어떻게 한 거야? 파란 줄이 길게 생기네?

　　　　　－ 도레미만 쳐 봐. 인공지능이 어떻게 할까?

　　　　　－ 같이 누르면 소리가 안 나니까 한 명씩 눌러야 해.

　　　　　－ 펜으로 눌러도 되고 손가락으로 눌러도 소리 나.

　　　　　－ 친구는 피아노로 연주하고, 나는 인공지능으로 연주해요.

　　　　　－ 이번엔 악보를 보고 쳐 볼까?

　　　　　－ 인공지능이랑 다른 음악도 만들어 보자.

■ **유아 경험의 이해**

– 유아들이 인공지능과 연주하며 상호작용하는 경험을 하였다.
– 놀이 과정에서 유아가 원하는 음과 빠르기로 인공지능과 상호작용하며 창의적으로 음악을 연주하였다.
– 자신만의 방법으로 음악을 연주하며 창작의 즐거움을 느낄 수 있었다.

■ **교사의 지원**

– 공간: 프로그램을 활용해야 하는 놀이인 만큼 시작은 소집단으로 하는 것이 적절하다. 모든 친구들이 프로그램을 다 사용하여 놀이해 보았다면 대집단으로 인공지능 프로그램과 연주회를 하는 등의 놀이를 전개할 수 있다.
– 자료: 유아 스스로 인공지능 듀엣과 상호작용하며 알게 된 기능을 포스트잇이나 파지 등에 기록해서 해당 영역 벽면에 붙여 우리 반의 사용 안내서와 같은 자료를 만들어 볼 수도 있다. 또한 유아들에게 인공지능 기술을 활용하여 만들어 보고 싶은 것을 물어보고, 유아들이 필요한 자료(녹음기, 카메라 등)를 이야기한다면 추가로 제공해 준다.
– 관찰: 유아가 자유롭게 인공지능 듀엣을 탐색하도록 지원하고 그때 교사는 주변에서 그 과정을 관찰한다. 관찰을 통해 유아가 새롭게 알게 된 기능을 공유하도록 격려해 준다.
– 상호작용: 유아들이 충분히 탐색하고 놀이했다면, 인공지능이 아름다운 화음을 만드는 방법을 다양한 데이터로 학습하여 우리가 연주한 음과 어울리는 화음을 낼 수 있다는 점도 함께 이야기 나누어 본다.

1. 탬버린(tambourine)

금속이나 목재 테의 한쪽 면에 가죽을 대고 둘레에 징글이라 불리는 작고 얇은 심벌을 달아 만든 타악기. 유아를 위한 탬버린은 테만 있는 것보다 북면이 함께 있으며 지름이 20cm 정도의 것이 좋다.

• 연주법

가슴 높이 정도에서 왼손의 엄지손가락이 북면에 오게 하고 다른 손가락은 테를 쥔다. 북면을 위로 하고 조금 비스듬히 하여 오른손으로 친다. 탬버린을 연주하는 방법은 매우 다양하다.

① 손바닥 치기: 강박의 음을 치거나 세게 칠 때 손바닥으로 북면을 친다.

② 손가락 끝으로 치기: 약박의 음을 치거나 약하게 칠 때 손가락의 끝을 구부려 자연스럽게 튕기듯 친다.

③ 트레몰로 주법: 왼손에 악기를 위로 들고 어깨, 팔, 손목의 힘을 빼고 부드럽게 좌우로 재빨리 가늘게 계속 흔드는 주법.

*트레몰로: '떨린다'는 뜻에서 나온 말이며, 연주에서 음을 빨리 규칙적으로 떨리는 듯이 되풀이하는 주법이다.

〈탬버린 탐색 및 연주자세〉

〈탬버린 연주법 실제〉

♫ 다양한 방법으로 소리를 만들어 보아요.

‒ 두드리기, 흔들기, 문지르기를 통해 소리의 차이를 느껴 보아요.

‒ 큰 소리를 내고 싶을 때는 가운데 부분을, 작은 소리를 내고 싶을 때는 가장자리 테를 칩니다.

‒ 테(가장자리)를 손끝으로 두드리면 징글소리가 잘 들립니다.

2. 트라이앵글(triangle)

금속 막대를 구부려 한쪽 끝이 트인 삼각형으로 만든 악기. 금속 봉으로 삼각형을 친다.

• 연주법

① 삼각형과 같은 재질의 금속 봉으로 밑변을 쳐서 소리 낸다.

② 악기가 몸에 닿지 않게 몸에서 20cm 정도 떼어서 가슴 높이에 두고 왼손의 엄지, 검지 손가락으로 고릿줄을 쥐고 손바닥은 아래로 한다. 이때 악기의 열린 모서리가 오른쪽이 되도록 한다. 한가운데가 가장 큰소리가 나고 끝으로 갈수록 작은 소리가 난다.

③ 소리를 멈출 때는 고리를 잡은 채 나머지 손가락으로 악기를 잡아 울림을 멈추면 된다.

④ 트레몰로 주법은 두 변의 안쪽을 연타한다. 점점 크게(크레센도) 할 때는 악기 끝쪽에서 한가운데로 옮겨가며 친다.

팁: 고릿줄이 너무 길면 악기가 움직여서 치기 어려우므로 손가락이 들어가는 정도의 고리 크기로 조절하여 악기를 고정시킨 후 연주한다.

트라이앵글 연주 자세

화살표의 방향처럼 두 변을 빠르게 연타하며 트레몰로 주법을 연주할 수 있다.

〈트라이앵글 탐색 및 연주〉

♫ 다양한 방법으로 소리를 만들어 보아요.

– 세 개의 변을 두드려 울림의 차이를 느껴 보세요. 아랫변의 소리가 가장 풍부해요.

– 소리의 여운이 남았을 때 좌우로 흔들면 울림이 바뀌어요.

– 봉으로 본체를 문질러 소리를 들어 봅시다.

– 손으로 소리를 멈추게 해 봐요.

3. 캐스터네츠(castanets)
단단한 나무나 상아 등을 재질로 한 두 개의 판이
서로 맞부딪치게 해서 소리를 내는 조개 모양의
타악기

• 연주법
① 안쪽 돌기가 있는 부분을 아래로 놓고 연주한
   다. 벌어진 부분이 가슴쪽을 향하게 한다.
② 한쪽 손바닥 위에 캐스터네츠를 올려놓고 다른 쪽 손가락으로 리듬감 있게 치면
   된다.

♬ 다양한 방법으로 소리를 만들어 보아요.
– 검지와 장지를 교대로 빠르게 치면 트레몰로 효과를 낼 수 있어요.

4. 마라카스(Maracas)
야자과 식물인 마라카 열매를 건조시켜, 껍질 속에 작은 돌멩이나 씨를 넣은 타악기. 두
개가 한 조로 되어 있으며, 양손에 쥐고 흔들어 소리를 낸다.

• 연주법
① 보통 양손에 하나씩 들고 연주한다.
② 수평으로 양손에 들고 손목으로 드럼을 치듯 위아래로 연주하거나, 악기를 수직으
   로 들고 앞으로 내밀었다가 제자리로 돌아오는 방식으로 연주한다.
주의: 서로 부딪치거나 바닥에 떨어트리면 깨지기 쉬워요.

〈마라카스 연주〉

♬ 다양한 방법으로 소리를 만들어 보아요.
– 빙글빙글 돌리면 소리가 오래 지속됩니다.
– 빠른 속도로 계속 흔들면 트레몰로 효과를 낼 수 있어요.

5. 방울(bell)

손으로 흔들어서 소리를 내는 악기로 조그맣고 동그란 얇은 금속 안에 단단한 작은 물질을 넣어 흔들어 소리 나게 한다.

• 연주법

왼손에 악기를 쥐고 주먹을 쥔 후, 오른손으로 왼손 주먹 위를 쳐서 소리를 내거나 악기 있는 손목을 재빠르게 흔들어 소리를 내어 트레몰로 효과를 낸다.

♫ 다양한 방법으로 소리를 만들어 보아요.
– 방울을 트레몰로 연주하면서 팔을 위로 들거나 아래로 내리면 소리가 커졌다 작아짐을 느낄 수 있어요.

6. 우드블록(wood block)

레뇨, 차이니즈 블록, 목종(木鍾)이라고도 불린다. 일종의 목탁으로서 둥근 형태와 네모 모양이 있으며, 작은북의 채로 치면 맑은 음이 난다.

유아들이 흔히 쓰는 우드블록은 속을 파낸 단단한 나무를 막대로 두드려 소리 내는 악기로 두 개의 원통이 하나의 자루에 달려 있다. 양면의 소리의 고저가 달라 강박, 약박의 음을 모두 연주할 수 있다(구두 굽소리, 물이 똑똑 떨어지는 소리, 말이 달리는 소리).

• 연주법: 주 사용 손으로 채를 잡고 다른 손으로 악기의 손잡이를 잡는다.

두 개의 원통형의 우드블록,
망치 모양의 우드블록도 자주 볼 수 있다

네모 모양의 우드블록

〈우드블록
설명 및 연주〉

♫ 다양한 방법으로 소리를 만들어 보아요.
두드리는 위치에 따라 울림이 달라집니다.

7. 쉐이커(shaker)

흔들어 소리를 내는 악기로 다양한 모양이 있다. 달걀 모양은 에그쉐이커, 손가락에 끼는 형태는 핑거쉐이커라 불린다.

• 연주법

앞뒤로 흔들어 연주한다.

♫ 다양한 방법으로 소리를 만들어 보아요.
– 쉐이커를 손끝으로 잡는 것과 손바닥으로 감싸쥐며 흔드는 것의 차이를 느껴 보세요.

8. 큰북(Baas Drum)

몸체는 목제(木製)인 것과 알루미늄이나 동(銅) 등의 금속제(金屬製)도 있으나 크기는 정해져 있지 않다.

• 연주법

① 북을 정면으로 세우고 바른 자세로 선다.
② 오른손으로 북채를 가볍게 쥔다.
③ 북채가 닿는 위치는 북면 중심부에서 약간 윗부분을 치는 것이 바람직하다.
④ 손목의 힘을 빼고 북채의 방향은 직선으로 연주하기보다는 약간 비스듬히 곡선을 이루면서 위에서 아래로 또는 그 반동으로 아래에서 위로 치는 것이 좋다(바나나 모양을 그리듯).
⑤ 소리를 멈출 경우 왼손으로 북면에 손을 댄다.

♫ 다양한 방법으로 소리를 만들어 보아요.
– 북면의 다양한 위치를 두드려 봅시다.
– 가운데 부분을 두드리면 여운이 짧고 또렷한 소리가 납니다.
– 아래에서 3분의 1 지점을 두드리면 여운이 길게 들립니다.

9. 작은북(Snare Drum)

셈여림의 표현과 절도 있는 소리를 표현하며 큰북과 연주될 때 약박에 사용된다.

• 연주법

① 북은 약간 경사지게 하며 밑면이 잘 울리게 공간이 있게 하고, 양손에 쥔 북채의 각도는 90도 정도가 되게 하며, 북면과의 각도는 45도가 좋다.

② 북채는 위에서 3분의 2쯤 되는 곳을 엄지손가락과 집게손가락으로 쥐고, 다른 손가락은 가볍게 붙여 주고, 손목의 상하 운동으로 채를 떨구듯이 또는 굴리듯이 가볍게 친다.

♬ 다양한 방법으로 소리를 만들어 보아요.

– 북면의 다양한 위치를 두드려 보아요.

– 가운데 부분을 치면 큰 소리, 가장자리를 치면 작은 소리를 낼 수 있습니다.

– 테두리 부분을 두드려 봅시다.

〈작은북 연주〉

10. 기타

	귀로: 귀로는 카리브해 지역에서 생겨난 것으로 추정되는 타악기이다. 호리병박 열매의 속을 제거하고 껍질을 말려서 만든 단순한 형태의 악기. 속이 비어 있고 한쪽 면 또는 악기 둘레 전체에 가로로 긴 홈이 여러 개 패여 있는 것이 특징으로 홈이 있는 부분을 나무 막대로 긁어서 연주한다. 〈귀로 연주〉
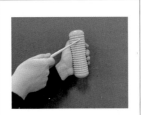	카바사: 브라질 민속악기로 '표주박'을 뜻한다. 왼손으로 겉에 붙어 있는 구슬을 가볍게 누른 채 오른손으로 손잡이를 좌우로 비틀어 연주한다.
	핑거심벌: 손가락을 끼워 사용하는 심벌 마주쳐 소리를 내거나 사진처럼 옆으로 부딪쳐 소리를 낼 수 있다. 소리를 멈추게 할 경우 나머지 손을 악기에 대면 소리가 멈춘다.
	소고: 손잡이가 달린 작은북 북의 손잡이를 왼손으로 잡고 오른손에 나무 채를 쥐고 북의 앞뒤 면을 쳐서 소리를 내어 연주한다.

음악은 보이지 않는 춤이요,
춤은 소리 없는 음악이다.

– 장 폴 리히터

제**10**장

신체표현

#노랫말에 따른 신체표현 #음악요소와 신체표현 #창의적 신체표현

이 장에서는 유아음악교육의 내용 중 신체표현에 대하여 알아보도록 하겠습니다. "춤을 추지 않고 댄스음악을 끝까지 들을 수 있을까요?" "신나는 음악이 들리면 내 몸이 들썩이나요?" "왜 음악과 신체표현은 떨어질 수 없는 관계일까요?" 이 질문에 대한 답을 찾아봅시다.

■ **개요**

유아음악교육에서 신체표현하기가 가진 의미에 대하여 살펴보고, 유아교육기관에서 이루어지는 신체표현의 교수–학습방법을 안다.

■ **학습목표**

1. 유아음악교육의 내용 중 신체표현의 중요성에 대하여 안다.
2. 신체표현의 교수–학습방법과 환경구성에 대하여 이해하고, 현장에서 이루어지는 신체표현의 실제를 경험한다.

1. 신체표현의 중요성

음악활동에 있어서 움직임, 즉 신체표현은 음악활동을 촉진시키며 상호작용을 돕는 역할을 한다. 오르프는 음악, 신체표현, 언어는 상호 연관이 있다고 하였으며, 달크로즈는 음악에 있어서 가장 중요한 요소는 리드미컬한 동작이라고 보았다 (Pica, 2010).

유아는 자연스럽게 음악과 신체표현을 연결시킨다. 기어가는 것을 배우지 않은 아기들조차도 신나는 음악에 맞추어 마치 수영하는 것처럼 팔과 다리를 바닥에서 떼어 들어올리며 움직인다. 음악의 방향과 흐름은 유아가 자신의 신체로 음악에 반응하도록 하고, 자신의 감정과 사고를 표현하도록 한다(Metz, 1989). 유아가 음악에 반응하여 창의적인 춤으로 자신의 신체를 움직일 때, 그들은 자신의 신체, 정신, 감정 그리고 영혼을 통합하게 된다(Ririe, 1980). 유아는 음악을 듣는 것과 동시에 음악에 대한 자신의 느낌을 신체로 표현하고 이러한 과정을 반복적으로 즐김으로써 음악에 대한 아름다움을 느끼게 되며, 점차 심미적 감각을 발달시켜 나간다(Pica, 2010).

유아의 음악적 재능은 노래를 부르거나 악기를 다루는 능력에 한정시켜 판단하기보다는 음악을 듣고 노래하고 창작함과 더불어 음악과 함께 움직이는 기회를 가지면서 전체적으로 음악을 느끼고 탐색해야 한다. 가령 우리가 신나는 댄스음악을 듣고 있다고 해 보자. 몸을 움직이지 않고 가만히 앉아 음악이 끝날 때까지 기다릴 수 있을까? 그건 불가능할 것이다. 왜냐하면 움직임은 모든 인간의 본능이며, 유아에게 있어 음악이란 단순히 청각적 경험에 그치는 것이 아니라 그들로 하여금 온몸 whole-body으로 반응하도록 돕는 중요한 경험이기 때문이다(문선영, 2019).

유아음악교육에서의 신체표현이 갖는 중요성을 정리하면 다음과 같다.

- 음악활동을 촉진시키며 상호작용을 돕는 역할을 한다.
- 온몸으로 음악에 반응하는 다양한 경험을 통해 자신의 감정과 사고를 신체를 활용하여 표현함으로써 자신만의 개성을 표현할 수 있으며, 이를 통해 자신감이 향상된다.

- 음악을 탐색하고 감상하고 표현하는 일련의 과정을 반복적으로 즐김으로써 음악에 대한 심미감을 발달시킨다.
- 또래와 함께 음악에 따라 몸을 움직이는 음악적 경험을 통해 사회성과 놀이성을 발달시킨다.

이처럼 신체표현은 유아에게 효과적이면서 즐거운 음악활동을 경험하기 위한 방법으로서의 교육적 의미를 가진다.

2. 신체표현의 내용

음악과 관련한 신체표현에는 노랫말에 따른 신체표현, 음악의 기본 요소와 연결한 신체표현, 창의적 신체표현으로 구분해 볼 수 있다.

1) 노랫말에 따른 신체표현

노랫말에 따른 신체표현은 익숙한 노래를 토대로 노랫말의 부분 혹은 전체를 동작으로 표현해 보는 것을 말한다. 우선, 노랫말 자체에 신체활동에 대한 지시가 있어 이에 따라 자연스럽게 신체를 움직여 동작을 나타내도록 하는 방식이 있다. 예를 들어 〈둘이 살짝〉에는 '둘이 살짝 손잡고 오른쪽으로 돌아요. 네 무릎 치고 네 어깨 치고~'라는 노랫말이 등장하고, 우리가 잘 알고 있는 〈머리 어깨 무릎 발〉에도 각 신체기관의 명칭이 노랫말에 등장하여 유아가 노래를 부르면서 자연스럽게 신체기관을 짚을 수 있도록 한다. 또한 노랫말에 등장하는 상황에 맞추어 유아 나름대로 동작을 만들어 표현하는 방식도 있다. 예를 들면, 〈악어떼〉의 '밀림 숲을 기어서 가자. 엉금 엉금 기어서 가자'라는 노랫말을 듣고 유아가 각자가 생각하는 악어의 생김새나 악어가 기어가는 모습 등을 나름대로의 움직임으로 표현하는 것이다. 유아의 경우에는 노랫말이 긴 창작동요를 팀별로 구간을 나누어 제시하고, 각자 맡은 구간에 어울리는 동작을 만들어 친구들에게 소개하거나 같은 곡의 노랫말을 팀별로 동작을 만들어 '같은 곡 다른 동작'을 소개하는 활동으로 전개할 수 있다.

 노랫말에 따른 신체표현에서 유의해야 할 점은 교사 주도로 동작을 만들고 획일적으로 모방하는 활동보다는 유아와 함께 협의하거나 유아가 주도적으로 자신의 생각을 반영한 동작을 만들어 보는 기회를 제공해야 한다는 것이다. 유아가 음악에 따라 창의적이고 즐거운 신체표현을 즐길 수 있도록 자유롭고 허용적인 분위기가 기본이 되어야 한다.

 다음은 〈우리 모두 다 같이〉를 활용하여 신체표현을 즐기는 영아의 음악놀이 과정 사례이다. 〈우리 모두 다 같이〉의 노랫말에 영아의 이름을 넣어 신체표현을 격려할 수 있고, '손뼉을'의 노랫말에는 신체 기관이나 위치를 넣어 다양한 표현을 도울 수도 있다. 또한 악보에 동그라미가 표시된 구간에서는 교사 또는 영아가 직접 노랫말을 넣어 부르며, 그에 맞는 신체 표현을 해 볼 수도 있다.

우리 모두 다 같이
라트비아 민요

1. 우리 모두 다 같이 손뼉을   우리
2. 우리 모두 다 같이 발 굴러   우리

모두 다 같이 손뼉을   우리 모두 다 같이 즐거
모두 다 같이 발 굴러   우리 모두 다 같이 즐거

올게 노래해 우리 모두 다 같이 손뼉을
올게 노래해 우리 모두 다 같이 발 굴러

▲ 우리 모두 다 함께 바닥을 쿵!쿵!
　[바닥을 두드리며 쿵쿵]

▲ 우리 모두 다 같이 발굴러
　다다다다당~
　[빠르고 가볍게 발구르기]

• 〈우리 모두 다 같이〉를 부르며 노랫말에 따라 몸을 움직여 본다.
　– 노랫말에 따라 손뼉을 쳐 볼까?
　– ○○이는 한 발씩 바닥에 딛으면서 쿵–쿵– 춤을 추었구나.
• 노랫말을 개사한 후, 개사한 노랫말에 따라 몸을 움직여 본다.
　– 선생님이 노래하는 걸 잘 듣고, 몸을 움직여 보자.

동요 〈우리 모두 다 같이〉를 감상하고 노랫말에 따라 자유롭게 몸을 움직이는 영아들

2) 음악의 기본 요소와 연결한 신체표현

음악의 기본요소와 연결한 신체표현은 음과 리듬, 멜로디, 화음 등 음악의 기본
요소를 동작 개념과 통합하여 접근하는 방법이다. 음악요소가 분명하게 나타나 있
는 음악을 선택한 후, 공이나 훌라후프, 밴드, 스카프 등의 다양한 소도구를 활용하
여 신체표현을 할 수 있다. 음악과 신체표현은 상호 의존 및 보완적인 역할을 하기
때문에 유아가 음악요소를 동작을 통해 탐색하였을 경우 복합적인 신체 및 감각기
관을 사용하게 된다. 이러한 과정은 유아가 음악요소와 동작요소의 각 개념을 보다

- 음악의 강약에 따라 펀치백을 쳐 본다.
  - 세게 나오는 부분에서는 세게 쳐 보자.
  - 음악이 약해졌구나. 그럼 어떻게 칠 수 있을까?
- 음악을 들으며 강약에 따라 자유롭게 세기를 조절하여 치기를 한다.
  - 음악에 따라 인형을 세게/살살 쳐 보도록 하자.
- 음악의 강약에 따라 높은 곳/낮은 곳으로 수준을 다르게 하여 치기를 경험한다.
  - 이제는 음악이 세게 나올 때마다 인형의 머리 부분을 쳐 보자.
  - 음악이 살살 나오면 인형의 아래쪽을 쳐 보자.

베토벤 소나타 8번 〈비창〉 3악장 '베토벤 바이러스'를 감상하며, 음악의 강세에 따라
펀치백과 막대풍선을 활용하여 기본 동작인 치기를 나타내는 영아들

명확히 이해하도록 도와줄 수 있으며, 그 효과도 오래 지속된다.

특히 리듬은 음악요소 중 몸의 운동, 즉 신체표현과 가장 밀접한 관련이 있는 요소이다. 인간은 본능적으로 리듬과 동작을 연결시키는데, 태내에서부터 접하는 모체의 심장박동과 혈류음은 유아에게 소리와 리듬, 움직임에 대한 잠재력을 제공하고 음악적 자극에 대한 민감한 반응을 지원한다. 유아는 오히려 성인들보다 적극적으로 리듬에 대한 느낌과 아름다움을 자신의 신체 움직임으로 나타내는데, 리듬의 방향과 흐름에 대해 즉석에서 동작으로 반응하기를 즐긴다(문선영, 2019; Metz, 1989). 예를 들어, 리듬요소 중 '박'과 '강세'가 강조된 베토벤 소나타 8번 〈비창〉 3악장 '베토벤 바이러스(Beetboven Virus)'를 감상하며 곡의 특징적인 부분에 맞춰 리듬스틱과 막대풍선을 세게/살살 두드리며 움직일 수 있다. 이는 동작요소 중 힘(강하게/약하게)이 포함되는 '노력'과 연결된다. 또한 리듬요소 중 '선율'이 강조된 림스키코르사코프의 오페라 〈술단 황제이야기〉의 3막 1장에 수록된 '왕벌의 비행(Bumblebee)'을 감상하고, 벌이 날아다니는 듯한 음악이 흐르는 멜로디에 따라 교실의 곳곳을 이러저리 돌아다니며 움직일 수 있다. 이때에는 동작요소 중 방향(어느 쪽으로 이동하는가에 대한 움직임)과 경로(몸이 이동하며 발생하는 길의 모양)가 포함되는 '공간'과 통합된 것이다.

음악의 기본 요소와 연결한 신체표현에서 유의할 점은 처음에는 하나의 음악 기본 요소가 명확하게 드러난 음악에 맞추어 유아 자신의 느낌을 단순하게 표현하는 활동을 경험하도록 하고, 차츰 다양한 음악요소들이 조화된 보다 긴 음악을 들려주며 신체를 움직이도록 해야 한다. 또한 클래식이나 동요와 같은 음악은 물론 유아가 좋아하는 광고음악이나 애니메이션 OST, 판소리 등 다양한 장르의 음악을 제공하여 유아가 여러 유형을 가진 음악요소의 차이를 경험하고 인식하여 신체로 표현해 볼 수 있도록 돕는다. 이후에는 유아가 음악에 대한 어떠한 느낌이나 부분을 신체로 표현하였는지, 어떠한 신체기관을 움직여 표현하였는지, 친구들의 표현과 다른 점은 무엇인지에 대하여 서로 이야기를 나눌 수 있다. 이는 유아가 음악 속에 내재된 음악요소에 대하여 자연스럽게 인식할 수 있도록 지원하는 하나의 방법이다.

3) 창의적 신체표현

창의적 신체표현은 사물, 자연, 친구, 특별한 사건이나 친숙한 하루일과 등 어떠한 대상에 대한 자신의 생각을 신체를 통해 창의적으로 표현해 보는 방법이다. 이러한 신체표현의 대상에는 음악의 분위기는 물론 음악에 대한 자신의 감정이나 느낌 등도 포함된다. 창의적 신체표현은 유아의 음악 및 신체표현에 대한 선행경험, 활동에 대한 이해, 개개인의 특성에 많이 의존하는 경향이 있으므로 교사는 지시나 모방보다는 유아가 마음껏 표현할 수 있는 다양한 기회를 꾸준히 제공해야 한다.

교사는 유아의 창의적 신체표현을 지원하기 위하여 다음과 같은 방법을 사용할 수 있다.

첫째, 교사의 아이디어나 이야기로 활동을 시작하는 것이다. 교사는 음악의 분위기나 제목 등에 어울리도록 간단한 스토리텔링을 만들어 제시함으로써 유아가 음악과 교사의 스토리텔링에 따라 신체표현을 할 수 있도록 한다. 예를 들어, 림스키 코르사코프의 〈왕벌의 비행〉을 들려주며 교사는 "벌들이 점점 날갯짓을 빨리 하며 높게 더 높게 날아가고 있어요. 갑자기 방향을 바꾸어 천천히 아래로 날아가요."와 같은 내레이션을 한다면, 유아들은 음악의 분위기와 교사의 스토리텔링에 따라 보다 다양하고 정교한 신체표현을 할 수 있게 된다. 이때 움직임을 돕는 소도구를 함께 제시한다면 보다 창의적이며 흥미로운 신체활동이 전개될 수 있다. 반대로 하나의 이야기를 준비하고 이야기가 진행됨에 따라 달라지는 음악에 맞추어 신체표현을 즐길 수도 있다. 예를 들어, 음악동화 『피터와 늑대』를 감상하며 각 장면마다 들리는 음악에 따라 그 느낌을 신체로 표현하는 것이다. 이때 교사는 활동을 더욱 흥미롭게 진행하기 위하여 효과음이나 언어적 지시를 제공할 수 있으나 이러한 것들이 반드시 필요한 것은 아니다. 이야기에 어울리는 음악과 그 음악에 따른 유아의 신체표현을 자유롭게 지원할 수도 있기 때문이다.

• 음악과 스토리텔링에 따라 스카프를 활용하여 벌이 되어 움직여 본다.
 – 이제 음악을 들으면서 선생님의 이야기에 따라 벌이 되어 움직여 보자.

왕벌의 비행 스토리텔링

따뜻한 봄날, 벌 친구들이 꽃밭에 모였어요. 모두 날개를 천천히 움직이며 살랑살랑 움직여요. 그때 하늘에서 빗방울이 뚝뚝 떨어졌어요. 깜짝 놀란 벌들은 꽃밭 주변을 빙글빙글 돌며 날개짓을 빨리 했어요. 벌들이 점점 날개짓을 빨리 하며 하늘로 높게 더 높게 날아가요. 바람이 불자 갑자기 방향을 바꾸어 천천히 아래로 날아가요. 벌들은 커다란 꽃잎 아래 몸을 숨겼지요. 날개를 접고 꽃잎에 앉아 기다리니 빗방울이 그치기 시작했어요. 벌들은 자유롭게 하늘을 날며 기뻐했답니다.

림스키 코르사코프의 〈꿀벌의 비행〉을 듣고, 음악과 교사의 스토리텔링에 따라 꿀벌이 되어
스카프를 움직이며 신체표현을 하는 유아들

둘째, 하나의 주제에 따른 음악을 선정하여 활동을 진행하는 것이다. 교사는 유아와 협의과정을 통해 하나의 주제를 선정하고, 그 주제의 특징이 잘 드러난 음악을 선정하여 신체표현을 할 수 있다. 예를 들어, 동물이라는 주제를 선정하였다면, 유아들과 어떤 동물들을 신체로 표현해 보고 싶은지, 각 동물의 움직임의 특성은 어떠한지, 어떤 음악들이 각 동물의 움직임에 어울릴지 함께 음악을 감상하며 선정한다. 이후 함께 선정한 음악들을 들으며 해당 음악이 나오면 그 음악에 어울리는 동물의

움직임을 신체로 표현할 수 있다. 이때 교사는 음악의 기본요소가 다양하게 표현된 서로 다른 음악들을 미리 파악하여 유아에게 제시해 주는 과정이 필요하다.

▲ 차이코프스키 〈호두까기 인형〉 中 '러시아 춤, 트레팍'에 따라 뛰기와 빠르게 기어가기로 원숭이를 표현하는 모습

▲ 디즈니 자장가의 〈꿈의 여행〉 中 '미키 마우스 행진곡'에 따라 느리게 구부리기와 뻗기로 나무늘보를 표현하는 모습

- 전체 음악을 듣고, 음악의 빠르기가 어떻게 달라지는지 탐색한다.
  - 어, 음악이 어떻게 바뀌었니?
  - 바뀐 음악에 따라 몸을 움직여 볼까?
- 빠르기에 따른 느낌을 알아보고, 원숭이와 나무늘보의 움직임을 표현한다.
  - 빠른 음악을 들으니 어떠니?
  - 이 음악에는 원숭이와 나무늘보 중 어떤 동물이 어울릴까?
  - 빠른 음악에 맞춰 원숭이를 표현해 볼까?
  - 느린 음악에는 어떤 동물이 어울리니? 한번 표현해 볼까?
- 음악의 빠르기에 맞춰 원숭이와 나무늘보의 움직임을 자유롭게 몸으로 표현한다.
  - 음악을 들으면서 원숭이와 나무늘보를 표현해 보자.
  - 음악을 잘 듣고 있다가 빨라지거나 느려졌을 때 원숭이와 나무늘보를 표현해 보자.

'동물'이라는 주제에 어울리는 음악들을 선정한 후, 각 음악에 적합한 동물을 신체로 표현해 보는 영아들

　최근에는 유튜브 채널에서 다양한 음악을 무료로 감상할 수 있으므로 교실에서 유아와 실시간으로 음악을 검색하며 주제에 어울리는 곡을 선정할 수도 있다. 또한 인공지능(AI)을 활용하여 음악을 선택할 수도 있다. 이매지너리 사운드스케이프 (Imaginary Soundscape)라는 프로그램은 사용자가 사진을 입력하면 사진과 어울리는 소리를 스스로 검색하여 들려준다. 이 프로그램을 신체표현에 활용한다면 유아가 표현하고 싶은 대상의 사진을 프로그램에 입력한 후, 인공지능이 선택해 준 음악에 따라 신체를 움직여 보는 놀이로 전개할 수 있다. 해당 프로그램은 별도의 가입 없이 사이트(https://www.imaginarysoundscape.net)에 접속하여 사용할 수 있으며, 구체적인 사용법은 다음과 같다.

이매지너리 사운드스케이프(Imaginary Soundscape) 사용법

(위) 사이트에 접속하여 이미지 업로드를 눌러 원하는 사진을 삽입할 수 있다.
(아래) 사진이 업로드되면, 사진과 어울리는 음악이 자동으로 재생된다.

셋째, 유아가 음악을 듣고, 그 음악의 분위기나 느낌을 자유롭게 표현하는 것이다. 교사는 한 곡의 음악을 들려주고, 어떤 느낌이 드는지 동작으로 표현해 보도록 한다. 또는 특별한 분위기를 나타내는 핵심 단어(행복하다, 슬프다 등)를 주고, 유아로 하여금 이러한 단어를 동작으로 표현해 보도록 할 수 있다. 예를 들어, 모차르트의 오페라 〈마술피리〉 중 '밤의 여왕 아리아'를 감상하고 어떤 느낌이 들었는지, 그 느낌을 팔의 움직임만으로 표현할 수 있는지, 온몸으로 표현한다면 어떻게 움직여 나타낼 것인지, 같은 곡이지만 친구의 표현과 어떻게 다르게 움직일 것인지 등의 활동을 전개할 수 있다.

- 음악에서 특정 구간을 듣고 그 부분의 느낌을 팔로만 표현해 본다.
  - 음악을 들으니 어떤 느낌이 드니?
  - 지금은 어떻게 움직이는 게 어울릴까?
  - 우리 팔로만 느낌을 표현해 볼까?
  - ○○이는 양팔을 쭉 뻗어 표현했구나. 다른 방법으로 표현해 볼 친구가 있니?
  - △△이는 두 팔을 한쪽 방향으로 뻗고 음악에 따라 흔들면서 표현했네요.

모차르트의 오페라 〈마술피리〉 中 '밤의 여왕 아리아'를 듣고 그 느낌을 신체로 표현하는 영아들

브라보! 브라비?! 환호는 어떻게??

브라보!!!! 아이스크림 이름으로도 유명한 브라보! 오페라나 발레, 음악회, 뮤지컬 등 다양한 공연을 관람할 때, 관객들은 공연에 대한 보답으로 환호를 하곤 하지요. 보통 우리는 "브라보!"를 외칩니다. 그런데 이러한 환호가 공연 주체의 성별이나 사람 수에 따라 달라진다는 거 알고 있나요?

△남성 솔로일 때는 브라보 Bravo!
△남자 여러 명
  혹은 혼성 단체일 때는 브라비 Bravi!
△여성 솔로일 때는 브라바 Brava!
△여성 단체일 때는 브라베 Brave!라고 합니다.

상황에 따라 외치는 환호가 다르긴 하지만, 많은 국가에서는 성별에 관계없이 '브라보'를 외치는 경우가 많지요. 환호를 표현하는 방식은 다르지만 모두 이탈리아어로 '잘한다, 좋다, 신난다'의 의미입니다.
상황에 따라 표현을 달리 쓴다는 상식을 잘 알아두고 적절한 때에 '브라비' 혹은 '브라바'를 외치며 환호를 보내 보는 건 어떨까요?

3. 신체표현의 교수-학습방법

1) 교수-학습 과정

유아음악교육에서의 신체표현을 위한 교수-학습 과정은 준비 단계 – 도입 단계 – 전개 단계 – 마무리 및 평가 단계 – 확장 단계로 이루어지며, 이에 대한 내용은 다음과 같다.

첫째, 준비 단계는 유아의 신체표현을 위한 준비 과정이다. 유아는 음악을 감상하고 탐색하며 간단한 신체 활동 및 체조를 통해 음악의 분위기를 탐색한다. 이후, 음악에 따라 자연스럽게 움직여지는 자신의 신체 감각에 대해 인식한다. 유아는 음악 속 음악요소와 이에 따른 신체 움직임에 대해 탐색할 수 있다.

둘째, 도입 단계는 속도, 박, 리듬 패턴, 강세 등 음악요소가 강조된 음악과 신체표현에 필요한 활동자료에 대해 자유로운 방법으로 탐색하면서 활동에 대한 흥미를 유발하는 단계이다. 유아는 음악요소가 강조된 음악과 교수-학습자료를 마음껏 탐색하는 과정에서 자연스럽게 음악에 대하여 인식한다. 이를 통해 음악과 관련된 자신의 신체적 리듬을 자각하고, 신체의 감각기관과 대·소근육을 사용하여 움직이는 경험을 할 수 있다.

셋째, 전개 단계는 앞서 이루어진 경험을 토대로 자연스럽게 음악에 따른 신체표현이 전개되는 단계이다. 음악에 따라 유아의 자유로운 신체표현과 반응이 나타나므로 교사는 이를 면밀히 관찰하여 해당 활동이 유아에게 적합하게 진행되고 있는지를 파악하며, 상호작용을 통해 개별 유아의 신체표현을 지원한다. 유아는 교사의 적절한 시범 보이기와 신체표현에 대한 언어적 안내를 통해 음악과 그에 따른 움직임에 대해 인식하고, 자신의 신체를 자유롭게 조절하여 움직임으로 표현할 수 있다.

넷째, 마무리 및 평가 단계는 유아가 음악에 대한 느낌, 음악에 따른 자신의 신체표현 등을 회상하고 또래의 움직임을 관찰하여 자신의 신체표현을 평가하는 단계이다. 자유롭고 허용적인 분위기에서 신체와 언어를 이용하여 자연스럽게 자신의 느낌을 나눌 수 있다. 유아에게 재미있었거나 기억에 남는 음악요소, 또는 그에 따른 동작을 또래에게 소개하는 시간을 가질 수 있다. 유아는 이를 통해 같은 음악요소에 따른 서로 다른 신체표현, 다양한 음악요소에 따른 창의적인 신체표현 등 타인의 움직임을 평가할 수 있다.

다섯째, 확장 단계에서는 교사가 활동참여에 대한 관찰을 근거로 좀 더 난이도가 높거나 복합적인 신체표현이 가능하도록 확장하는 단계이다. 교사는 새로운 교수-학습자료를 추가하거나 복잡한 형식의 음악을 제공해 주고, 유아는 이 과정에서 움직임의 변형 및 확장을 경험할 수 있다. 개별 유아가 음악과 그에 따른 신체표현에 대해 좀 더 몰입하여 활동할 수 있는 단계이다.

2) 교사의 역할

유아음악교육에서의 신체표현을 위한 교사의 역할은 계획 및 운영자, 격려자, 시범 및 협력적 참여자, 긍정적 상호작용자, 관찰 및 평가자의 역할로 구분 지을 수 있는데, 이에 대한 내용은 다음과 같다.

첫째, 계획 및 운영자의 역할에서 교사는 전반적인 교육방법을 계획하고 운영함으로써 음악을 중심으로 하는 유아의 신체표현이 보다 체계적으로 진행되도록 한다. 유아가 음악에 대한 흥미를 중심으로 신체표현을 전개할 수 있도록 음악요소가 강조된 음악이나 적절한 악기 및 소도구 등을 마련하여 흥미영역을 구성하고 활동을 계획한다. 또한 활동의 평가결과를 다음 활동에 반영하여 효율적인 신체표현이 이루어지도록 한다.

둘째, 격려자의 역할에서 교사는 유아의 적극적인 신체표현의 참여를 격려함으로써 다양한 음악요소에 따른 신체표현에 대한 자신감과 만족감을 얻을 수 있도록 한다. 유아가 복잡한 음악요소의 변화에 따른 유연하고 세련된 동작표현을 경험함으로써 다음 단계로의 도전에 적극적으로 임할 수 있도록 격려한다.

셋째, 시범 및 협력적 참여자의 역할에서 교사는 유아에게 다양한 음악과 음악요소에 따른 신체표현에 대하여 적절하게 시범을 보이고 유아와 함께 신체표현에 참여한다. 이를 통해 유아가 음악에 따른 자신의 움직임에 대해 인식하고 보다 정교하고 창의적으로 신체표현을 할 수 있도록 지원한다.

넷째, 긍정적 상호작용자의 역할에서 교사는 음악을 중심으로 한 유아의 신체표현에 대하여 신체와 언어를 통해 긍정적으로 상호작용한다. 유아가 편안하고 안정된 분위기 속에서 자유롭게 음악과 음악요소를 탐색하고 이를 신체로 표현할 수 있도록 지원한다. 유아가 다양한 음악은 물론 자신의 신체기관 및 신체 움직임에 대해 긍정적으로 인식할 수 있도록 상호작용하여 활동에 대한 유아의 자발적 참여를 촉진한다.

다섯째, 관찰 및 평가자의 역할에서 교사는 민감하고 지속적인 관찰을 통해 유아 개개인이 가지는 신체표현에 대한 이해와 흥미, 태도, 성취 정도를 평가한다. 음악요소에 따라 정확한 움직임을 나타내는지, 음악요소의 변화에 따라 유연하게 움직일 수 있는지 등 면밀한 관찰과 평가를 통해 개별 유아에게 적합한 학습—방법을 지원한다.

또한 교사는 유아음악교육에서의 신체표현을 위하여 시범 보이기, 함께 참여하기의 '직접적 방법'과 탐색 격려하기, 반복 지원하기의 '간접적 방법'과 같은 교수—학습 전략을 사용할 수 있다. 이에 한 내용은 다음과 같다.

첫째, 교사는 시범 보이기와 함께 참여하기의 방법을 사용하여 유아가 모델링을 통해 음악을 인식하고 자신의 신체적 리듬을 자각하게 하는 직접적 방법을 활용한다. 교사는 자신이 보여 주는 음악에 대한 인식과 이에 따른 신체표현을 통해 유아가 스스로 신체 각 부분을 정확하게 움직이고, 음악요소에 따라 움직임을 보다 정교하게 표현함으로써 점차 다양한 방법으로 신체표현을 즐길 수 있도록 한다. 또한 유아의 신체표현에 함께 참여하면서 음악에 대한 유아의 반응과 신체표현에 대해 직접적으로 상호작용하여 유아의 신체표현을 확장시킬 수 있도록 한다.

둘째, 교사는 탐색과 격려하기, 반복 지원하기의 방법을 활용하여 유아가 자율적으로 음악 속의 다양한 음악요소들을 탐색하고 이에 따른 움직임을 발견할 수 있도록 격려해야 한다. 또한 음악요소에 따른 신체표현을 반복적으로 즐기며 경험할 수 있도록 지원하는 간접적 방법을 활용한다. 이를 통해 유아가 새로운 움직임과 표현에 대해 자신감을 형성하고, 주도적으로 신체표현을 즐길 수 있도록 한다.

3) 교수-학습자료

적합한 교수-학습자료를 활용하는 것은 유아의 사고과정과 활동에 안정감을 주며, 다양한 음악과 이에 따른 움직임에 대한 흥미를 향상시킨다(김은심, 2015). 이에 유아음악교육에서의 신체표현을 위한 교수-학습자료는 음악의 기본 요소인 속도, 박, 리듬 패턴, 강세 등이 잘 드러난 음악자료를 기본으로 하는 것이 적합하다. 또한 신체표현에 주제가 되는 신체, 공간, 노력, 관계의 동작요소와 비이동동작, 이동동작, 조작적 동작의 기본 동작을 잘 표현할 수 있는 음악요소가 잘 드러난 음악을 선정하여 활용한다. 예를 들어 315쪽에 사례로 등장하는 '뽀로로와 친구들처럼 걸어보아요'의 활동에서는 애니메이션 〈뽀로로와 친구들〉에 등장하는 주인공 각각의 걸음걸이를 서로 다르게 표현할 수 있도록 빠르게/느리게, 가볍게/무겁게, 탄력 있게/유연하게와 같은 다양한 리듬 패턴이 등장하는 음악을 여러 곡 준비한다. 이에 유아가 각 음악마다 드러난 리듬 패턴의 차이에 따라 주인공들의 걸음걸이를 서로 다른 방식의 움직임으로 표현할 수 있도록 구성한다. 유아가 음악요소 간의 차이를 경험하고 인식하여 동작으로 나타낼 수 있도록 클래식, 동요, 가요, 국악, 연주곡, OST 등 다양한 장르의 음악을 활용한다.

또한 유아의 신체표현을 확장하도록 돕는 터치램프, 그물 천, 코끼리 피리, 막대 풍선 등의 소도구와 동기유발에 필요한 사진 및 동영상 등의 미디어 자료를 추가로 구성할 수도 있다. 소도구는 음악과의 연계성은 물론 유아의 흥미와 수준, 안전성 등을 고려하고, 미디어 자료는 유아의 효과적인 동작 탐색을 위하여 움직임이 정확하게 묘사되어 있는 사진자료와 동영상, 효과음 등을 준비한다.

유아의 즐겁고 적극적인 참여를 위해 교수-학습자료의 선정뿐만 아니라 제시방법 또한 중요하다. 따라서 활동 전 흥미영역에 음악자료와 소도구를 제시하여 유아가 자유놀이 시간에 자연스럽게 교수-학습자료를 접함으로써 활동에 대한 흥미와 자발적 참여를 촉진할 수 있도록 하는 것도 좋은 방법이다.

4. 신체표현의 연령별 능력 발달

인간은 태내기부터 음악과 분리될 수 없는 존재이다. 태내에서부터 접하는 모체의 심장박동과 혈류음은 유아에게 소리와 리듬, 움직임에 대한 잠재력을 제공하고 음악적 자극에 대한 민감한 반응을 지원한다.

영아는 출생 직후부터 소리에 대한 반응으로 움직이다가 신체발달과 더불어 인지 및 정서 등의 능력이 발달하면서(Brown & Dunn, 1991; Essa, 2003; Field, 1990/1997) 주변의 소리에 대해 관심을 갖게 되고, 점차 그 소리를 따라 하거나 몸으로 반응하기를 즐긴다(이홍수, 1990). 5개월이 되면 음악을 듣고 자신의 느낌을 몸짓으로 표현할 수 있으며, 12개월 이후 걷기 시작하면서 음악에 반응하여 움직일 수 있다. 18개월이 되면 소리를 구별하고 소리에 대한 선호도가 생기기 시작하면서 음악에 맞추어 고개를 끄덕인다. 리듬에 맞추어 팔을 휘젓거나, 박수 치기와 같은 동작을 따라 해 보기도 한다. 점차 자신의 내적 리듬에 따라 좋아하는 소리에 적극적으로 몸을 움직이며 반응하는 등의 음악적 발달을 이루게 된다(문선영, 2019; Campbell & Scott-Kassner, 2002).

2세가 되면 음악의 리듬에 흥미를 보이고 소리와 형태의 반복을 자주 접하거나 시도한다. 음악에 따라 무릎 구부리기, 팔 흔들기 등의 동작을 시도하고, 성인의 동작을 모방하며 음악에 맞추어 손유희를 익힐 수 있게 된다. 좀 더 성장하면 놀이하며 노래를 부를 수 있고, 노래에 따라 몸을 움직일 수 있다. 근육의 협응이 이루어짐으로써 탬버린, 실로폰, 리듬막대, 드럼과 같은 다양한 악기를 박자에 따라 다룰 수 있게 된다(김혜경, 고미애, 2014; McDonald & Simons, 1989).

2세 중반에서 3세까지의 영아는 자신의 몸을 움직임으로써 적극적으로 음악에 반응하기를 즐긴다. 고개를 끄덕이거나 손을 흔들고 무릎을 반복하여 구부릴 수 있다. 다리를 축으로 몸을 회전시키거나 몸을 흔드는 등 춤을 추는 것처럼 동작을 통해 음악에 반응한다. 특히 이 시기의 영아는 규칙적인 리듬 패턴을 가지고 노래를 부르거나 이를 신체 움직임으로 표현함으로써 음악발달과 신체발달의 조화를 이룬다(심성경 외, 2019, 이홍수, 1990; Campbell & Scott-Kassner, 2002).

3세가 되면 동작을 통해 음악에 대한 자신의 생각을 표현하려고 시도하거나 반복적인 리듬에 맞추어 리드미컬하게 움직일 수 있다(Campbell & Scott-Kassner, 2002). 음악에 맞춰 걷거나 달리고 점프하는 움직임 놀이를 즐기며, 음악을 들으면서 보다 균형감 있게 움직일 수 있다. 리듬, 강약, 속도 등 음악요소에 따라 여러 유형의 이동운동과 비이동운동, 조작적 운동을 놀이를 통해 시도할 수 있다(김은심, 2009).

4세 유아는 음악과 관련된 새로운 움직임을 파악하여 이를 직접 표현할 수 있다. 또한 다양한 음악요소를 접한 후 자발적으로 연상되는 신체 움직임을 적극적으로 표현하며 음악과 동작을 자연스럽게 연결시킨다.

5세 유아는 이전 시기보다 좀 더 정확하고 세련되며 리듬감 있는 동작을 표현할 수 있다. 움직임에 대한 수준, 방향, 경로, 범위, 힘, 흐름 등의 변화 또한 자연스럽게 이루어진다. 여러 유형의 음악요소가 담긴 다양한 장르의 음악에 맞추어 스스로 신체놀이를 즐긴다.

정리하면, 유아는 태어나면서부터 자발적으로 음악에 반응하고 주변으로부터 흘러나오는 음악에 자연스럽게 몸을 맡긴다. 성장하면서 겪게 되는 다양한 음악경험을 기반으로 조화로운 인간발달을 이룬다. 이는 신체표현이 유아의 자발적 움직임을 촉진하고 확장시킴으로써 유아의 음악능력 향상을 위한 주요 매개체이자 과정으로써 의미를 지님을 나타낸다.

5. 신체표현활동의 예

다음은 유아교육기관에서 활용할 수 있는 유아음악교육 신체표현활동의 예이다. 이 절에서의 신체표현활동은 유아동작교육에서의 활동과 구분 지을 필요가 있으며, 교사는 음악이 신체표현을 위한 단순 보조자료로 활용되지 않도록 유의해야 한다.

연령	0~1세	일과 구분	놀이
활동명		악기를 흔들흔들	

윤솔이가 탬버린을 양손에 들고 마구 흔들며 춤을 추고 있다. 두 탬버린을 서로 마주 대어 부딪치기도 하고 바닥과 몸을 치며 몸을 흔든다.

옆에 있던 윤빈이가 물끄러미 윤솔이를 바라보다가 똑같은 탬버린을 양손에 들고 들어올렸다. 뒤집었다 움직이며 몸을 리듬에 따라 움직인다.

그때 교사가 음악을 틀어 주자 윤솔이와 윤빈이 모두 움직이던 몸을 멈추고 흥미로운 표정을 지으며 음악에 관심을 기울이면서 집중하여 듣는다. 잠시 후 몸이 움직여지는 대로 탬버린 흔들기를 반복한다.

　　교사: 윤솔이도 꿍덕꿍덕.

두 친구는 움직임을 멈추고 음악소리를 들었다. 다시 몸을 흔들며 움직임을 반복한다.

　　교사: 흔들흔들~

윤솔이가 탬버린을 내려놓고 레인스틱을 가지고 오자 윤빈이도 곧바로 레인스틱을 들고 와 윤솔이의 옆으로 다가가서 박수를 치며 웃는다.

두 친구는 레인스틱을 위아래로 흔들기 시작한다. 윤빈이는 윤솔이가 하는 모습을 지켜보다 따라 하며 악기를 연주한다. 그러다 소리가 나는 방법을 알게 되자 자유롭게 흔들며 즐거워한다.

　　교사: 윤빈이가 위아래로 흔드니까 소리가 나네~

■ 영아 경험의 이해

- 악기를 움직여 소리를 만들고, 다양한 방식으로 소리를 탐색하며 자신만의 표현을 즐겼다.
- 소리의 크기와 소리의 멈춤, 진행에 대하여 자신만의 리듬으로 표현하는 것을 즐겼다.
- 같은 반 영아의 모습에 관심을 가지며 모방하여 소리를 만들어 냈다.

■ 교사의 지원

- 공간: 보육실 가운데 넓은 공간이 확보될 수 있도록 한다.
- 자료: 다양한 장르의 음악을 배경으로 준비하여 재생한다.
- 일과: 실내놀이 시간을 활용한다. 소음으로 다른 영아의 방해가 되지 않도록 한다.
- 상호작용: 영아들의 행동이나 반응에 언어로 지원한다.
　　　　　(교사: 윤솔이도 꿍덕꿍덕, 흔들흔들~. 윤빈이가 위 아래로 흔드니까 소리가 나네~)
- 안전: 바닥에 매트를 깔아 두어 영아들이 바닥에서도 자유롭게 놀이할 수 있도록 한다.

연령	2세	일과 구분	활동
활동명	미끌미끌 트위스트를 춰요		

활동목표
- 빠른 음악에 맞춰 몸을 움직여 본다.
- 신체의 축을 중심으로 몸을 비트는 움직임을 경험한다.

활동자료
- 동요 〈천사와 함께 춤을〉(원곡 〈Chubby Checker: Let's Twist Again〉) 음원, 음악 플레이어, 그물 천(모기장)

음악요소   빠르기, 셈여림

활동방법   ♫ 예비활동
- 놀이시간에 자유롭게 음악을 감상하며 몸을 움직인다.
  - 오늘은 이런 음악이 나오는구나.
  - 음악을 들으면서 놀이를 해 보자.
  - 노래에 따라 몸을 흔들면서 놀이해 보자.
- 온몸을 이용하여 그물 천을 자유롭게 탐색한다.
  - 이건 뭘까? 우리 한번 만져 볼까? 어떤 느낌이 나니?
  - 여기에 올라가서 움직여 볼까?
  - 여기 위에서 움직이니 몸이 어떻게 움직여지니?
  - 위에서 쭉 미끄러져 볼까?

♫ 본활동
- 그물 천 위에서 음악에 따라 몸을 비틀어 움직여 본다.
  - 이 음악을 들으니 어떤 느낌이 드니?
  - 음악에 맞춰서 이렇게(시범) 움직여 볼까?
- 음악의 속도를 달리하여 트위스트를 춰 본다.
  - 어, 음악이 어떻게 변했어? 빨라진 음악에 따라 춤춰 볼까?
  - 이번에는 아까보다 더 느려졌구나. 느려진 음악에 따라 춰 보자.
- 음악의 속도에 따라 수준을 다르게 하여 트위스트를 춰 본다.
  - 서서도 해 봤으니 이번에는 앉아서 춤을 춰 보자.
  - 바닥에 엎드려서도 할 수 있을까?
  - 음악이 빠르게 나오면 서서 춤추고, 느리게 나오면 앉아서 춰 볼까?
- 음악을 들으며 자유롭게 트위스트 춤을 춰 본다.
  - 우리 노래를 들으며 마음대로 춤을 춰 볼까?
  - 빠른 음악과 느린 음악에 맞춰 춤을 춰 보자.
- 몸을 비틀어 트위스트 춤을 춘 느낌에 대해 이야기한다.
  - 몸을 이렇게 움직여 보니 어땠니?
  - 팔다리로 이렇게 움직여 춤을 추는 것은 어땠니?
  - 여기 위에 올라가서 춤을 추는 건 재미있었니?

• 친구와 함께 트위스트 춤을 춰 보며 활동을 마무리한다.
  - 오늘 활동 중에서 어떻게 움직이는 것이 제일 재미있었니?
  - 친구와 함께 트위스트 춤을 춰 보자.

확장활동
• 음악 소리의 크기에 따라 동작의 크기를 다르게 하여 트위스트 춤을 춰 본다.
  - 음악을 들어 볼까? 크게 나오기도, 작게 나오기도 하네.
  - 크게 나오는 부분에서는 동작을 크게 해서 춤을 춰 보자.
  - 음악이 작게 나오면 작게 춤을 춰 볼까?
• 음악의 소리를 조절하며 자유롭게 트위스트를 춰 본다.

활동의 예시

▲ 앉아서, 누워서, 서서 트위스트 추기

■ **영아 경험의 이해**

- 속도의 차이가 확실하게 느껴지는 음악에 따라 신체를 움직여 보며 자연스럽게 속도에 대하여 인식하였다.
- 음악의 박과 속도에 따라 스스로 자신의 신체를 조절하여 움직이는 경험을 하였다.
- 음악에 따라 신나게 몸을 움직임으로써 자신의 생각과 느낌을 신체로 표현하는 것에 대한 즐거움을 갖게 되었다.

■ **교사의 지원**

- 공간: 미끄러운 그물 천 위에서 활동하므로 바닥에 매트나 카펫은 없는 것이 좋다. 영아가 서로 부딪히지 않도록 넓은 공간을 확보한다.
- 자료: 공간이 협소하다면 그물 천을 개인이나 소그룹별로 잘라 제공한다. 그물 천이 없으면 보자기나 스카프를 대체하여 사용할 수 있다.
- 일과: 자유놀이 시 영아의 놀이에 방해되지 않을 정도로 음량을 조절한다.
- 상호작용: 음악을 들으며 흥겹게 움직이다 보면 박과 속도에 맞추지 않고 움직일 수 있으므로 교사가 중간에 영아에게 이를 상기시킬 수 있도록 상호작용을 해 준다. 처음에는 음악에 맞추지 않고 마음껏 움직일 수 있는 시간을 충분히 제공한 후 본 활동을 실시하는 것도 좋은 방법이다.
- 안전: 영아들이 활동을 하면서 충분히 넘어질 수 있으므로 주변에 부딪힐 수 있는 교구장이나 매체 등을 멀리 두는 것이 좋다.

연령	3세	일과 구분	활동
활동명		코끼리 피리를 불며 행진을 해요	

활동목표
- 방향을 바꾸어 걸을 수 있다.
- 강세와 리듬 패턴에 따라 자신의 몸을 조절하여 움직일 수 있다.

활동자료
- 요한 스트라우스 〈라데츠키 행진곡〉 음원, 음악 플레이어, 코끼리 피리

음악요소 셈여림, 리듬, 빠르기

활동방법 ♫ 예비활동
- 교사는 자유놀이 시간에 자연스럽게 음악을 들려주어 영아가 익숙해질 수 있도록 한다.
- 코끼리 피리를 탐색하며 가리키는 방향으로 몸을 움직여 본다.
  - 코끼리 피리를 불어 볼까? 피리가 어떻게 되니?
  - 불었을 때 쭉~ 펴지네?
  - 코끼리 피리가 가리키는 쪽으로 손을 뻗어 보자.
  - 이번에는 고개를 돌려 이쪽으로 불어 볼까?
  - 그럼 이쪽으로도 손을 뻗어 보자.

♫ 본활동
- 행진곡 음악을 감상하고 음악에 따라 자유롭게 걸어 본다.
  - 이 노래를 들어 볼까? 어떤 느낌이 나니?
  - 노래에 맞춰 자유롭게 걸어 보자.
  - 노래의 박자에 맞춰 걸어 보자.
  - 팔과 다리를 자유롭게 흔들며 걸어 보자.
- 음악을 들으며 걷다가 제자리에 멈추었다 다시 걸어 본다.
  - 노래에 따라 걸어 보자.
  - 자, 이제 제자리에 멈춰 볼까?
  - 이제 다시 걸어 보자.
- 음악에 따라 방향을 바꾸어 가며 걸어 본다.
  - 이번에는 이쪽으로 걸어가 보자.
  - 반대쪽으로 걸어 볼까?
  - 반대쪽으로 조금 빨리 걸어 보자.
  - 천천히 반대쪽으로 걸어 볼까?
- 코끼리 피리의 방향에 따라 다르게 걸어 본다.
  - 이렇게 음악이 달라지는 곳에서 선생님이 코끼리 피리를 불어 볼게.
  - 걷다가 선생님이 불어 주는 코끼리 피리의 방향에 다라 걸어가 보자.
- 음악의 마디마다 달라지는 코끼리 피리의 방향에 따라 걷는 방향을 달리하여 걸어 본다.
- 걷는 도중 방향을 다르게 하여 걸어 본 느낌을 나눈다.
  - 이쪽으로 걸었다가 반대쪽으로 걸어 보니 어땠니?

　　　　　　　　　　- 빨리 걷다가 딱 멈추는 게 쉬웠니?
　　　　　　　• 가장 재미있었던 움직임을 표현하며 활동을 마무리한다.
　　　　　　　　　　- 오늘 활동 중에서 어떻게 움직이는 것이 제일 재미있었니?
　　　　　　　　　　- 친구들이 움직이는 것 중에 재미있었던 걸 따라 해 볼까?

확장활동　　• 음악의 리듬에 따라 빠르게 뛰어가다 멈추고, 다시 반대편으로 뛰어가 본다.
　　　　　　　　　　- 이쪽으로 뛰어가자. 노래가 멈추면 우리도 멈춰 보자.
　　　　　　　　　　- 노래가 바뀌었구나. 그럼 반대쪽으로 뛰어 보자.
　　　　　　　• 음악의 리듬이 바뀌는 곳마다 멈추었다 반대편으로 뛰어가는 동작을 자유롭게 반복한다.

활동의 예시　• 음악에 따라 자유롭게 방향을 바꾸어 가며 걸어 본다.
　　　　　　　　　　- 교사: 음악의 느낌이 바뀌었구나. 이번에는 이쪽으로 걸어가 보자.
　　　　　　　　　　　영아: 난 피리 불면서 가요. (피리를 음악에 맞춰 불면서 걷는다.)
　　　　　　　　　　　교사: 이제 또 다른 느낌이 나네. 어느 쪽으로 가 볼까?
　　　　　　　　　　　영아: 자, 이쪽으로!(리듬에 맞게 삐익 삐익 피리를 불며 군인처럼 걸어 간다.)

▲ 걷기 전 방향 탐색하기　　　　▲ 음악에 따라 방향 바꾸어 걷기

■ 유아 경험의 이해

- 음악의 강세와 리듬 패턴을 신체 움직임을 통해 자연스럽게 경험하였다.
- 음악에 따라 신체를 자유롭게 흔들며 걸어 보았다.
- 친구의 움직임을 자세히 관찰하고 따라 하였다.

■ 교사의 지원

- 공간: 방향을 바꾸며 움직이는 활동이므로 자유롭게 활동할 수 있도록 넓은 공간을 제공한다. 카펫이나 매트는 없는 것이 더 좋다.
- 자료: 코끼리 피리는 개당 100원에서 200원 정도면 문구사에서 쉽게 구입할 수 있다. 코끼리 피리를 부는 것에 집중하여 동작활동에 집중하지 못할 수도 있으므로 활동 전 코끼리 피리를 충분히 탐색하며 놀 수 있는 시간을 제공해 준다.
- 관찰: 방향에 따라 걷는 것이 중요하므로 유아가 강세와 리듬 패턴에 따라 방향을 바꾸어 움직이는지에 대해 관찰해야 한다.
- 상호작용: 다른 친구들의 움직임을 따라 해 보도록 격려한다. 강세와 리듬 패턴이 달라질 때마다 피리를 불어 방향에 따른 움직임을 유도할 수도 있다.
- 안전: 유아가 서로 같은 방향으로 걸어야 서로 부딪히지 않기 때문에 활동 전 이에 대하여 이야기를 나누는 것도 좋은 방법이다.

연령	4세	일과 구분	활동
활동명		뽀로로와 친구들처럼 걸어 보아요	

활동목표
- 리듬 패턴에 따라 빠르게/느리게, 가볍게/무겁게, 탄력 있게/유연하게 걸을 수 있다.
- 동물의 움직임을 몸으로 표현한다.

활동자료
- 동요 〈뽀로로와 노래해요〉中 '바라밤, 붕붕붕 붕붕붕' 음원, 연주곡 〈Tido Kang: Baby Penguin〉 음원, 게임 OST 〈Two Steps From Hell〉中 'Heart of Courage' 음원, 영화 〈Hatari〉 OST 中 '아기 코끼리 걸음마' 음원, 리로이 앤더슨 〈썰매타기〉 음원, 베르디 〈라 트라비아타〉中 '축배의 노래' 음원, '요한스트라우스 2세 〈피치카토 폴카〉' 음원, 게임 OST 〈테트리스 아케이드〉中 'Loginska' 음원, 음악 플레이어, 애니메이션 〈뽀로로와 친구들〉 속 주인공들이 걷는 장면이 담긴 동영상, 〈뽀로로와 친구들〉 카드(앞면은 캐릭터 그림, 뒷면은 해당 동물의 실제 사진)

음악요소 리듬, 빠르기, 셈여림

활동방법   ♫ 예비활동
- 흥미영역에 있는 〈뽀로로와 친구들〉에 해당되는 동물사진이 담긴 카드를 탐색한다.
  - 여기 어떤 그림카드가 있어?
  - 펭귄(뽀로로), 공룡(크롱), 곰(포비), 여우(에디), 비버(루피), 벌새(해리), 로봇(로디)이 있구나.
- 다양한 리듬이 등장하는 음악들을 자연스럽게 들려주며, 리듬에 따라 자유롭게 걸어 본다.
  - 음악에 따라 걸어 볼까?
  - 친구들이 하고 싶은 대로 몸을 움직여 보자.

♫ 본활동
- 〈뽀로로와 친구들〉 카드를 보며, 주인공들 특징에 따라 걷기를 해 본다.
  - 뽀로로는 펭귄이네요. 그럼, 뽀로로는 어떻게 걸을까?
  - 이번에는 몸이 커다란 곰, 포비처럼 걸어 보자.
  - 아주 무거운 공룡 크롱은 어떻게 걸을까?
  - 벌새인 해리는? 나는 것처럼 가볍게 걸어 볼까?
  - 로봇인 로디처럼 몸에 힘을 주면서 걸어 보자.
- 음악의 리듬에 따라 주인공들의 움직임으로 걸어 본다.
  - 여기는 노래가 느리네. 어떤 동물이 어울릴까?
  - 그럼, 느린 노래에 어울리는 포비처럼 걸어 볼까?
  - 노래가 굉장히 빨라졌네. 이번에는 해리처럼 움직여 볼까?
- 음악을 들으며 리듬에 따라 자유롭게 주인공들이 되어 걸어 본다.
  - 선생님이 보여 주는 카드에 나온 친구가 되어 걸어 보자.
- 음악에 따라 주인공처럼 걸어 본 느낌에 대해 이야기한다.
  - 로디처럼 몸에 힘을 주고 걸어 보는 건 어렵지 않았니?
  - 뽀로로처럼 한 발씩 뒤뚱뒤뚱 걸어 보는 건 어땠니?
- 가장 재미있었던 걷기와 힘들었던 걷기를 다시 해 보며 활동을 마무리한다.
  - 오늘 활동 중에서 어떻게 걷는 것이 제일 재미있었니?
  - 다른 친구들에게 나와서 보여 줘 볼까?

확장활동 ・각자 역할을 정하여 〈뽀로로와 친구들〉 걷기놀이를 한다.

- 각자 하고 싶은 주인공들을 정해 보자.
- 자기가 나와야 하는 부분에서 걸어 보자.
・음악의 리듬과 교사의 나레이션에 따라 자유롭게 걸어 본다.

활동의 예시 ・음악의 리듬에 따라 주인공들의 움직임으로 걸어 본다.

교사: 여기는 노래가 느리네. 그럼, 느린 노래에 어울리는 포비처럼 걸어 볼까? 노래가 바꾸면 노래에 따라 다른 주인공 친구들도 되어 보자.

영아: (느린 음악에 맞춰 느리고 무겁게 걸으며) 포비는 이렇게 쿠웅~쿠웅~ 걸어요. 느리게.

영아: (빠른 음악에 맞춰 바닥을 기며) 루피는 안 걷고 기어간대요.

영아: (아주 빠른 음악에 맞춰 팔다리를 편 채 빨리 날갯짓하며) 잇, 잇. 해리 날개 펼치기다. 이러고(이렇게) 빨리 걸어가야지.

▲ 곰(포비)처럼 쿵쿵   ▲ 비버(루피)처럼 기기   ▲ 벌새(해리)처럼 날갯짓하며 걷기

■ 유아 경험의 이해

- 유아들이 이미 잘 알고 있는 애니메이션 속 주인공의 특징이 담긴 음악을 감상함으로써 음악에 따라 서로 다른 분위기를 느낄 수 있었다.
- 음악에 따라 다양한 리듬이 있을 수 있다는 사실을 경험하였다.
- 친구들과 함께 음악은 물론 알고 있는 스토리에 따라 상호작용하며 몸을 움직이는 즐거움을 느꼈다.

■ 교사의 지원

- 공간: 걷는 활동이므로 매트는 깔지 않고 치워 두는 편이 좋다. 푹신한 바닥보다 딱딱한 바닥이 유아의 고유수용감각을 자극시켜 줄 수 있다.
- 자료: 뽀로로 그림카드를 만들기 힘들다면 컴퓨터나 태블릿 PC 등으로 주인공들의 이미지를 띄워 보여 주면서 활동하면 자료를 만드는 시간을 단축할 수 있다.
- 관찰: 주인공들의 특징에 따라 빠르게/느리게, 가볍게/무겁게, 탄력 있게/유연하게 등 서로 다른 움직임으로 걷는지를 관찰한다.
- 상호작용: 교사가 말로 움직임을 격려하기보다 함께 활동에 참여하며 움직이면 더 활발한 동작표현이 일어날 수 있다.
- 안전: 다리뿐 아니라 상체도 활발하게 움직이면서 걷기 때문에 유아들끼리 서로 부딪히면서 움직이지 않도록 넓은 공간을 확보한다.

연령	5세	일과 구분	활동
활동명		여름을 온몸으로 표현해요	

활동목표
- 여름에 대한 자신의 생각과 느낌을 다양한 음악의 기본 요소에 따라 표현해 본다.
- 빠르고 느림, 강하고 약함의 대조되는 느낌을 안다.

활동자료
- 그림책 『여름이 온다』(이수지, 2021), 비발디 〈사계〉 中 '여름' 음원, 동영상 '이수지 〈여름 협주곡(Summer Concerto)〉 온라인 전시', 음악 플레이어

- 제목: 여름이 온다
- 글. 그림: 이수지
- 출판사: 비룡소
- 출판일: 2021. 7. 27.
- 소개: 비발디 〈사계〉 중 '여름'에 모티브를 둔 이수지 작가의 아름답고 강렬한 드로잉 그림책. 음악과 그림, 아이들과 물, 음악을 들으며 싱그럽고 생명력 넘치는 여름을 느낄 수 있다.

그림책 『여름이 온다』 소개

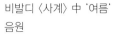

비발디 〈사계〉 中 '여름' 음원

이수지 〈여름 협주곡(Summer Concerto)〉 온라인 전시

음악요소　빠르기, 리듬

활동방법　♫ 예비활동
- 그림책 『여름이 온다』를 함께 살펴보고, 여름에 대한 생각과 느낌을 이야기 나눈다.
  - 이 책을 보니 어떤 느낌이 드니?
  - 친구들은 여름하면 어떤 것들이 떠오르니?
- 그림책에 있는 QR코드를 인식하여 비발디의 〈사계〉 中 '여름'을 감상하며 그림책을 살펴본다.
  - 그림책과 함께 들어 있는 음악을 들으며 책을 살펴볼까?
  - 그림과 음악을 함께 접하니 어떤 기분이니?
  - 그림책과 음악을 감상하며 어떤 생각들이 떠오르니?

♫ 본활동
- 그림책과 음악을 감상한 후, 음악에 따라 자연스럽게 몸을 움직인다.
  - 음악에 따라 친구들이 하고 싶은 대로 몸을 움직여 보자.
  - 몸을 흔드는 친구도 있고, 한자리에서 도는 친구도 있네.
- 음악을 감상하며 여름에 대한 자신의 생각을 몸으로 표현한다.
  - 여름 하면 드는 생각들을 몸으로 표현해 볼까?
  - 지금은 음악 분위기가 바뀐 것 같아. 이 느낌에 어울리는 여름은 어떻게 표현할 수 있을까?
  - 음악이 굉장히 빨라졌네. 이번에는 어떤 여름의 느낌을 표현해 볼까?
- 그림책 『여름이 온다』를 비발디의 〈사계〉 中 '여름' 음악 연주와 함께 움직이는 이미지로 제작한 동영상을 감상한다.

- 그림책 속 선들이 음악에 따라 어떻게 변하니? 우리 이 모습을 몸으로 표현해 볼까?
- 그림책 속 아이들이 음악에 따라 움직이는 모습들을 우리도 함께 해 보자.
• 음악을 들으며 리듬 패턴의 변화에 따라 자유롭게 움직임을 해 본다.
- 노래를 들으면서 마음대로 움직여 보자.
• 그림책과 음악에 따라 움직여 본 느낌에 대해 이야기한다.
- 한자리에서 빙그르르 도는 게 어렵지 않았니?
- 뛰다가 반대쪽으로 돌려서 움직이는 건 어땠니?
- 몸을 말고 또르르 굴러 보니 어땠는지 얘기해 보자.
• 가장 재미있었던 움직임과 힘들었던 움직임을 다시 해 보며 활동을 마무리한다.
- 오늘 활동 중에서 어떻게 움직이는 것이 제일 재미있었니?
- 다른 친구들에게 나와서 보여 줘 볼까?
- 이번에는 힘들었던 움직임도 해 보자.

확장활동   • 다른 계절을 상징하는 음악들을 감상하고, 그 느낌을 신체로 표현해 본다.
- 이번에는 겨울이라는 제목을 가진 음악을 들어 볼까?
- 이 음악은 아까와 어떻게 다른지 몸으로 표현해 볼까?
- 이 음악에 따라 아주 느리게 느리게 움직여 볼까?

활동의 예시   • 그림책과 음악을 감상한 후, 음악에 따라 온몸으로 자유롭게 여름을 표현해 본다.
교사: 친구들이 생각하는 여름의 모습을 표현해 볼까요?
유아: 신나게 빙그르르 튜브처럼 도는 거예요. 물에 뜬 튜브요.
교사: 또 어떤 여름의 모습을 표현해 볼까?
유아: (몸을 살짝 구부려 옆으로 구르며) 이렇게 옆으로 굴러요.
　　　이건 물방울이 마구 튀어 오르는 모습이에요.

▲ 여름 하면 생각나는 건 물놀이!　　　▲ 물방울이 튀어 오르는 것처럼
튜브가 물 위에서 빙그르르 도는 모습　　　옆으로 또르르 구르는 모습

▲ 그림책 속 장면

■ 유아 경험의 이해

– 음악과 그림, 움직임이 하나의 예술작품으로 어우러질 수 있음을 경험하였다.
– 음악에 몸을 맡기어 자신의 생각과 느낌을 자유롭게 표현해 보는 과정을 통해 다양한 예술경험의 즐거움과 나를 표현하는 것에 대한 만족감을 얻을 수 있었다.

■ 교사의 지원

– 공간: 자유롭게 움직이는 활동은 생각보다 넓은 공간이 필요하기 때문에 공간이 여의치 않다면 그룹을 나누어 따로 활동하는 것이 좋다.
– 자료: 유아는 움직이는 영상물에 더욱 흥미를 보인다. 음원을 틀어 주어도 좋지만, 그림책 속 이미지가 움직이며 음악이 전개되는 동영상을 활용하면 유아들의 보다 창의적이고 다양한 움직임을 이끌어 낼 수 있다.
– 관찰: 주인공들의 특징에 따라 빠르게/느리게, 가볍게/무겁게, 탄력 있게/유연하게 등 서로 다른 움직임으로 걷는지를 관찰한다.
– 상호작용: 유아가 신체의 다양한 부분과 온몸을 활용하여 움직임을 경험하도록 언어적 상호작용을 구체적으로 지원할 수 있다.
– 안전: 움직이는 방향에 따라 서로 부딪힐 수 있기 때문에 영아가 다른 영아의 움직임을 파악하면서 표현할 수 있도록 지원한다.

1. 음악감상

『와일드 심포니』

『도시의 노래』

『여름이 온다』

『와일드 심포니』	『도시의 노래』	『여름이 온다』

• 댄 브라운 글/수잔 바토리 그림/오상진 번역
• 시공주니어/2021-06-25 발행
• 2~5세

주인공인 동물 친구들이 연주를 하며 재미난 비밀 이야기를 들려준다. QR 코드를 스캔하면 연주곡이 흘러 나온다. 작가인 댄 브라운이 직접 작곡하고 크로아티아 자그레브 오케스트라가 연주한 21개의 클래식 연주곡을 감상할 수 있다.

♪우리 반 장난감 연주회
교실에서 소리가 나는 장난감들을 가지고 온다. QR 코드로 연주곡을 들으며 그림책 속 동물들처럼 자유롭게 연주놀이를 한다.

• 이네스 달메이 글/세바스티앙 슈브레 그림/손시진 번역
• 에듀앤테크/2020-06-12 발행
• 3~5세

도시의 소음도 듣는 사람에 따라 음악으로 들릴 수도 있다는 사실을 담고 있는 그림책. 유아들과 함께 주변에서 들을 수 있는 다양한 소리들을 탐색하고, 소리의 즐거움을 얻을 수 있는 그림책이다.

♪소음 퀴즈
동네 산책 시 들리는 다양하는 소음들을 유아들과 함께 녹음한다. 이후 소음을 듣고 어떤 소리인지 맞추어 보는 퀴즈를 해 본다.

• 이수지 글, 그림
• 비룡소/2021-09-15 발행
• 1~5세

비발디 〈사계〉 중 '여름'에 모티브를 둔 이수지 작가의 아름답고 강렬한 드로잉 그림책. QR 코드가 있어 수고로움 없이 바로 음악을 들으며 책을 볼 수 있다.

♪여름을 그리는 물총놀이
그림책 속 명장면 따라 하기! 물총에 물을 가득 넣고, 기관 밖 벽면에 여름을 그린다. 여름을 들으며 여름을 그리는 즐거운 여름놀이를 즐길 수 있다.

『내 머릿속에는 음악이 살아요!』

- 수잰 슬레이드 글/스테이시 이너
  스트 그림/황유진 번역
- 책속물고기/2017-11-10 발행
- 3~5세

세상 모든 소리에서 색다른 선율과 리듬을 찾으며 실험하듯 새로운 음악을 만들어 냈던 음악가 조지 거슈윈의 이야기. 클래식에 익숙한 유아들에게 다양한 장르의 음악을 감상할 수 있는 기회를 제공할 수 있다.

♪조지 거슈윈 〈랩소디 인 블루〉 감상하기
그림책 속 주인공 조지 거슈윈이 작곡한 음악은 도대체 어떤 음악일까? 조지 거슈윈의 대표곡 〈랩소디 인 블루〉를 감상해 보자.

『나의 첫 클래식 비발디』

- 마갈리 르 위슈 글, 그림
- 블루래빗/2017-08-25 발행
- 1~3세

흥겨운 카니발이 펼쳐지는 물의 도시 베네치아의 가면축제를 배경으로 비발디의 음악들이 들린다. 사운드북의 형태로 책장마다 표시된 아이콘을 누르면 곧바로 음악과 효과음을 감상할 수 있다.

♪만돌린이 무슨 악기지?
곤돌라라는 배 위에서 만돌린을 연주하는 주인공들이 등장한다. 유아들에게는 생소한 만돌린이라는 악기와 그 소리를 탐색해 본다. 유아들이 사용할 수 있는 미니 만돌라는 저렴한 가격에 구매할 수 있다. 비발디의 〈만돌린 협주곡 C장조〉를 함께 들어 보자.

『세상이 조용해졌어요』

- 에두아르다 리마 글, 그림
- 봄나무/2021-04-12 발행
- 3~5세

울지 않는 새, 새처럼 울거나 짖지 않는 땅의 동물들. 모두 약속이나 한 듯 고요하게 멈춰 버린 세상 속 침묵을 그린 그림책. 늘 소리로 둘러싸여 있는 유아들과 침묵과 무소음에 대해 경험할 수 있다.

♪아무것도 연주하지 않는 연주
아무것도 연주하지 않는 교사의 연주를 보며 유아들은 어떤 반응을 보일까? 교사는 존 케이지의 4분 33초 퍼포먼스를 따라 한 후, 유아들의 반응을 살펴본다.

2. 노래 부르기

| 「푸푸 아일랜드」 | 「어린 음악가 폭스트롯」 | 「꿈꾸지 않으면」 |

「푸푸 아일랜드」
- 공가희 글/Nika Tchaikovskaya 그림
- 공(KONG)/2020-03-09 발행
- 4~5세

신비한 능력을 가진 유니콘 가족의 이야기를 음악과 함께 감상할 수 있는 그림책. QR 코드를 통해 그림책 속에 나오는 푸푸송과 푸피송(서순정 작곡, 공가희 작사)을 따라 부를 수 있다.

♪푸피송 챌린지
각 가정에서 그림책에 등장하는 푸피송을 부르는 챌린지 영상을 찍어 우리 반 친구들의 가족이 모두 볼 수 있는 키즈노트 또는 유튜브 채널에 공유한다.

「어린 음악가 폭스트롯」
- 헬메 하이네 글, 그림/문성원 번역
- 달리/ 2019-02-22 발행
- 3~5세

시끄러운 여우는 먹이를 잡을 수 없다는 이유로 늘 조용한 여우 가족. 그리고 온갖 소리를 흉내 내며 야단법석을 부리는 아기 여우 폭스트롯의 이야기. 매일 노래 때문에 혼만 나는 아기 여우의 가수 성공기를 다룬 그림책이다.

♪우리 반 폭스트롯을 뽑아라!
요즘 유아들에게도 친숙한 노래자랑! 그림책을 읽은 후, 다 함께 즐길 수 있는 노래자랑을 열어 우리 반의 폭스트롯을 뽑아 본다.

「꿈꾸지 않으면」
- 양희창 글/정하나 그림
- 스푼북/2021-10-05 발행
- 3~5세

대안학교인 간디학교의 교가로 알려진 〈꿈꾸지 않으면〉의 아름다운 노랫말에 사랑스러운 그림이 어우러진 노래 그림책. 한 번도 가 보지 않은 길을 가는 아기고양이들의 모험과 노랫말이 잘 어우러진다. 그림책을 읽고 해당 노래를 부르면 저마다 새로운 꿈을 꾸는 유아들을 만날 수 있다.

♪〈꿈꾸지 않으면〉 뮤직비디오 만들기
꿈이라는 주제로 그림을 그려 뮤직비디오 이미지를 만들고, 친구들과 함께 노래를 불러 뮤직비디오를 만든다.

『하양이와 친구들이 노래해요』	『밤이 깊었는데』	『빵빵』
• 하위도 판 헤네흐턴 글, 그림/서남희 번역 • 한울림어린이/2019-08-30 발행 • 0~2세	• 박세연 글, 그림 • 웅진주니어/2018-07-25 발행 • 3~5세	• 플레이송스 글/이경국 그림 • 바이시클(BICYCLE)/ 2021-04-19 발행 • 0~2세
저마다의 모습과 목소리, 다양한 방법으로 즐겁게 노래하는 바닷속 친구들의 모습과 노랫소리가 담긴 사운드북. 동물 친구들을 누르면 각자가 부르는 노랫소리를 감상할 수 있다.	잠이 오지 않는 밤, 뚫어지게 바라보던 벽지 속에서 폴짝 튀어나온 할머니는 요란한 춤을 추며 휘파람을 분다. 할머니의 휘파람은 마치 주문처럼 꽃, 여우, 물고기들을 불러내고 모두 한바탕 신나는 축제를 즐긴다.	볼로냐 국제 도서전 수상 작가인 이경국 작가가 처음으로 그린 사운드북으로 실제 악기를 사용해 녹음된 탈 것 효과음과 동요를 감상할 수 있다.
♪그림책 속 노래 따라 하기 영아들은 노래를 감상하며 따라 부르거나 느끼는 대로 흥얼거리며 놀이할 수 있다.	♪휘파람 노래를 불러요 유아들과 함께 휘파람 소리를 내어 보고, 휘파람으로 노래를 불러 본다. 휘파람 노래에 따라 춤을 추어 볼 수도 있다.	♪효과음 듣고 노래 부르기 영아들이 직접 효과음 단추를 누르며 소리와 노래를 듣고, 따라 부를 수 있다.

3. 악기 연주하기

『찡찡파리의 시끌시끌 음악회』
- 크리스토프 페르노데 글/줄리아 웨버 그림/양진희 번역
- 미래아이/2019-02-20 발행
- 2~4세

『오케스트라』
- 아발론 누오보 글/데이비드 도란 그림/문주선 번역
- 찰리북/ 2021-04-15 발행
- 4~5세

『나만의 기타』
- 이경미 글, 그림
- 향/2019-11-30 발행
- 2~4세

시끌시끌 요란하게 온갖 악기를 연주하는 주인공 찡찡파리의 연주 이야기. 귓가에 왱왱거리는 벌레소리를 연주회에 빗댄 유머러스한 그림책이다.

♪벌레들의 연주, ASMR로 즐기기
벌레들의 소리도 연주가 될 수 있다. 새벽에 들리는 여러 벌레들의 소리를 ASMR로 감상해 본다.

악기들의 특징과 연주 원리부터 클래식 작곡가들을 오케스트라를 통해 만날 수 있는 정보 그림책. 악기에 대한 다양한 정보를 얻고 싶을 때 활용한다.

♪바나나 차차 오케스트라?
아이들에게는 생소한 오케스트라와 국민송 〈바나나 차차〉가 만났다? 오케스트라가 연주하는 〈바나나 차차〉 동영상을 보고, 그림책에서 보았던 다양한 악기들을 떠올려 본다.

지글지글, 콕콕콕콕, 후루루룩, 우다다다! 모든 게 기타로 보이고 모든 게 기타 소리로 들린다. 달걀, 포크, 젓가락, 먹물 등 아무리 평범한 물건도 흥겨운 노래와 기타 연주가 된다.

♪내가 만든 기타 연주회
유아들과 다양한 생활용품으로 기타를 만든 후, 내가 좋아하는 곡을 연주할 수 있다.

「안녕, 리틀 뮤지션」	「춤추는 오케스트라」	「세상 모든 소리를 연주하는 트롬본 쇼티」
• 남빛 글/곽명주 그림	• 로이드 모스 글/마조리 프라이스먼 그림/번역	• 트로이 앤드류스 글/브라이언 콜리어 그림/정주혜 번역
• 후즈갓마이테일/2019–10–23 발행	• 그레이트북스/2018–09–10 발행	• 담푸스/2017–01–10 발행
• 3~5세	• 2~5세	• 4~5세

10명의 세계적인 재즈 클래식 뮤지션의 이야기를 담은 음악 그림책으로 악기를 처음 다루는 유아들에게 용기를 주는 내용으로 구성되어 있다.

생김새도 소리도 다른 여러 악기들이 조화를 이루어 아름다운 화음을 빚어 내는 오케스트라. 오케스트라에 대한 호기심도 채우고 음악 감수성도 키울 수 있다.

재즈의 고향, 뉴올리언스를 배경으로 세계적인 트롬본 연주가 트롬본 쇼티가 직접 쓴 자신의 어린 시절 이야기가 펼쳐진다. 세상에 대해 소리로 듣고, 소리로 말하는 '음악으로 소통하는 법'이 담겨 있다.

♪그림책 속 QR코드로 연주 영상 감상하기
그림책 내에 연주 영상을 곧바로 볼 수 있는 QR코드가 담겨 있다. 유아들과 함께 영상을 감상한 후, 그림책에 담긴 악기에 관한 설명을 살펴보면, 접근하기 쉽다.

♪순서에 따라 연주해 볼까?
그림책에 나오는 순서에 따라 악기를 직접 연주하는 놀이를 전개할 수 있다. 교사의 도움 없이 유아들 스스로 그림책을 보며 음악놀이를 즐길 수 있다.

♪트롬본 쇼티의 음악이 궁금해!
주인공 트롬본 쇼티의 연주 장면을 감상하며 유아들과 평소 생소했던 트롬본 연주곡을 경험한다. 유아용 트롬본을 직접 연주해 볼 수도 있다.

4. 신체표현

「사랑은 비를 타고」
- 아서 프리드 글/팀 합굿 그림/정
  은미 번역
- 키즈엠/2020-04-10 발행
- 1~5세

「범 내려온다」
- 김진 글/김우현 그림
- 아이들판/2020-12-01 발행
- 3~5세

「힙하게 힙합」
- 에릭 모스 글/애니 이 그림/강일
  권 번역
- 풀빛/2019-09-17 발행
- 3~5세

뮤지컬 영화 〈SINGING IN THE RAIN〉 주제곡의 아름다운 노랫말로 만든 그림책. 각 장을 펼칠 때마다 아이들이 빗속에서 신나게 뛰어노는 모습이 QR 코드에 연결된 음악과 함께 담겨 있다.

판소리 〈수궁가〉를 민화로 옮겨 놓은 그림책. 판소리의 한 대목에 집중하여 판소리를 직접 부르는 것 같은 느낌이 들도록 구성한 것이 특징이다.

우리 몸을 자연스럽게 들썩이게 하는 비트와 시적인 가사, 보는 이의 눈을 사로잡는 자유로운 춤과 그라피티가 담긴 그림책. 힙합이라는 새로운 장르에 대해 접할 수 있다.

♪비오는 날엔 춤을
비오는 날 음악을 들으며 그날의 기분이나, 그날의 모습을 신체로 표현해 볼 수 있다.

♪범 내려온다
CM송으로 삽입되어 이미 유아들에게 익숙한 그룹 이날치의 〈범 내려온다〉의 뮤직비디오를 감상하고, 느낌을 신체로 표현해 보는 활동을 전개할 수 있다.

♪힙합에 몸을 맡겨요
노랫말이 아름다운 힙합곡을 유아들과 감상한 후, 힙합에 맞춰 신체를 움직이는 경험을 할 수 있다.

『누르면 깜짝 놀랄걸? 버튼책』	『존 레논 Imagine 이매진』	『넌 어떻게 춤을 추니?』
• 샐리 니콜스 글/베탄 울빈 그림/ 글맛 번역 • 키즈엠/2020-01-03 발행 • 2~4세	• 존 레논 글/장 줄리앙 그림/공경희 번역 • 사파리/2017-07-15 발행 • 3~5세	• 티라 헤더 글, 그림/천미나 번역 • 책과콩나무/2020-09-10 발행 • 2~5세
누르면 어떻게 될까? 알록달록 다양한 모양의 버튼들을 누르는 순간, 상상도 못한 일들이 벌어진다. 하늘색 버튼을 누르자, 친구들이 노래하고 춤추기 시작하고 노란색 버튼을 누르자, 모두가 폴짝폴짝 뛰어다닌다.	비틀스의 멤버였던 존 레논의 곡 〈이매진〉의 노랫말에 먼 여행을 떠난 작은 비둘기의 모험 이야기를 더한 그림책이다.	"넌 어떻게 춤을 추니?"라고 묻자 나이와 인종, 직업이 모두 다른 다양한 사람들이 각자의 느낌대로 춤을 추는 장면들이 등장한다.
♪버튼에 따라 몸을 움직여요. 버튼의 색과 모양에 어울리는 음악을 들으며, 그 느낌대로 신체를 움직여 보는 활동을 전개할 수 있다.	♪김연아 선수처럼 유아들은 같은 곡을 배경음악으로 활용한 김연아 선수의 피겨작품 〈이매진〉을 감상하고, 이를 모방하여 피겨선수처럼 움직여 볼 수 있다. 또한 곡의 느낌에 따라 자유롭게 몸을 움직일 수 있다.	♪나만의 춤 댄스 배틀 교사가 무작위로 틀어 주는 음악에 따라 춤을 추는 댄스 배틀을 한다. 유아들이 예측할 수 없는 음악을 트는 것이 포인트. 정형화된 동작이나 순서가 있는 춤이 아니라 자신의 감정을 오롯이 느끼며 자유롭게 춤을 출 수 있다.

5. 영화

영화: 하모니(2010)
감독: 강대규

교정시설에서 아기를 키우지만, 곧 아기를 입양 보내야 하는 정혜(김윤진), 음대 교수였지만 바람 난 남편을 죽여 가족마저 외면하는 사형수 문옥(나문희) 등. 저마다의 사연을 가진 채 살아가는 여자교도소에 합창단이 결성되지만 첫 연습부터 재소자끼리 싸움이 일어난다. 각자의 사연을 들으며 다시 뭉치게 되고, 그녀들의 목소리가 담장을 넘어 세상을 울리게 된다.

1997년 11월 22일 청주 예술의 전당 청주여자교도소 수감 중인 47명의 재소자들의 합창공연을 모티브로 한 영화이다.

−생각해 보기
감옥에서 살아가는 이들에게 합창(노래)이란 어떤 의미일까?

영화: 코다(2021)
감독: 션 헤이더

가족 중 유일하게 말을 들을 수 있는 소녀 루비는 가족과 세상의 다리 역할을 한다. 짝사랑하는 마일스를 따라 합창단에 가입한 후, 열정적인 멘토 합창단 선생님을 만나며 노래하는 기쁨과 자신의 숨겨진 재능을 알게 된다. 마일스와의 듀엣 콘서트와 버클리 음대 오디션의 기회까지 얻게 되지만 루비가 없으면 가족은 세상의 통로를 잃어버리게 된다. 자신 없이 어려움을 겪게 될 가족의 현실과 노래를 향한 꿈 사이에서 루비는 고민한다.

실제 코다인 '베로니크 풀랭'의 자서전 《수화, 소리, 사랑해》가 원작인 2015년 프랑스 영화 〈미라클 벨리에〉를 리메이크한 작품이다.

*코다(CODA: Children Of Deaf Adult)는 청각장애인 부모에게서 태어난 자녀를 일컫는 말로, 농인 부모에게서 태어난 농인 자녀와 청인 자녀가 모두 해당되지만 보통 청인 자녀인 경우를 가리킨다(네이버 시사상식사전).

−생각해 보기
루비는 노래를 통해서 무엇을 찾았는가?

멕시코에서 많은 가족들과 사는 뮤지션을 꿈꾸는 소년 미구엘. 하지만 증조할머니 코코의 아버지가 음악을 위해 가정을 버렸기에 가족들은 음악을 싫어한다. 미구엘은 전설적인 가수 에르네스토의 기타에 손을 대고 '죽은 자들의 세상'에 들어가게 된다. 다시 집으로 돌아가기 위해 고군분투하며 숨겨진 진실을 알게 된다. 그곳에서 만난 의문의 사나이 헥터와 함께 모험을 시작한다. 미구엘은 다시 현실세계로 돌아갈 수 있을까?

* 실제 극의 배경이 되는 '죽은자의 날'은 10월 31일부터 11월 2일까지 3일간 열리는 멕시코의 기념일.

코코의 노래

영화: 코코(2017)
감독: 리 언크리치

─생각해 보기
미구엘이 할머니에게 노래를 들려준 이유는 무엇일까?
미구엘이 할머니한테 불러 준 〈remember me〉를 듣고 감상을 말해 보자.

음악이 전부인 듀이(잭 블랙)는 자신이 만든 밴드였지만, 공연 도중 돌발적인 행동으로 인해 밴드 멤버들에게 쫓겨난다. 엎친 데 덮친 격으로 초등학교 보조교사로 일하는 친구의 집에서도 얹혀살다 쫓겨날 위기에 처한다. 돈이 필요하던 듀이는 친구의 이름을 사칭하여 초등학교에 취직한다. 공부를 가르쳐 달라는 아이들, 선생님 역할을 경험해 보지 못하고 음악밖에 모르던 듀이는 수업 대신 학생들에게 락(Rock)을 가르치고 밴드를 결성해 경연대회에 출전하려 한다.

영화: 스쿨 오브 락(2004)
감독: 리처드 링클레이터

─생각해 보기
아이들이 음악을 좋아하게 된 이유는 무엇일까?
교사인 듀이가 아이들에게 가르친 것은 무엇일까?

영화: 위플래쉬(2015)
감독: 데이미언 셔젤

뉴욕의 명문 셰이퍼 음악학교의 완벽함을 강요하는 음악교수 플래처는 연습실에서 신입생 앤드류를 만나게 되고, 이후 앤드류는 최고의 밴드에 드러머로 들어가게 되면서 인생의 전환점을 맞는다. 최고의 지휘자이지만 동시에 공포의 대상인 플래처 교수는 폭언과 학대로 앤드류를 한계까지 몰아붙이고 앤드류는 더욱 드럼에 광적으로 집착하게 된다. 음악의 완성도를 위해 제자를 극한으로 몰아넣는 교수와 극한에 대항하는 제자의 이야기이다.

-생각해 보기
음악성을 가진 유아의 음악성을 더욱 키우기 위해 교사는 혹독한 훈련을 시켜야 할까?

영화: 어거스트 러쉬 (2007)
감독: 커스틴 쉐리단

세상의 모든 소리에 귀 기울이는 음악에 천재적인 재능을 가진 소년 '에반 테일러'는 보육원에서 지내며 음악으로 부모님을 만나게 될 거라는 믿음을 가지고 있다. 사랑하는 여인을 놓친 후 음악의 열정을 모두 잃어버린 남자 '루이스'와 촉망받는 첼리스트였지만 사랑하는 연인과 아이를 떠나보내고 그리움 속에 사는 여자 라일라. 에반은 부모님이 자신을 찾지 않으면 직접 찾아가겠다고 마음을 먹고 음악이 이끄는 대로 보육원을 떠난다. 이들은 음악으로 다시 만나게 될 수 있을까?

-생각해 보기
어거스트가 듣는 소리는 어거스트에게 무엇으로 변하는가?
주변의 어떤 소리가 음악으로 들린 적이 있는가?

부록 2. 음악 놀이와 활동에 활용 가능한 애플리케이션

교사는 흥미영역 중 컴퓨터영역의 PC 또는 교실에서 사용하는 태블릿 PC에 음악놀이와 관련된 애플리케이션을 설치하여, 유아가 음악놀이를 즐길 수 있도록 지원할 수 있다. 또한 동요 또는 자장가, 다양한 효과음, 연주곡 등을 감상할 수 있는 애플리케이션일 경우 교사가 음악활동의 교수-학습자료로 활용할 수 있다. 이에 부록에서는 무료로 활용 가능한 애플리케이션을 소개한다.

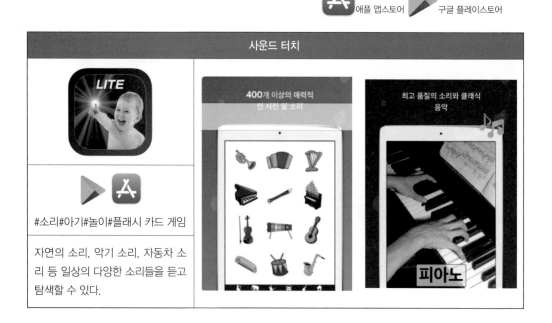

Bimi boo kids piano	
 #음악듣기#소리탐색#음악게임 #악기연주#자장가#동요	
동요와 자장가는 물론 피아노, 드럼, 벨, 플루트, 하모니카 및 탬버린 등 다양한 악기와 동물, 탈 것, 자연의 소리를 감상할 수 있다. 간단한 음악게임도 제공한다.	

곰마실 음악놀이	
 #리듬놀이#시창#청음#작곡연습	
간단한 음악놀이를 통해 음악에 대한 흥미와 관심을 갖게 돕는다. 리듬놀이, 시창 연습, 청음 연습, 작곡 연습으로 구성되어 있다.	

키즈 피아노

#동요듣기#피아노연습#건반치기

유아들을 위한 동요들을 감상하고, 그 멜로디를 피아노로 연주할 수 있다.

음악 악기

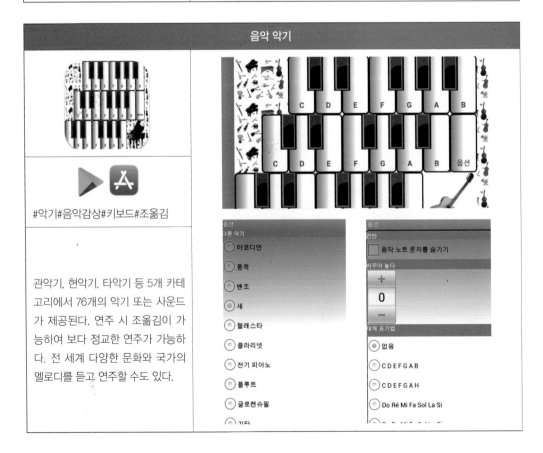

#악기#음악감상#키보드#조옮김

관악기, 현악기, 타악기 등 5개 카테고리에서 76개의 악기 또는 사운드가 제공된다. 연주 시 조옮김이 가능하여 보다 정교한 연주가 가능하다. 전 세계 다양한 문화와 국가의 멜로디를 듣고 연주할 수도 있다.

악기 소리	
 #악기#소리탐색#놀이#연주감상 기타, 드럼, 피아노, 마라카스, 피아노 등 다양한 악기의 소리와 연주된 곡을 감상할 수 있다.	 

Kidstoys	
 #악기#연주#흔들기 피아노, 실로폰, 드럼 및 마라카스와 같은 악기를 연주하고 즐길 수 있다. 재미난 효과로 흔들기 기능을 제공하고 있는데, 마라카스는 휴대폰을 흔들면 소리가 나도록 되어 있다.	  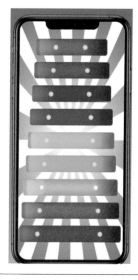

Piano for kids	
 #악기탐색#소리탐색	 
20여 가지의 타악기, 관악기, 현악기, 타악기는 물론 교통기관과 동물소리 등의 탐색이 가능하다. 특히 유아들에게 익숙하지 않은 악기나 야생동물의 소리도 다양하게 즐길 수 있어 흥미롭다. 퍼즐이나 소리 알아맞히기와 같은 게임도 즐길 수 있다.	

키즈니	
 #동요감상#인기동요	
동요나 자장가뿐만 아니라 동화, 영어동요 등을 무료로 제공한다. 동요 카테고리에는 애창, 인기, 영어, 율동놀이 동요 등으로 구분되어 있어 동요를 잘 모르는 교사들이 유용하게 활용할 수 있다.	

부록 3. 멀티미디어 매체를 활용한 가사판 만들기

■ 파워포인트를 활용한 가사판 만들기

1. 파워포인트를 실행하여 원하는 방향(가로/세로)으로 설정한 후, 노래의 제목과 저자, 가사를 입력한다. 악보의 늘임표가 표시된 부분의 가사에는 ~ 또는 - 등의 기호를, 스타카토가 표시된 부분의 가사에는 !이나 • 기호를 입력하여 유아들에게 신호를 줄 수도 있다.

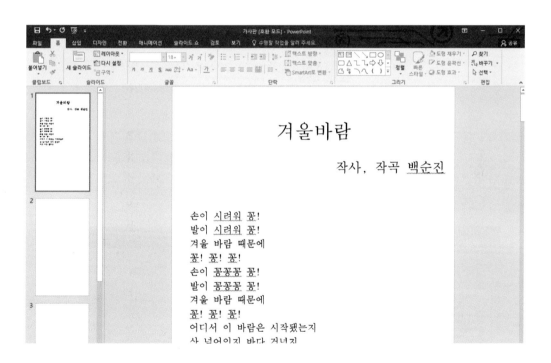

2. 입력한 글자를 유아가 읽기 편한 글자체와 크기로 바꾼다. 디자인이 지나치게 가미된 글자체(흘림체, 과장된 글자체, 모양으로 변형된 글자체 등)는 유아의 가독성을 떨어뜨린다. 유아에게 적합한 무료 글자체로는 돋움체, 굴림체, 나눔스퀘어체 등이 있다.

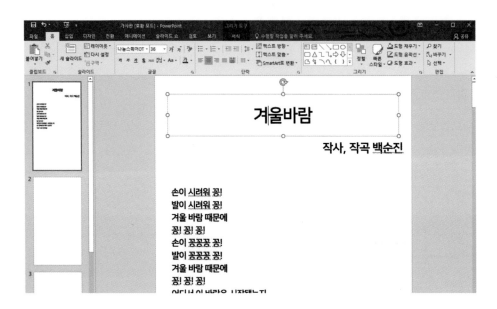

3. 가사의 문단을 떨어뜨리고 가사와 관련된 이미지를 삽입한다. 신체표현을 함께 할 수 있는 노래의 경우, 손뼉 치기와 발 구르기 등과 같은 이미지를 가사 위에 넣을 수도 있다. 글자색을 변경하여 강조를 할 수도 있다.

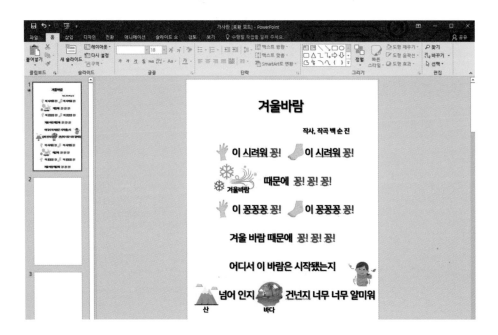

4. 배경이미지를 활용하여 가사판을 더 꾸민다. 인터넷에 무료 일러스트를 검색하여 저장한 후, [디자인]-[배경서식]-[그림 또는 질감채우기]-[파일]-[저장된 이미지 선택] 하면 배경이 설정된다.

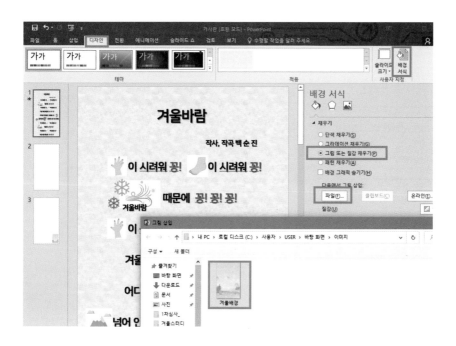

5. 배경을 설정한 후, 3에서 넣었던 이미지의 배경을 투명하게 바꾸어 정돈한다. [이미지 더블클릭]-[서식]-[색]-[투명한 색 설정]-커서를 투명하게 하고 싶어 하는 부분에 클릭하면 투명하게 바뀐다.

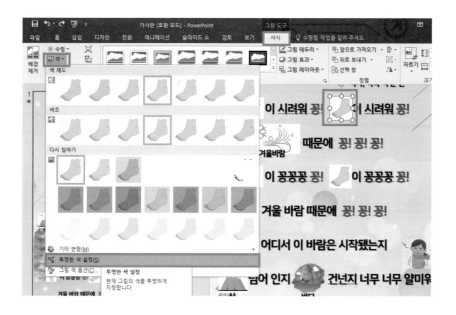

6. 하이퍼링크 기능을 활용하여 다운받아 놓은 음원파일 또는 유튜브 영상의 주소 등을 연결해 놓으면, 가사판과 함께 노래가 나오는 효과를 얻을 수 있다.

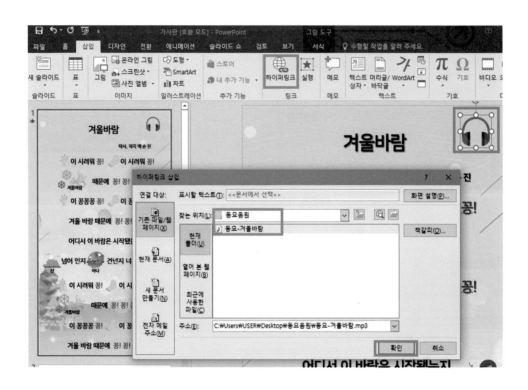

7. 완성된 가사판

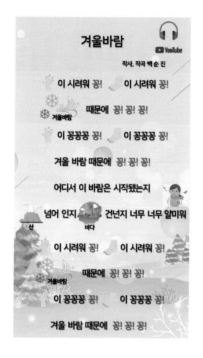

■ 디자인 플랫폼 미리캔버스(www.miricanvas.com)를 활용한 가사판 만들기

다양한 디자인을 무료로 사용할 수 있는 디자인 플랫폼 미리캔버스에 가입한 후, 로그인 하면 다양한 가사판 만들기 작업이 가능하다. 구체적인 내용은 다음 QR코드에 접속 후 살펴보도록 하자.

출처: 유튜브 채널 〈킴더가르텐〉－미리캔버스로 동요 가사판 만들기 :: 유치원 놀이중심 교육과정.

1. 유아관찰기록프로그램은 아이누리포털사이트(www.i-nuri.go.kr)에서 회원가입 없이 누구나 무료로 다운로드 가능하다. 사이트에 접속한 후, 검색창에 '유아관찰기록'을 기록하여 해당 프로그램을 설치한다.

2. 설치가 완료되면, 바탕화면에 다음과 같은 아이콘이 생성된다.

3. 프로그램을 실행하면 맨 처음 교사정보를 등록한 후, 로그인을 한다.

4. 죄측 메뉴 바에서 기본정보 탭을 선택하여 교사정보와 기관 및 학급현황, 학습별 유아현황을 자유롭게 입력한 후 저장한다.

5. 기본정보가 등록되면, 기록저장 탭을 선택하여 원하는 기록과 촬영한 사진들을 등록한다.

6. 기록활용 탭을 누른 후, 기록물 검색을 누르면 5에서 기록저장을 해 두었던 목록이 나타난다. 교사는 관찰기록에 필요한 기록물 목록을 불러낸다.

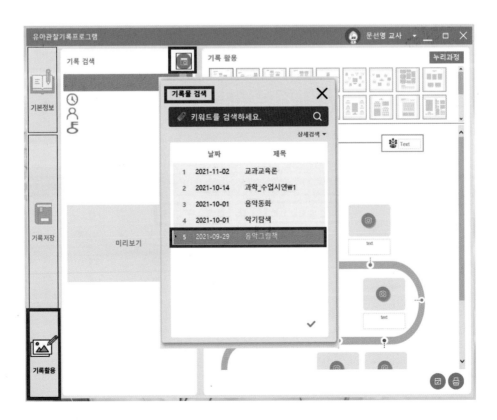

7. 앞의 6에서 원하는 기록물을 불러낸 후, 우측 상단의 템플릿 중 희망하는 유형을 선택한다. 그 후, 저장해 두었던 사진과 정보를 템플릿에 입력하며 관찰기록을 작성한다. 템플릿에는 사진과 글을 입력하는 공간이 따로 있어 작성하기 어렵지 않다.

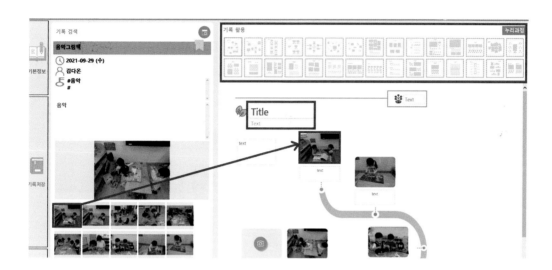

8. 작성한 관찰기록은 이미지 파일로 저장 및 인쇄가 가능하다. 우측 하단에 저장 및 인쇄 버튼이 있다.

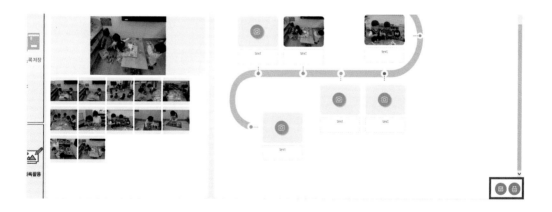

9. 현재 유아관찰 프로그램 내 템플릿에서는 글자 수가 매우 적게 제한되어 있으므로 추가로 글쓰기를 희망할 경우, 파워포인트에 있는 말풍선 기능을 활용하면 도움이 된다. 8에서 저장된 관찰기록 이미지 파일을 파워포인트에서 불러낸 후, 위에 글 또는 말풍선 등을 추가하여 완성한다.

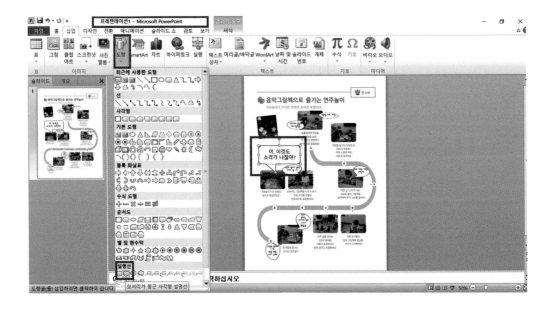

10. 완성된 음악놀이 관찰 기록

 만 3세

🌿 음악그림책으로 즐기는 연주놀이
자유놀이가 우리반 전체의 놀이로 확장되다

언어영역에서 그림책을 보던 유아들!
다양한 모습으로 비가 내리는 장면을 보며
입으로 빗소리 만들어 낸다.
그림책을 음률영역으로 간 유아들은
그림책의 비내리는 장면마다
그 느낌을 악기로 연주한다.

지글지글 비야, 이건!

(마라카스 흔들며)
으으~ 지글지글!!!

음률영역에 비치된
그림책을 보며,
비 내리는 장면에서
마카라스를 흔들흔들~

책장을 넘기니 이번엔
장대비가 주르륵!
비의 느낌에 따라
다르게 연주해요

다음 날,
교사는 유아들에게 소리가 나는
새로운 그림책을 지원하고,
전날 놀이를 즐기던 유아는
그림책을 보며 악기 소리를 탐색한다.

이를 본 친구들은 직접 만든 악기로
그림책을 보며 연주를 하기로 한다.
두 명으로 시작된 놀이는
반 전체의 놀이로 확장되었고
모든 유아들이 악기를 만들었다.

이렇게 잘라서
넣으면
소리가 잘 나!!

우와! 샤르릉 샤르릉
소리난다!

자유놀이가 반 전체의
놀이로 확장되었죠!

소리나는 그림책을 누르기 보다
직접 악기를 만들어
연주하기로 결정했어요!

다음 날! 소리가 나는
새로운 음악 그림책을
탐색하며 악기 소리를 들어요!

친구가 읽어 주는
이야기에 맞춰
신나게 연주 중 🎵

(그림책 읽으며)
그때
뾰로롱 뾰로롱
소리가 났어요!

친구들과 즐기는
신나는 연주놀이

아직 글을 모르는
만3세 아이들!
내용이 궁금해지자
함께 읽자고 요청했어요

다른 친구들도
음악 그림책에 관심을
가지기 시작했어요

참고
문헌

강혜인(2002). 유아교육, 우리음악으로 가르쳐요. 서울: 민속원.

강문진 (2008). 코다이 교수법이 음악성에 미치는 효과. 총신대학교 교육대학원 석사학위논문.

경기도유아교육진흥원(2013). 3-5세 연령별 누리과정 유아 평가예시문. 경기: 경기도유아교육
진흥원.

곽영숙(2010). 통합적 음악감상 활동이 유아의 음악적 개념에 미치는 영향. 이화여자대학교
교육대학원 석사학위논문.

고연주(2003). 칼 오르프 접근법의 말리듬을 이용한 창작지도 방법 연구. 충남대학교 교육대
학원 석사학위논문.

공경희 옮김(1994). 곰사냥을 떠나자. (마이클 로젠 글, 헬린 옥슨버리 그림). 서울: 시공주니어.

교육과학기술부, 보건복지부(2013). 3~5세 연령별 누리과정 해설서. 서울: 교육과학기술부.

교육부(2015). 음악과 교육과정 교육부 고시. 제 2015-74호. [별책 12]. 세종: 교육부.

교육부 (2020). 관찰을 관찰하다. 세종: 교육부.

교육부, 보건복지부(2019). 2019 개정 누리과정 해설서. 세종: 교육부, 보건복지부.

_____(2020). 2019 개정 누리과정 놀이운영사례집: 놀이, 유아가 세상을 만나고 살
아가는 힘. 세종: 교육부, 보건복지부.

김경신(2004). 유아 음악능력 개발에 관한 연구: 코다이 음악교육 이룬 중심으로. 계명대학교
대학원 석사학위논문.

김병희, 김유라(2019). 오르프의 음악교육사상이 유아기 인성교육에 주는 시사. 예술인문사회
융합멀티미디어논문지, 9(12), 37-44.

김유라(2013). 오르프의 음악교론론: 루소의 자연주의 음악의 현대적 계승. 교육철학, 49(0),

119-133.

김은심(2009). 영유아를 위한 음악·동작 교육의 이론과 실제. 서울: 창지사.

_____(2015). 유아동작교육의 이론과 실제. 서울: 창지사.

김은심 (2021). 유아동작교육의 이론과 실제(4판). 서울: 창지사.

김향숙(2016). 유아의 음악적 흥미 검사도구 개발 및 타당화 연구. 덕성여자대학교 대학원 박
      사학위논문.

김 현(2016). 음악개념에 기초한 유아음악교육 프로그램 개발 및 효과. 조선대학교 대학원 박
      사학위논문.

김혜경, 고미애(2014). 아동음악: 어린이집 국가수준 과정의 이해와 적용. 경기: 공동체.

김혜영(2015). 오르프 교수법에 기초한 통합유아음악교육 프로그램 개발 및 적용 효과. 가천대학교
      대학원 박사학위논문,

김호정(2021). 오늘부터 클래식. 서울: 메이트북스.

김희정(2020). 일본 영유아 교육·보육과정 탐색. 문화기술의 융합, 6(1), 403-411.

남기원, 김남연, 김명정(2017). 영유아음악교육. 경기: 공동체.

노주희(2001). 음악 감수성 개발을 위한 에드윈 Gordon의 오디에이션 교육법. 연세대학교 사
      회교육원 제1회 유아 음악 세미나.

_____(2004). 오디에이션 음악활동이 유치원 아동의 음악소질 향상에 미치는 영향. 인간행동
      과 음악연구, 11(1), 11-32.

_____(2005). 음악활동으로서의 일상생활놀이-교육목표 및 방법. 인간행동과 음악연구,
      2(1), 47-65.

두산백과(2021). 빠르기말. https://terms.naver.com/entry.naver?docId=5749370&cid=40
      942&categoryId=32992에서 2021년 10월 7일에 인용.

문금희, 이민정(2007). 포괄적 음악감상활동을 통해 나타나는 유아의 음악적 표현력에 관한
      연구. 열린유아교육연구, 12(4), 395-424.

문선영(2019). 2세아를 위한 리듬 중심 동작프로그램 개발 및 적용 효과. 강릉원주대학교 대
      학원 박사학위논문.

민은기(2018). 난생 처음 들어보는 클래식수업1-모차르트, 영원을 위한 호소. 서울: 사회평론.

박명숙, 이상은, 심혜숙(2017). 영유아음악교육. 경기: 공동체.

박주연(2014). 유아교사의 음악활동에 대한 지식, 인식 및 교수효능감 연구. 동의대학교 대학
      원 박사학위논문.

방은영(2008). 유아 음악성 계발을 위한 프로그램 구성 및 적용 효과. 중앙대학교 대학원 박
      사학위논문.

_____(2015). 누리과정에 기초한 유아동작교육. 경기: 공동체.

배호순(2000). 수행평가의 이론적 기초. 서울: 학지사.

보건복지부(2020). 제4차 어린이집 표준보육과정 해설서. 세종: 경성문화사

석문주, 최은식, 함희주, 권덕원(2009). 음악교육의 이해와 실천. 경기: 교육과학사.

성경희(1987). 유아들의 음악세계. 서울: 세광출판사.

_____(1988). 음악과 교육론. 서울: 갑을출판사.

세광음악편집부(1997). 최신 알테 플루트 교본. 서울: 세광음악출판사.

신동주, 김향숙, 김선희(2021). 유아음악교육. 서울: 창지사.

심성경, 이희자, 이선경, 김경의, 이효숙, 박주희(2003). 유아음악교육(5판). 경기: 양서원.

심성경, 이희자, 이선경, 김경의, 이효숙, 박주희(2019). 영유아음악교육. 경기: 양서원.

안미숙, 신원애(2016). 유아음악교육. 서울: 창지사.

안재신(2004). 유아음악교육(개정증보판). 경기: 교육과학사.

양주미(2007). 유리드믹스를 적용한 음악 수업안 개발과 효과에 대한 연구. 성신여자대학교 교육대학원 석사학위논문.

오은혜(2012). 달크로즈 교수법을 활용한 음악 개념 지도방안. 음악교수법연구, 2(9), 61-86.

오희숙(2021). 음악이 멈춘 순간 진짜 음악이 시작된다. 경기: 21세기북스.

유덕희(1994). 아동발달과 음악교육. 경기: 교문사.

유소영(2021). 유아교사가 새노래지도에 사용하는 동요 조사 및 악곡 분석. 인천대학교 교육대학원 석사학위논문.

유승지(2001). 유승지 달크로즈 교실: 교사용 지침서 1. 서울: 태림출판사.

윤영배(2005). 오르프 접근법과 악기앙상블: 유아 초등 음악 학습을 위한. 서울: 창지사.

윤은미(2006). Gordon의 음악학습이론에 기초한 유아 음악과 동작의 통합 활동 프로그램 구성 및 적용 효과 탐색. 중앙대학교 대학원 박사학위논문.

윤은미(2012). 리듬노래와 리듬패턴을 활용한 악기활동이 유아의 리듬감과 음악표현력에 미치는 영향. 유아교육학논집, 16(1), 49-68.

이미화, 엄지원, 정주영(2014). 영아보육 질 제고를 위한 평가도구 개발 및 활용방안. 육아정책연구소 연구보고 2014-16. 서울: 한학문화.

이선채(2013). 코다이 음악교슈철학과 교수법에 관한 연구. 영유아교육연구, 16(0), 5-20.

이숙희, 김미정(2020). 영유아 음악교육. 경기: 정민사.

이에스더(2003). 음악적 창의성 신장을 위한 달크로즈의 교육방법에 관한 고찰. 아동교육, 12(2), 237-249.

이연주(2013). 칼 오르프 교수법을 활용한 유아음악활동 지도방안 연구: 만 5세 누리과정 예술경험영역 중심으로. 국민대학교 교육대학원 석사학위논문.

이영둘(2002). 유아 노래 부르기 단계 분석에 관한 연구. 경남대학교 교육대학원 석사학위논문.

이영애(2015). 세계 유아음악교육과정. 서울: (사)한국방송통신대학교출판문화원.

이옥주, 정수진, 윤지영(2015). 음악요소에 기초한 유아음악교육. 서울: 신정.

_____(1992). 느낌과 통찰의 음악교육. 서울: 세광음악출판사.

이혜정(2020). 영아 은비의 일상적 음악 경험: 생후 9개월부터 18개월을 중심으로. 강릉원주대학교 대학원 박사학위논문.

이홍수(1990). 음악교육의 현대적 접근. 서울: 세광음악출판사.

임은혜(2006). 유아가창지도의 전통적 교수법과 코다이 교수법의 비교연구. 성신여자대학교 교육대학원 석사학위논문.

임혜정(2009). 리듬악기를 활용한 유아음악활동. 서울: 파란마음.

장정애(2011). 자연의 소리를 활용한 유아음악교육 프로그램 구성 및 효과. 중앙대학교 대학원 박사학위논문.

전인옥, 이숙희(2008). 유아음악교육. 서울: 한국방송통신대학교출판문화원.

정경수, 손승학, 임부연 (2014). 유치원 교실에서 교사가 부르는 변형된 노래의 양상과 의미 연구. 아동학회지, 35(4), 263-279.

정현주(2015). 음악치료학의 이해와 적용. 서울: 이화여자대학교출판부.

정현주, 김영신, 최미환, 조혜진, 노주희, 김동민, 김진아, 문소영, 곽은미, 배민정, 이승희, 김승아, 김신희, 이수연, Lisa Summer, Benedikte Scheiby, Diane Austin(2006). 음악치료 기법과 모델. 서울: 학지사.

조성연, 문혜련, 이향희(2020). 유아음악교육. 서울: 학지사.

조희진(2013). Gordon의 음악 학습 이론에 근거한 "이야기가 있는 음악 놀이"가 유아의 음악 감수성 및 음악적 태도에 미치는 영향. 중앙대학교 대학원 석사학위논문.

중앙대학교 사범대학 부속유치원(1989). 활동중심 통합교육과정. 경기: 양서원.

진유영(2009). 초등학교를 위한 효과적인 관학합주 지도, 운영방법 연구. 진주교육대학교 교육대학원 석사학위논문.

하정희, 조영진, 강혜정(2010). 유아음악교육. 경기: 공동체.

한국보육진흥원(2016). 2016 어린이집 평가인증 안내(40인 이상 어린이집). 서울: 경성문화사.

함성규, 이연경(2019). 오르프 교육개념을 적용한 음악 교과 중심의 초등학교 통합수업 프로그램 개발. 음악교수법연구, 20(2), 265-293.

홍용희, 이한영, 최혜로, 원영신(2012). 유아를 위한 동작교육의 이론과 실제. 서울: 다음세대.

황옥경(2016). 창작 동요를 활용한 유아음악교육 프로그램 개발 및 적용. 공주대학교 대학원 박사학위논문.

니시하라 미노루(2007). 클래식 명곡을 낳은 사랑 이야기. (고은진 역). 서울: 문학사상사. (원저는 2005년에 출판).

文部科學省(2017). 新幼稚園教育要領のポイント.

Andress, B. (1991). From research to practice: Preschool children and their movement responses to music. *Young Children, 47*(1), 22-27.

Baruch, C., & Drake, C. (1997). Tempo discrimination in infants. *Infant Behavior & Development, 20*(4), 573-577.

Briggs, C. A. (1991). A model for understanding musical development. *Music Therapy, 10*(1), 1-21.

Brown, L., & Dunn, J. (1991). You can cry, mum: The social and developmental implications of talk about internal states. *British Journal of Developmental Psychology, 9*(1), 237-256.

Burton, L. (1974). *Comprehensive musicianship through classroom music.* Zone 2 Book B. Reading, MA: Addison-Wesley Publishing Company.

Campbell, P. S. (1991). Rhythmic movement and public school education: Progressive views in the formative years. *Journal of Research in Music Education, 19*(1), 2-22.

Campbell, P. S., & Scott-Kassner, C. (1995). *Music in childhood from preschool through the elementary grade.* New York: Schrimer Books. Comprehensive Musicianship, (Washington D.C: MENC, 1965).

Campbell, P. S. (1998). *Songs in Their Heads: Music and its Meaning in Children's Lives.* New York: Oxford University Press.

Campbell, P. S., & Scott-Kassner, C. (2002). *Music in childhood: From preschool through the elementary grades* (2nd ed.). Melmont, CA: Wadsworth Group/Thomson Learning.

Cernohorsky, N. C. (1991). A study of the effects of movement instruction adapted from the theories of Rudolf von Laban upon the rhythm performance and developmental rhythm aptitude of elementary school children. *Dissertation Abstracts International, 52*(07), 3212A. (UMI No. 9207844)

Changizi. M. A. (2013). 자연모방. (노승영 역). 서울: 에이도스. (원저는 2011년에 출판).

Choksy, L., Abramson, R. M., Gillespie, A. E., & Woods, D. (1986). *Teaching Music in the Twentieth Century.* N.J: Englewood Cliffs, Prentice-Hall.

Davis, W. B., Gfeller, K. E., & Thaut, M. H. (2008). *An Introduction to Music Therapy: Theory and Practice* (3nd ed). Silver Spring, MD: American Music Therapy Association.

Edelstein, S., Choksy, L., Lehman, P., Sigurdsson, N., & Woods, D. (1980). *Creating curriculum in music.* Reading, MA: Addison-Wesley Publishing Company.

Edwards, L., Bayless, K. M., & Ramsey, M. E. (2008). Music and movement: A way of life for the young child. Upper Saddle River, NJ: Prentice Hall.

Eliason, C., & Jenkins, L. (2003). *A Practical Guide to Early Childhood Curriculum* (7th ed). Upper Saddle River, NJ: Prentice Hall.

Essa, E. L. (2003). *Introduction to early childhood education* (4th ed). Clifton Park, NY: Delmar Learning.

Field, T. (1997). 영아기 발달. (박성연, 이영 공역). 서울: 이화여자대학교출판부. (원저는 1990년에 출판).

Findlay, E. (1971). *Rhythm and Movement: Applications of Dalcroze Eurhythmics*. NJ: Birch Tree Group Ltd.

Flohr, J. W. (1981). Short-term Music Instruction and Young Children's Developmental Music Aptitude. *Journal of Research in Music Education. 29*(5), 219-223.

Gordon, E. E. (1979). *Primary measures of music audiation*. Chicago: GIA. Inc.

_____(1986). *Guiding your child musical development*. Chicago: GIA.

_____(1987). *The nature, description, measurement, and evaluation of music aptitudes*. Chicago: GIA.

_____(1997). *A music learning theory for newborn and young children*. Chicago: GIA.

_____(2007). *Learning sequences in music: A contemporary music learning theory*. Chicago: GIA.

Greenberg, M. (1979). *Your children need music*. Englewood Cliffs, NJ: Prentice Hall.

Greta, J. (2006). *An introduction to music in early childhood education*. Clifton Park, NY: Delmar Learning.

Haines, B., & Gerber, L. (1996). *Leading young children to music* (5th ed). Englewood Cliffs, NJ: Prentice-Hall.

Hair, H. I. (1982). Micrcomputer tests of aural and visual diretional patterns. *Psychology of Music, 10*(2), 26-31.

Kenny, S. H. (1997). Music in the developmentally appropriate integrated curriculum. In C. H. Hart, D. C. Burts, & R. Charlesworth (Eds.), *Integrated curriculum and developmentally appropriate practice* (pp. 103-144). Albany, NY: SUNY Press.

Lazdauskas, H. (1996). Music makes the school go 'round'. *Young children, 51*, 22-23.

McDonald, D. T., & Simons, G. M. (1989). *Musical growth and development: Birth through six*. NY: Schirmer Books.

Metz, E. (1989). Music and movement environments in preschool settings. In B. Andress (Ed.), *Promising practices in pre kindergarten music*. Reston, VA: MENC.

Miche, M. (2002). *Weaving Music into Young Minds*. NY: Delmar.

Nye, V. T. (1983). *Music For Young Children*. Dubuque, IA: WM. C. Brown Company.

Orff, C. (1966). "Orff Schulwerk: Past and Future", *Perspectives in Music Education: Source Book Ⅲ*. Washington D.C: Music Educators Educations National Conference.

Pica, R. (2010). 출생부터 8세까지 유아를 위한 동작 · 음악교육. (김은심 역). 경기: 정민사. (원저는 2010년에 출판).

Reimer, B. (2003). *A Philosophy of Music Education*, Advancing the Vision (3rd ed.). Upper Saddle River, NJ: Prentice Hall.

Ririe, S. R. (1980). Individual arts: Dance. In J. J. Hausman (Ed.), *Arts and the schools*. NY: McGraw Hill.

Scott-Kassner, C. (1992). Research on music in early childhood. In R. Colwell (Ed.), *Handbook of research on Music Teaching and learning*, pp. 633-650. New York: Schirmer Books.

Shuter-Dyson, R., & Gabriel, C. (1981). *The Psychology of Musical Ability* (2nd ed). London: Methuen.

Sloboda, J. A. (1985). *The Musical Mind*. New York: Oxford University Press

Standley J. M. (2002). A meta-analysis of the efficacy of music therapy for premature infants. *Journal of Pediatric Nursing, 17*(2), 107-113.

Standley, J. M., & Madsen, C. K. (1990). Comparison of infant preferences and responses to auditory stimuli: Music, mother, and other female voice. *Journal of Music Therapy, 27*(2), 54-97.

Stone, M. (1971). Kodaly and Orff music teaching techniques: History and present practice. Ph. D. dissertation, Kent State University, Ohio, USA.

Thomas, R. B. (1971). *MMCP synthesis*. Bardonoa, N.Y.: Media Materials, Inc.

고든 https://digital.library.temple.edu/digital/collection/p245801coll0/id/8160/

달크로즈 https://en.wikipedia.org/wiki/%C3%89mile_Jaques-Dalcroze

메이와 전기 https://www.maywadenki.com

박자젓기 https://blog.naver.com/opklnm0809/222258514206

오르프 https://grandsballets.com/en/composers/detail/carl-orff/
　https://terms.naver.com/entry.naver?docId=3579967&cid=59001&categoryId=59006
　http://www.orff.org/orff_pic

악기의 예

음악. 네이버 사전(https://dict.naver.com/search.nhn?dicQuery=%EC%9D%8C%EC%95

%85&query=%EC%9D%8C%EC%95%85&target=dic&query_utf=&isOnlyViewEE=)

음악미술개념사전 https://terms.naver.com/list.naver?cid=42594&categoryId=42594&so=
st4.asc

https://terms.naver.com/entry.naver?docId=960313&cid=47310&categoryId=47310

코다이 https://www.umpgclassical.com/en-GB/Composers/K/Kodaly-Zoltan.aspx

https://terms.naver.com/entry.naver?docId=350905&cid=60519&categoryId=60519

페스탈로치(철학사전, 2009). 네이버 사전 https://terms.naver.com/entry.naver?docId=389
688&cid=41978&categoryId=41985.

한국교원대학교부설유치원 https://school.cbe.go.kr/knue-k/M01020701/view/1324046?)

KAIST어린이집 https://www.kaistchild.or.kr/class10_room/view/id/149#u)

저자 소개

김은심(Kim Eun-Shim)

중앙대학교 유아교육과를 졸업하고, 「통합적 동작교수방법이 유아의 기본동작능력과 창의적 사고 및 신체표현능력에 미치는 효과」로 박사학위를 취득했다. 개나리유치원, 부산여자대학을 거쳐 현재 국립강릉원주대학교 유아교육과 교수로 재직 중이다. 『유아 동작교육의 이론과 실제』(4판 창지사, 2021), 『출생부터 8세까지 유아를 위한 동작 · 음악교육』(원서 5판, 정민사, 2021), 「만 3세반 교사의 동작교육 교수능력 향상을 위한 협력적 실행연구」(2021)를 비롯하여 다수의 저서와 연구물이 있다.

문선영(Moon Seon-Young)

「펠던크라이스 기법을 활용한 유아동작활동 과정에 나타난 유아의 변화 탐색」(2017), 「리듬을 활용한 영아동작교육활동에 대한 보육교사의 인식 및 요구」(2018), 「기본운동중심 신체활동 활성화를 위한 협력적 실행연구 과정에서 나타난 교사의 변화 탐색」(2021) 등을 연구하였고, 2020년 「2세아를 위한 리듬 중심 동작프로그램 개발 및 적용 효과」로 박사학위를 받았다. 음악이 들리면 자연스레 몸을 움직이기를 즐기는, 음악과 동작을 사랑하는 연구자로 현재 문경대학교 유아교육과 교수로 재직 중이다.

이혜정(Lee Hye-Jeong)

어린 시절부터 노래 부르는 것을 큰 기쁨으로 생각하여, 백석대학교에서 성악을 전공하였다. 주일학교 교사와 음악학원 강사이자 두 아이를 키우는 엄마로 지내며, 유아교육에 뜻을 가지게 되어 뒤늦게 국립강릉원주대학교에서 석사, 박사학위를 취득하였다. 「영아 은비의 일상적 음악경험 의미 탐색」(2020), 「그림책 『알사탕』의 온라인 독자 서평 분석 연구: 소통을 중심으로」(2022) 등의 연구물이 있으며, 현재는 유아와 예비유아교사의 교육에 관심을 가지고 대학 등에서 강의를 하고 있다.

KOMCA 승인필

유아음악교육
Music Education for Young Children

2023년 2월 20일 1판 1쇄 인쇄
2023년 3월 10일 1판 1쇄 발행

지은이 • 김은심 · 문선영 · 이혜정
펴낸이 • 김진환
펴낸곳 • ㈜ **학지사**

04031 서울특별시 마포구 양화로 15길 20 마인드월드빌딩
대표전화 • 02-330-5114   팩스 • 02-324-2345
등록번호 • 제313-2006-000265호

홈페이지 • http://www.hakjisa.co.kr
페이스북 • https://www.facebook.com/hakjisabook

ISBN 978-89-997-2856-3 93370

정가 23,000원

출판미디어기업 **학지사**

간호보건의학출판 **학지사메디컬** www.hakjisamd.co.kr
심리검사연구소 **인싸이트** www.inpsyt.co.kr
학술논문서비스 **뉴논문** www.newnonmun.com
교육연수원 **카운피아** www.counpia.com